天崩地裂時代下的皇族

——明末清初朱明宗室的出處選擇

鍾國昌 著

商務印書館

天崩地裂時代下的皇族——明末清初朱明宗室的出處選擇

作　　者：鍾國昌

責任編輯：甘麗華

封面設計：黎奇文

出　　版：商務印書館 (香港) 有限公司

　　　　　香港筲箕灣耀興道 3 號東滙廣場 8 樓

　　　　　http://www.commercialpress.com.hk

發　　行：香港聯合書刊物流有限公司

　　　　　香港新界大埔汀麗路 36 號中華商務印刷大廈 3 字樓

印　　刷：美雅印刷製本有限公司

　　　　　九龍觀塘榮業街 6 號海濱工業大廈 4 樓 A

版　　次：2019 年 8 月第 1 版第 1 次印刷

　　　　　© 2019 商務印書館 (香港) 有限公司

　　　　　ISBN 978 962 07 5812 6

　　　　　Printed in Hong Kong

序

　　明太祖朱元璋於 1368 年建立明朝，並定當時之南京為首都，而當時北元仍然存在，並佔據華北大部分地區，因此朱元璋除要小心應付北元之突變外，對長江流域之天下，不得不強調「華夷有別，四海一家」的政綱。朱元璋的「華夷有別」，「華」乃指當時處於南方之新建立之明朝，「夷」當然為處於華北地區之北元。「四海一家」應為當時處於現在東南亞所有的國家而言。更進一步，朱元璋更清楚地指出：海上有關東南亞之國家，列為「不征之國」，表示明朝對東南亞各國乃採取和平共處的政策。

　　朱元璋初政，乃採取強化君權的國策，嚴刑為治，並分封各皇子出任藩王，衞護天朝的利益。

　　太祖共有 26 個兒子，除太子標和皇子楠未封外，其他的兒子俱封王建國，先後封了 25 國。太祖本以為建立藩國可強化皇朝的勢力，直至胡惟庸、藍玉意圖謀變後，乃加強警覺。於是更進一步委派有為及可信之皇子守邊，以防權臣勾結夷狄作亂。太祖派遣他認為最可靠的皇子，燕王朱棣及寧王朱權守邊，可見太祖的確了解皇子中誰是表表者，但他在生之年，並未覺察到這正是燕王後來奪位的把柄。

　　太祖一早就內定長子朱標為自己的繼承人，可見太祖對繼承人的重視，然而人算不如天算，太子標於洪武二十五年（1392）早逝，太祖馬上立皇太孫朱允炆為繼承人。本來太祖在位時，無任何跡象有藩王意圖重演唐太宗時「玄武門之變」的家庭悲劇，但因洪武駕崩後，允炆登位，即大舉削藩，令各藩王坐立不安。燕王朱棣乃首先發難。他早已了解寧王朱權一直乃支持朱允炆，也知道寧王重視手足之情，乃用計引寧王入關，望兄弟兩人能夠一聚，共商國事。寧王當不知燕王此乃引他入局之計，故一到燕王府，即被軟禁，使燕王在奪位過程中，少了一大阻力。事實上，宗室之爭奪皇位，歷代都有同樣事情發生。但朱允炆於洪武三十一年（1398），太祖駕崩後即進行削藩，的確有點操之過急。然而，歷朝奪位之過程，都不是一件輕而易舉之事。燕王起事之初，節節敗退，然經過四年之苦戰，終得償所願，但四年之歲月，在整個奪位過程之中，宗室與宗室之間的矛盾，大臣與大臣間之互相猜忌，即藏下了日後一連串宗室謀變的藉口，這點應是明太祖朱元璋所料不到的。當然，當燕王多次有危急之時，都幸有親信或支持他的其他皇子予以拯救，始能逃出生天，但這也暗中引起日後漢王高煦於仁宗朝領導之叛亂。這點燕王肯定一早已洞悉一切，但因繼承人朱高熾及其子朱瞻基都是雄才偉略，一直都在避免骨肉相殘悲劇之重演。可惜漢王高煦未能看清當時政治形勢而急急發動政亂，確是有點草率行事。因為當時朱高熾已繼朱棣登位，是為仁宗，其子朱瞻基，英明神武，年幼時已為燕王所器重。燕王「靖難」成功後，朱瞻基即經常代表燕王來往北京、南京之間，負起重大任務。且與其父朱高熾十分投契，並堅決執行朱元璋之「華夷有別、四海一家」之國策，繼續與東南亞各國保

持友好，並且延續朱棣派遣鄭和下西洋之舉，這一連串的政策，漢王高煦一直是忽略的。同時，高煦對自己的兒子管教無方，使自己的兒子經常風花雪月、不務正業，與仁宗之一心為國為民，確有天淵之別。漢王高煦叛亂失敗後，仍未能終止其他宗室起事的企圖，其中正德朝安化王寘鐇及寧王宸濠之叛亂，是宗室與宗室之間對「靖難之變」的回應。

太祖因太子標早逝而立皇太孫允炆為繼承人，太祖認為這是合乎禮法的。同時也感到皇太孫乃一可成大業的繼承者，因他重視家、國，重視儒學，日常與儒臣討論政事。這些都合乎太祖的要求。然而，由於允炆登位後即進行削藩，對有野心的藩王絕不留情，因而引起燕王的不滿，起兵靖難。但在仁宗登位後，宗室漢王高煦之叛，基本上乃步燕王之靖難而已，然仁宗之皇太子朱瞻基為皇太孫時，已為燕王所器重，且常代表祖父處理政事，燕王雖然了解漢王高煦在處理政事方面跟仁宗比較毫不遜色，但因皇太孫的能力，高煦的任何一個兒子都比不上他，使燕王內心世界早已肯定皇太孫朱瞻基之地位，這點是毫無疑問的。

漢王高煦之亂，在仁、宣朝因朱高熾及其子朱瞻基力挽狂瀾，終能化險為夷。正德武宗登位後，信任宦官劉瑾，弄得朝政不修，武宗好與宦官微服出巡作出種種不正當的嬉戲，並在京師西華門外設豹房，以宮內外美女為樂。朝政一手由劉瑾包辦，武宗從不過問，因而引起安化王（今甘肅慶陽縣）朱寘鐇之亂。寘鐇為太祖第 16 子朱㮵曾孫，好大喜功，經常有叛逆之心，苦無機會。正德五年（1510），借大理寺少卿周東及巡撫安惟學貪污欺民，寘鐇乃勾結都指揮何錦、周昂等殺周東、安惟學。且歷數劉瑾罪狀，並揚言要舉兵清君側，朝野為之震動。幸好武宗及

時派遣左都御史楊一清督師聲討，安化王之亂 18 日便已平定。可見明朝宗室對朱元璋所建立之政權，毫不重視。至正德十三年（1518），又發生寧王宸濠之亂，宸濠本太祖十七子朱權五世孫，當燕王發動「靖難之變」時，暗引寧王朱權入關，繼而予以軟禁。成祖登位後，即將朱權徙封江西南昌，一直相安無事。然宸濠為人，常胸懷異志，自命不凡。武宗大婚多年，因荒淫過度，仍缺繼承人，故儲位仍然懸空。宸濠除繼續遊幸外，更派遣鷹黨羽日夕覬覦帝位，更與武宗嬖人錢寧及兵部尚書陸完勾結，準備隨時發難。正德十三年（1518），宸濠聞武宗派駙馬崔元前往征討，乃託言奉太后密旨舉兵入朝監國，並宣佈廢正德年號，並集大軍過萬，佔據江西九江星子等郡，大殺守吏，幸有王守仁等在福建剿匪，途至江西豐城，才得以解圍。宸濠之叛變，只 35 天即為王守仁所平定，但武宗沒有以此次事故作為警惕。相反，仍繼續他夜遊的習慣，更因聲色過度，在位 16 年便吐血而崩。因他沒有兒子，也無同胞兄弟，皇太后乃接受大學士楊廷和的建議，以興獻王長子朱厚熜為繼承人，是為世宗。本來繼承人得以解決，繼位之事，可算告一段落。可惜明朝之士子過分重視不必要的禮節，往往藉小事而脣槍舌劍，來表現自己的才華。其實眾人所爭論者只不過是一件小事，但想不到竟然有人把他弄成大事。此乃世宗與各元老你爭我論的「大禮議」事件。

「大禮議」事件，乃朝中不同派系的大臣互不相容、堅持己見的結果，更有大臣居然借題發揮，言「國家養士百五十年，仗節死義直至今日」。本來「大禮議」事件乃世宗謀替自己的亡父興獻王及親母興獻王后蔣氏爭取更高的合法地位而已，居然釀成一場政治危機，更造成黨派之間的無理鬥爭，因而下獄的下獄，廷杖

的廷杖，戍邊的戍邊。明朝士子往往不顧大體，只重己見，認為應受重視的禮節最為重要，因而多不重視政治現實，更不能和衷共濟，酌理准情，予日後「東林黨爭」的禍根，更予宗室之間的互相猜忌，未能同心合力地挽救國難，誠可悲也。

世宗崩後，明政仍然未有任何轉機，穆宗雖意圖進行改革，可惜大臣之間互相猜忌，論及政事，都各持己見，從不妥協。這當然不是他們有任何恩怨，只不過在爭論之中，望能突出自己的才華，引起士子的注目而已。事實上，明朝士大夫因多重視門户，而不顧政治現實及相處之道，往往意氣用事，為了一件小事，可以摩拳擦掌，互不相容。且爭鬥之中，論點多無實際之物，只是天馬行空。可見明末社會已是烏煙瘴氣。至神宗末年，又有「建儲議」及「梃擊案」之爭。其實「建儲議」乃帝皇之家事，皇儲一天未立，皇長子地位，事實上仍未改變。可惜大臣都望能表示自己對「建儲」的關係，不假思索地對宗室之間的政治，毫無了解之下而予以站邊，這不引起帝皇之痛恨才怪。因為在封建社會，就連帝皇的妻子都未能夠清楚了解帝皇的思想。何況並非有機會日日親近帝皇的大臣呢？

至於「梃擊案」，從現代眼光看來，只是內廷守衞疏忽，並非陰謀行刺皇室中人的證據，居然也可搞成為風雨的事故，可悲之餘也可笑也。

明朝社會，神宗 47 年的統治，社會已逐漸有所改變，其中許多大都市，已具雛形的城市化，人民生活也有所提高，加上中外貿易已有蓬勃的發展。如果當時大臣之間的思想能夠和正在發展的城市化配合，可能會避過滿清入關這一劫。可惜大臣之間只懂得享受城市化的成果，未能更進一步來強化對當時政治的發展和

經濟的起飛。因當時在朝的大臣，只顧政治鬥爭而忽視對政治的改革，他們也不重視流寇的存在、邊疆的防禦。因明朝士子過分強調「心性」之學而忽略了富國強兵之策。明中葉後，有張居正、李卓吾這些高人之存在，惜他們除了比其他同輩之思想早熟幾近一個世紀外，也不為他們同時代有關人物所重視，故明之一蹶不振，是難以避免的。

明史研究，自 20 世紀 50 年代後期由美國哥倫比亞大學富路特教授（Carrington Goodrich）倡議之下，成為中外中國史研究之重點。富路特教授更在上世紀的 70 年代策劃《明代名人傳》（*Dictionary of Ming Biography*）的編撰，得中外學者全力支持，在編撰過程中，富路特教授力邀正在澳大利亞國立大學工作的房兆楹、杜聯喆夫婦予之協助，令編撰工作能順利進行並如期完成，除富路特教授之熱心工作及房氏夫婦的無私協助外，更有全球明史研究之學者共同努力耕耘的結果。然而有關明史研究之專書及論文，大多集中於政治及人物方面，吳晗的《朱元璋傳》、朱東潤的《張居正大傳》、朱偰的《鄭和傳》都是學術水準極高的作品，同時也是上世紀 40 年代研究的成果。從 50 年代至 80 年代初期，明史研究在國外，香港、台灣等地都有不同研究成果的湧現。在美國，華裔學者黃仁宇有關萬曆朝經濟發展的過程，蘇均偉的嚴嵩研究都是極具權威性的著作。有關美國學者方面，則有牟復禮（F. Mote）的《高啟傳》、賀凱（Charles Hucker）的 *The Censorial System of Ming China*、狄百瑞（William Theodore de Bary）所編有關明代思想的論文集、司徒琳（Lynn Strve）的南明研究，都是這方面重要的著作。

日本方面，有山根幸夫所編有關明史研究之書目，對年輕一

代投身明史研究的學者，有很大的幫助。

　　在這期間，台灣學者對明史研究，也作出重大的貢獻，黃彰健、吳緝華、徐玉虎、徐泓、吳智和、朱鴻、林麗月、張哲郎等人，雖然大部分都是孤軍作戰，但他們的研究成果，仍然是驕人的。

　　80 年代期間，因國家採取開放的政策，故內地的明史研究也紛紛活躍起來。中國社會科學院中國歷史研究所明史研究室在王毓銓教授領導下，培養了許多傑出的年輕一代的明史研究學者。天津之南開大學、福建之廈門大學當時都是明史研究的重鎮，可惜當時之學術研究，未能和經濟起飛互相配合，故未有突破之表現。

　　香港地區，因香港大學一直都重視中國歷史之教學及尖端的研究，研究範圍除對太祖初政予以重視外，對仁、宣兩朝努力安定政治局面的研究亦相當重視，在本人主持下，許多年輕的明史研究者的著作都受到重視，這些學者當中，梁紹傑、許振興、楊永安、馬楚堅、蘇耀宗、曹光明、陳永明、楊文信等人應是其中之表表者。

　　明代思想家李贄在其有關明史著作中曾揚言明太祖為一位了不起的人物，比起秦始皇時，明太祖應可擺上更高境界。這當然是作者個人根據當時政治的動向來作出的結論，這種論調是有時代性的，當然也擺脫不了政治發展的限制。但李贄另一論點，言明朝建國至仁、宣後，政治發展及其他方面的推動應是停留不前，從今天研究明史來說這是完全正確的。因明之宣宗崩後，繼位之英宗、代宗、憲宗，除因土木之變大傷元氣外，憲宗一朝，更因宗室之間的內部鬥爭，使明朝政權處於極不安定的局面。憲

宗崩後，孝宗登位，本來有點中興之跡象，可惜因孝宗早逝，傳位給武宗，使明朝政治又再進入黑暗時代。這一連串的皇室內部矛盾，加上宦官當道，后妃爭寵，派系相爭，故令政治不修，終於陷入黨爭的險境。研究明史的學者，在上世紀 50 年代，除謝國楨、朱倓有專書道及這些片斷外，50 年代後，只有丁易之《明代特務政治》詳述明代政治不修的原因，有關每朝宦官之弄權經過，也有詳盡的分析。自上世紀 80 年代開始，明史研究開始活躍，而文章之內容及觀點，未能有所突破，這當然是人為的，因到了 80 年代，有許多思想觀點，仍然是緊緊扣着，未能放鬆，故成名的學者也好，作為後起之秀的學者也好，都因怕與政治的氣候相左，而不敢有所發揮。雖然如此，但有關社會、經濟的專書及論文的湧現，確如雨後春筍，質量也有突破。

寄居海外之華裔學者，有關明史研究，在這期間，貢獻最大者應為柳存仁、陳綸緒、余英時、陳學霖、秦家懿、蘇均偉、蘇宗仁、馬幼垣、黃仁宇等。年輕的一代，上述香港大學的梁紹傑、許振興、楊永安、馬楚堅、林子昇、陳永明及新加坡國立大學的李卓然等，目前應是處於領導地位。

上面所講這些學者中，除陳永明外，研究範圍多與宗室無關，然而每一個人的論文，對明史研究都有突破性的表現，並予吾人許多新的觀點、新的思維。台灣方面，中央研究所歷史語言研究所的吳緝華研究員，應是明史研究之表表者。同時，他有討論宗室問題的文章發表，貢獻良多。美國方面，有印地安拿大學的司徒琳（Lynn Strve），用力最勤，其作品多涉及南明的宗室問題、抗清問題，對這段歷史有很大的成就和貢獻。至於直接研究明宗室的學者，上世紀 60 年代，則有英國劍橋大學的 Kenneth

Robinson，對寧王朱權音律的成就，有深入的研究。Robinson 後來出任北婆羅洲 North Borneo 教育署的教育司，為香港中文大學首任校務主任（Registrar）胡熙德先生的摯友，得蒙胡師的引介，1963 年間，筆者在香港曾經與 Robinson 見面。Robinson 是一位精通中國歷史的漢學家，乃英國劍橋大學的高材生。

有關明代宗室的研究者，少數早已成名學者的作品，目前仍然是研究這片段的重要文獻，這些學者當中，計有謝國楨、孟森、朱希祖、朱偰、王春瑜等。

鍾國昌博士乃香港一位傑出的律師，他不但是一位受同業同輩所欣賞的法律專家，也是一位熱愛歷史、哲學研究的學者，他的歷史博士論文〈明末清初朱明宗室出處研究〉出自北京清華大學人文學院，其導師為清華大學掌史學之張國剛教授。在張國剛教授指導下，鍾博士把有關南明這一段浩瀚歷史的資料，取其精華加以考究，予以分析，配合中國歷史研究中最重要的「究天人之際，通古今之變」的實際情況，經之營之而成學術論文，是值得慶賀的。

鍾博士的研究成果，得商務印書館予以出版，鍾博士要本人替其大著寫序，這是義不容辭的事。鍾博士之大著分為六章，除導論中論述明末清初朱明宗室的研究問題和研究狀況外，其他五章，分別為有關朱明宗室人口的蠡測、宗室的生活、入清後對宗室之影響、宗室的殉國問題、抗清及降清的問題、歸隱宗室的生活及入清後對新政權的取捨問題。每一章、每一節，鍾博士都有詳盡的處理、小心的考證，所以本書是一部值得一讀的學術著作。因鍾博士在大著中，有許多新的觀點、精闢的論述，都是值得吾人思索的。

　　1644 年，清兵入關後，崇禎殉國，這表示崇禎皇帝在國破家亡前夕對皇朝的負責，因他清楚地了解到，在朝代交替過程中，有許多難以忍受的事，一定要面對的，因而選擇以身殉國之道路。同時，在殉國之前，他也替自己的后妃、公主，安排追隨自己的道路。當時在明朝傳教的耶穌會天主教傳教士，了解此事之始末後，紛紛以戲劇、詩歌、音樂來表達「公主之死」的勇敢行為。最早描寫有關崇禎殉國的故事應為 Joost van den Vondel（1587-1679），他被公認為荷蘭的國家詩人。1667 年，他發表他有關崇禎的劇作——*Zungchin of de Ondergang der Sineesche Heersahappije*（*Zungchin, or the Fall of the Chinese Empire*）。在這劇作中，有許多明末有關的歷史人物，都先後出現，如吳三桂、李自成等，他們對明亡應負起重大的責任，但 Vondel 對自己的劇作非望能公演，只望朗誦而已。相反，當時的英國劇作家 Elkanah Settle（1648-1724）則將此歷史尾段變成悲劇而結果終於變成中國式的喜劇終結。上述有關崇禎殉國之悲劇，Montreal 大學已故之夏瑞春教授（Adrian Hsia）在他的著作 *Chinesia - The European Construction of China in the Literature of the 17th and 18th Centuries*, Chapter I and II，有極詳細的描述。

　　17 世紀以來，歐洲的西班牙、葡萄牙、英國、荷蘭等國，都發現遠東為一處值得注意的地區，乃紛紛向遠東水域進發，他們的目的除望能加強貿易外，也具侵略殖民的野心。除天主教外，當時還有新興的新教，也參與其中，但終比不上天主教傳教士的積極，因此有關中國的著作，仍然是天主教傳教士的作品在歐洲較為受重視。事實上，研究明史，特別是 17 世紀這片段，如能對西班牙文、荷蘭文、葡萄牙文有一定程度的掌握，上述這些國家

的檔案，應是研究中外關係的寶藏。美國芝加哥大學之 Donald Lach 教授，他的巨著 *Asia in the Making of Europe*，基本的資料多是從上述有關檔案取材。已故中國學者陳綸緒（Father Albert Chan）在生之時，經常提醒年輕學者對上述國家所藏資料要予以注意，可惜年輕學者對這段歷史的研究缺乏興趣。

　　上個世紀 50 年代開始，華人聚居地區發展粵劇表演時，對唐滌生的《帝女花》予以高度的評價（見丁傳靖：《甲乙之際宮閨錄》（甲戌版）卷一，〈宮板〉及 3-4〈長平公主〉），但處理中國問題的劇作家，沒有想到三百多年前，崇禎殉國後已有歐洲人將此事戲劇化在歐洲上演。如果中西文化之交流進一步加強，既促進雙方的了解，也可打破雙方固步自封的局面。南明歷史的研究，從孟森、朱希祖、朱偰、柳亞子等學者開其端，到目前為止，鍾國昌博士對這段歷史的研究開拓了許多新的領域，渴望年輕一代的學者，能夠循鍾博士之步伐，將南明史研究予以發揚。因這一段歷史，道出了當時中外文化的往來。既可從研究過程中，理會到西方列強在當時為甚麼要對中國予以侵擾，也可從不同國家對中國的文化觀點、宗教信仰，有新的了解和認識。

趙令揚

香港大學中文學院榮休教授，前香港大學中文系主任

2018 年 1 月 4 日完稿

2018 年 4 月 16 日修改完畢

目　錄

前　言

　　明（1368–1644）清（1644–1912）易代，內憂外患，戰亂頻生，全國落入「天崩地陷」[1] 大變化中。早自明神宗（朱翊鈞，1563–1620，1572–1620 在位）晚年起，女真族崛起，已使明室疲於奔命；加上朝中門戶壁壘分明，黨同伐異，政爭熾烈，更使朝政難以貫徹執行，直接導致泰昌（1620）、天啟（1621–1627）二朝政治敗壞，民不聊生，為日後民變四起埋下伏線。縱使明思宗（朱由檢，1611–1644，1627–1644 在位）後來有中興之志，仍乏力回天，終致亡國。崇禎十六年（1644），李自成（1606–1645）攻陷北京，思宗自縊。吳三桂（1612–1678）後引清兵入關討亂，造就滿人入主中原，其後這羣外族相繼消滅各方反抗勢力，平定天下，建立一統皇朝。從朱氏政權衰敗致民變四起至後來外族乘機入主中原這段歷史來看，明清鼎革所帶來的社會動亂和不穩情況，歷時甚久，是中國史上少有的一段時期。

1　「天崩地陷」語出黃宗羲（1610–1695）著，沈芝盈點校：《明儒學案》（北京：中華書局，1985 年），下冊，卷 60，〈東林學案三〉，頁 1469。

　　在這前所未有的動盪環境下，原受明室統治的漢人目睹國家、民族、文化皆毀於一旦之際，時人心態以至由此所產生的行動，遂成為後世研究者的焦點。在各階層中，有一羣向來被忽視而又極具研究價值的人物——他們起源於明太祖所創的宗藩制度，發展並茁壯於明中葉，後因其過度發展並膨脹而衰敗於晚明，到明末墜落為中央之包袱以至人民眼中之棄物——朱明皇族宗室羣。最弔詭的是，全因明清鼎革，宗室命運才出現天翻地覆的改變——有些長期受明室眷顧的上層宗室，頓失依靠，無論或抗或降，最後多落得被農民軍或清人抄家滅族的下場；可是更多下層宗室，如能逃過被敵人逮捕的命運，反過來獲得解放機會，重新選擇出處，有機會過着自由自在的新生活。就此，這羣明朝天潢在國變的心態及其行為抉擇，都極具研究價值。

　　再者，朱明宗室羣有不少獨特之處，實可供後人研究、思考。先從他們金枝玉葉的身份說起——這羣人流着明太祖的血，獲尊為天潢，在有明一代享受着不同程度的榮譽及特權，無奈卻失去人生最基本的自由。至明清鼎革之時，他們比黎民及士大夫多了一些包袱及歷史宿命，先是尊貴的地位被現實剝奪，而且其特殊身份反過來成為各方勢力刻意追逐的目標。相反，一些知識分子或士大夫，倒容易成為新主籠絡的對象，不僅能隨時變節投奔新朝，說不定能更上一層樓並出人頭地，不像降宗一樣背負着不共戴天的恥辱而容易走上絕路。故此，宗室在國變時對自己特殊身份的認同問題，便成為極有趣味的研究題材。

　　其次，明太祖基於親親之誼，為子孫奠定宗藩制度，務求給

予他們最優厚的生活條件，以傳萬代；[2] 無奈他們經二百多年繁衍後，當初明太祖的 26 位兒子，至明末之勢，經一代傳一代後，已繁衍至幾近 20 萬之特殊羣體，各層宗室在國變時的心態，也成為極具研究價值的課題。

此外，有明一代宗藩制度不斷變革，與政治、社會、文化、經濟的發展密不可分，讓宗室族羣與社會上的士大夫、知識分子、平民間的互動交往，成為另一個值得探討的課題：比如靖難後，原本用作捍衛中央兼有兵權的宗室，反過來因明成祖奪位後，變成形同虛設的裝飾物，至清人入關時便只能束手無策，儼如沒有爪牙的肥老虎一樣，任人宰割。

明中葉起，社會經濟發達背後，朝廷卻開始出現財政危機，全因邊患、災荒頻仍外，宗室人口膨脹導致龐大宗祿開支更是重要成因，這個現象不僅造成宗室呈現貧富兩極對立的問題，還造成社會跟朱氏子弟的矛盾。朝廷出現財赤危機，無力供養所有宗室，導致無力請名的貧宗湧現，迫使中央在晚明開始解放宗禁，先致力發展宗學，還讓朱氏子弟有機會參加科舉，或索性從事四民之業；又因天潢受各地文化及民風所薰陶，終孕育出文化素養、性情風尚、知識水平都不一的各系宗人——他們縱然都是朱

2　洪武九年 (1376)，天變，明太祖下詔求直言。平遙訓導葉伯巨上書進諫，認為當今世上，有三者為過：一為分封太多，二為用刑太繁，三為求治太速。就第一點，他主張應當削藩，以避免漢朝七國之亂等。太祖看過意見後大怒，並說：「小子間吾骨肉，速逮來，吾手射之。」葉伯巨因此被逮捕，終死於獄中。(參張廷玉 [1672–1755] 等撰：《明史》[北京：中華書局，1975 年校點本]，卷 220，列傳第二十七，〈葉伯巨傳〉，頁 3995。) 從這個史例看來，明太祖確實極為愛護自己的子弟，生怕別人離間朱氏血脈的關係。關於明太祖所訂立的宗藩制度內容，參申時行 (1535–1614) 等修：《明會典》(萬曆朝重修本，北京：中華書局，2007 年)；李春芳等修：《宗藩條例》(明嘉靖刻本)，載《北京圖書館古籍珍本叢刊》(北京：書目文獻出版社，1988 年)，史部政書類，冊 59。

氏子弟，或良莠不齊，卻在國變時有不同的出處選擇，讓這個貴族羣體變得更複雜，成為值得深思的研究課題——有的選擇慷慨殉國，有的選擇接受清廷招降而遠離殺身之禍，有的選擇繼續堅決反清；而更多宗室子弟，則放下天潢貴冑光環，毅然決定流落民間——有的歸隱山林，有的皈依宗教，有的寄情藝術，有的致力謀生，林林總總。

　　他們在破家亡國後，各自有不同的心境變化及行為抉擇，這些課題卻往往受到後人忽略。雖然關於這個羣體的記載，不及一般士大夫輩遺民多，相關史料也較零碎鬆散，然而經本書作者初步爬梳剔抉，仍能掌握當中部分線索；而他們在國變後的出處取捨、人生抉擇，以至其適應過程及結果，是出於自由意願還是宿命使然，都是值得探討的歷史課題，也可藉此觀察政權轉移後社會不同階層流徙並轉移的情況。以上所述，皆為本書研究內容，值得讀者細味。

第一章
導　論

一、本書研究視野：
明末清初朱明宗室四層出處考慮

　　在介紹本書幾項研究焦點以前，實有必要對論題中的「明末清初」、「朱明宗室」、「出處」三詞稍作解釋，以確定本書研究視野及範圍。

　　首先，「明末清初」一詞，現今已獲學人廣泛使用，例如蘇雲峯於 1988 年出版的《明末清初的湖北動亂：兼論農民起義的歷史作用》，將「明末清初」斷限為明崇禎七年（1634）至清康熙三年（1664）。[1] 又例如司徒雅儀於 2001 年所完成的香港大學哲學碩士論文〈明末清初士大夫階層之醫學化〉，卻將「明末清初」一詞斷限在明萬曆二十九年（1601）至清康熙四十

1　蘇雲峯：《明末清初的湖北動亂：兼論農民起義的歷史作用》（台北：中央研究院近代史研究所，1988 年）。

年（1701）期間。[2] 再如尚智叢於 2003 年出版的《明末清初的格物窮理之學：中國科學發展的前近代形態》一書，則將「明末清初」的斷限，定於明萬曆十年（1582）至清康熙二十六年（1687）。[3] 上述三位學者對「明末清初」一詞的看法，明顯大相逕庭。由此看來，「明末清初」一詞，在學界上根本沒一致共識，每每因應個別學人本身研究視野或需要，而有不同斷限和解釋。本書所探討的主要對象，是經歷亡國的朱明宗室，為了理解其於國變前的活動模式、生活素質以至思想舉措等問題，本書所指的「明末」上限，大抵以崇禎（1628–1644）朝作為開端；而「清初」的斷限，本書擬以康熙（1662–1722）朝的結束作為界線，畢竟當時清朝已經開國近 80 年，相信極大部分親身經歷國變的朱明宗室經已逝世；加上當時對於前朝天潢的關注也轉趨平淡，故此本書遂以康熙六十一年（1722）作為研究下限，以觀察這 90 多年間關於朱明宗室出處選擇的歷史課題。

其次，本書所指的「朱明宗室」，即所有明朝朱姓皇室血裔，上至帝系子弟，下至諸王後裔，務求全面網羅可考的個體。至於女宗室如長平公主朱徽媞（1629 或 1630–1645 或 1646）、瑞昌王裔血脈朱中媚等，也將會包攬在本書範圍內。唯獨一些沒有朱氏血統的后妃、駙馬、外戚等，則不屬本書研究範圍。

再者，關於「出處」一詞，應當源自《易經・繫辭上》：「君子之道，或出或處，或默或語」[4]，有「去就進退」以至「出仕和隱退」

2　司徒雅儀：〈明末清初士大夫階層之醫學化〉（香港大學碩士論文，2001 年未刊本）。

3　尚智叢：《明末清初的格物窮理之學：中國科學發展的前近代形態》（成都：四川教育出版社，2003 年）。

4　來知德（1525-1604）撰：《周易集註》（《四庫易學叢刊》本，上海：上海古籍出版社，1990 年），卷十三，頁 29b，〈繫辭上傳〉，總頁 349。

的意思，正好用來形容面對國變的明宗室如何選擇未來道路——到底應否跟大明江山共存亡；到底應該進還是退；到底應該降清還是抗清；到底是毅然出仕南明（1644−1662）以至清廷，還是默然遁隱？這些不同層次的抉擇，就是本書所謂的「出處」。

與士大夫遺民相比，現有研究對明宗室於國變後的關注實相當匱乏。事實上，宗室同樣需要面對一眾遺民的難處。而且相比之下，他們礙於身份特殊，其生計往往比尋常遺民更為艱難，起碼他們就難以貿然仿效遺民般，輕易讓子弟輩出仕清廷，以求改善家庭環境，充分突顯出這個特定羣體獨特的研究價值和意義。

面對國家存亡之際，當時不少漢人士大夫階層，跟明宗室一樣，需要面對出處問題，正如何冠彪在《生與死：明季士大夫的抉擇》一書指出：

> 起義，本身並不是一個結局；如果「忠臣義士」在「起義」失敗以後仍生存，他們仍須選擇「殉國」或是「歸隱」的⋯⋯其實，明季士大夫所面臨的，是一連串的選擇。他們最先必須選擇的，自然是生存或死亡；亦即殉國或不殉國。明季士大夫殉國，不始於明代覆亡以後，因為在明代末年，在「流寇」和滿清交侵之下，不少士大夫在城陷或被俘的時候，便要作出抉擇。殉國者死後固然一了百了，而不殉國者隨即面對反抗或不反抗的抉擇。不反抗者在新朝統治下，固須在出處之間，作出取捨；而反抗者在失敗之後，便再一次面臨生存（不殉國）或死亡（殉國）的抉擇。如果他們願意在清朝統治下生

活，他們就須在出處之間作出最後的抉擇。由此可見，
明季士大夫面臨的抉擇是一個接踵着一個的，以生與死
作為開端。當他們在生與死之間作出抉擇後，才產生出
殉國、起義、歸隱甚或仕敵的取向。其次，不少士大夫
可能經歷多過一次生與死的抉擇。[5]

何氏這番見解實際上也十分適合用來形容宗室的處境，因
為撇開無意識地遇難的宗室，他們最先要面對的問題，同樣是生
存或死亡的抉擇，即殉國或不殉國，這是他們的第一層思考，也
是本書的第一項焦點。當在生與死、殉國與否之間作出決定後，
他們將會跳入第二層思考，即面對反抗或不反抗的抉擇，這是本
書第二項研究焦點。宗室既選擇反抗一途，不外乎投奔南明政
權或選擇自行武裝起事，而不反抗則需要選擇生存的方式；但
假若抗清失敗，除壯烈犧牲一途外，僥倖生還的往往也需要重新
經歷第一層思考，然後又再次來到反抗或不反抗的考慮。然而
假若他們最終願意在清朝統治下生活，最後將會來到第三層思
考，即需在出處之間作最後抉擇，那就是默然歸隱，還是毅然接
受清廷勸降的好意，此為本書第三項研究焦點。當這羣宗室子
弟最後落實如何在滿人所統治的社會下生活，本書將會進入第
四項研究焦點，即觀察他們在清初如何生活，無論是降清還是歸
隱的宗室，也都會在本書考察範圍內，務求將他們真正的處世態
度表現出來。

5　何冠彪：《生與死：明季士大夫的抉擇》（台北：聯經出版公司，1997年），第一章，
　　第三節，〈導論：明季士大夫面臨的抉擇〉，頁6-7。

簡而言之，明宗室在當時要面對的問題，首先是殉國與否的考慮，自遠古時代的《禮記》早已記載「國君死社稷」[6] 乃天經地義之事；但對於宗室方面的要求，則明顯未見那麼嚴格，讓他們面對生死之間時，仍能有理由保存性命；而相比起士大夫階層的遺民，明宗室卻多背負了前明血裔這個沉重包袱——面對君父被殺，身為子嗣者，在盡忠、盡孝以至復仇、存宗四者之間的考慮，實較士大夫遺民更為微妙，值得學人細味。

其次是抗清問題，他們應否回歸南明政權統轄，並堅決與滿人勢不兩立，這個考慮表面看來是理所當然的；可是，弘光帝（朱由崧，1607–1646，1644–1645 在位）一朝著名的「南渡三案」——「大悲和尚案」、「偽太子案」及「童妃案」，[7] 其中前兩者都直接與宗室相關，反映出當世不少平民乘亂冒稱天潢貴冑的問題嚴重，而涉案人士的下場皆不得善終，加上弘光一朝本身政局混亂，黨爭激烈，[8] 難免使一眾真正擁有朱明血統的宗室子弟卻步，寧可選擇其他出路。此外，即使他們日後決定歸附唐王（朱聿鍵，1602–1646，1645–1646 在位）、魯王（朱以海，1618–1662，1645–1655 在位）、桂王（朱由榔，1623–1662，1646–1661 在位）以至

6　孫希旦（1736–1784）撰，沈嘯寰、王星賢點校：《禮記集解》（北京：中華書局，1989 年），卷五，〈曲禮下第二之一〉，第 1 冊，頁 125–126。

7　關於弘光朝「南渡三案」的始末及相關評論，可參考孟森：《明史講義》（上海：上海古籍出版社，2003 年），第二編，第七章，第一節，〈弘光朝事〉，頁 350–351；魏斐德（Frederic Wakeman）著，陳蘇鎮、薄小瑩等譯：《洪業：清朝開國史》（南京：江蘇人民出版社，2003 年），第五章，〈政治迫害〉，頁 125–127、第七章，〈童妃案〉，頁 176–178、〈偽太子〉，頁 178–181；顧誠：《南明史》（北京：中國青年出版社，2003 年），第五章，第一節，〈南渡三案——大悲、偽太子、「童妃」〉，頁 156–158。

8　關於南明弘光朝黨爭之禍害，可參考業師趙令揚：〈論南明弘光朝之黨禍〉，載《聯合書院學報》，1965 年第 4 期（1965 年），頁 1–15。

是後來於台灣建立的鄭氏政權，但這些皇朝的國祚同樣有限，可見仕南明並非宗室最理想而又絕對的選擇。

　　然後是降清與否的考慮，清廷經過建國初期使用武力鎮壓反抗勢力後，至康熙（1662–1722）一朝開始態度軟化，積極拉攏漢人，而宗室正是他們刻意招撫的對象；但對於宗室而言，他們始終是前朝皇室血裔，在心理上實難以接受取代己氏的外族正統皇朝。另一方面，宗室如不接受清廷招降，又勢必要面對現實生計問題，可見宗室這種「夾心階層」的心態，也甚具研究意義，值得學人仔細思量。

　　再者是隱居取向，即使宗室既不殉國，又不抗清，也不降清，那麼他們只餘下隱逸一途，而他們每人退隱的方式，仍可大相逕庭：他們既可嘗試「大隱」於市，隱姓埋名，完全拋棄宗室身份的負擔；也有「小隱」於野——有的務農，有的行醫，有的從商，有的賣文，還有寄情藝術、醉心宗教者流，更有遠離國土而客死異鄉者。各式各樣的例子，體現出這羣落難宗室截然不同的生活和選擇。

　　姑勿論這羣宗室如何選擇出處，但在生活上仍需與時人交接，即使他們着意藏身，前朝天潢的身份難免會被他人突顯或放大，成為尚且忠於明朝的遺民最後一個「希望」，甚至被反清分子推舉為起事領袖或成為反清旗幟，從此長年受滿清統治者打壓，不能安靜過活。

　　綜上所述，本書以明末清初的朱明宗室作為主要研究對象，考察他們在國變後的矛盾心態、自處之道以至實際生活，務求更全面地理解這個落難階層於易代亂世的處境和出處選擇；並嘗試發掘一些被學界忽略了的宗室例子，逐一作微觀考察，繼而以宏

觀角度考察他們的歷史軌跡以至影響力。最後，本書嘗試觀察這
羣宗室於史學上的形象和所獲得的不同評價，尋找、解答歷來學
人忽略的這個羣體、階層一些鮮為人知的問題，希望可以為這個
研究奠定基礎。

二、明末清初朱明宗室人口數目

要有效地評估清初朱明宗室於國變前後的心態、生活狀況以
至對當時社會的影響，首先要弄清這個羣體的可信人口基數。根
據南明史專家錢海岳（1901–1968）於《南明史》一書記載，清初見
知而可考姓名的朱明宗室，實則僅四、五百人，[9] 這個數字雖不等於
真實人口，但絕對有指標作用。比之謝肇淛（1567–1624）於《五雜
組（俎）》一書的記載，萬曆（1573–1620）末年的宗室人口「幾二十
萬」，[10] 可見自萬曆四十八年（1620）到清人統一中國數十年間，朱
明宗室人數顯然銳減下來。之所以出現這種不尋常的現象，實由於
他們在明末清初這亂世中持有此一特殊皇族身份所致。其實，關
於明末宗室的人口數目，本來可從朱姓皇族的譜系名冊，即古今學
人所謂的「玉牒」中，逐一計算出來。然而正如錢海岳所言，這些
重要的朱明玉牒典冊，早已於李自成入京前後散佚。縱然明室南渡
後，南明統治者曾下詔重修玉牒，但礙於當時「納賄冒襲，濫恩錯

9　關於錢海岳於《南明史》一書中相關朱明宗室的記載，參考錢海岳：《南明史》，冊
　　4，卷 15-18，〈諸王世表〉，頁 813-1063；冊 5，卷 25，〈列傳第一・后妃〉，頁
　　1393-1402；卷 26，〈列傳第二〉，頁 1403-1424；卷 27，列傳第三，〈諸王・一〉，
　　頁 1425-1481；卷 28，列傳第四，〈諸王・二〉，頁 1483-1512。

10　謝肇淛撰，中華書局上海編輯所編輯：《五雜組》（北京：中華書局，1959 年），卷
　　十五，事部三，頁 425。

出」的問題嚴重，加上國祚短促，實有心無力，最後自然未能成功復編完整的譜系名冊，[11] 形成明末清初朱明宗室人口數目長期成疑。正如內地明史學者張德信（1940–2009）指出：「天啟（1621–1627）以後，未見到宗室人口的具體記載。」[12] 因此關於明末清初宗室人口的數字，長期存疑，形成學術界眾說紛紜，莫衷一是。要推算明末清初的宗室人口數目，應先行回顧歷來學人所羅列的史料根據，從而推敲他們列舉的數字是否合理。嚴格而言，學界所謂的「宗室人口」，實可分為狹義和廣義兩種：狹義上的宗室人口，僅指擁有明太祖朱元璋（1328–1398，1368–1398 在位）血統的一眾朱姓天潢；而廣義上的宗室人口，則包括朱姓天潢與其姻親，以至所有依附他們生活的人等。古代用來記錄皇族譜系的「玉牒」，大抵只會收錄從正式途徑向朝廷登記身份並獲核實的朱姓天潢名字，顯然只會網羅狹義上的宗室人口。因此，本書以下所討論的「宗室人口」，當指狹義方面而言，沒有朱明正統父系血脈的人士都會被摒除於外。據顧誠見解，這類皇室族譜上的數字，應該「不等於現存宗室人數」，而且「一方面包括了死去的各輩宗室人名」，但「另一方面又沒有包括現存宗室中尚未請名的人」，故此玉牒所記的天潢「在籍人數」往往大於「現存人數」。[13] 假如顧氏所言正確無誤的話，古代學人如果根據玉牒資料所記錄的宗室人口，大抵會出現「在籍人數」和「現存人數」兩類數目，其中以後者較為可信，畢竟能顯示

11　關於錢海岳對於明末玉牒散失現象的論述，參考《南明史》，冊 4，卷 15，〈諸王世表・一〉，頁 813。

12　張德信：〈明代宗室人口俸祿及其對社會經濟的影響〉，載《東岳論叢》，1988 年第 1 期（1988 年 1 月），頁 78。

13　〈明代的宗室〉，頁 97。

出天潢在某時某地的實際人數，而下文立論將主要以時人記錄官方
冊籍上的見存統計人數作為依據，即只推算玉牒冊上已請名登記的
朱氏子弟。然而所謂「現存人數」的意思，大抵只是在玉牒上能確
認到姓名的當下人數，並不包括未有登記的朱明正統父系血脈，自
然不代表當時真實的宗室人口。畢竟古代通訊科技落伍，勢難時刻
更新皇室族譜上各地天潢的資料，據晚明大臣葉向高（1559–1627）
的記載，這類典冊十年才會一修，[14] 自然形成玉牒上的記載未必一
定真實可信，只能作為一個十分重要的參考標準。無可否認，明太
祖當初只有 26 位兒子和 16 位女兒，[15] 不難理解愈近明朝立國的年
代，宗室人口數字只會愈見清晰，甚至如明初般可謂一目了然。可
是，隨着時間推移，明太祖的兒女都會長大，繼而成家立室，並且
一直繁衍下去，形成明代宗室人口以幾何級數增加，加上玉牒自國
變後散佚，自然形成這個階層的數目逐漸成疑，愈後期愈難估量他
們的確實人數。可以想像，時人於明中葉以後所記的宗室人數，即
使據官方玉牒記載，極其量只能當作指標參考，不能將其看成真實
數字。

　　直到明中葉之世，關於宗室人口的數字仍算清晰，而且幾乎
沒爭議，譬如王世貞於《弇山堂別集》一書，仍能仔細列出隆慶
（1567–1572）、萬曆之際，各地宗室的見存數字為 24023 人，但

14　葉向高：《綸扉奏草》（北京大學圖書館藏明刻本），卷 7，〈纂修玉牒揭〉，頁 27 上–
　　27 下，載《四庫禁燬書叢刊》（北京：北京出版社，2000 年），史部，冊 36，總頁
　　651。

15　《明史》，卷 116–120，列傳第四至八，〈諸王列傳〉，頁 3557–3660；卷 121，列
　　傳第九，〈公主列傳〉，頁 3679–3686。

未有包括「未封、未名者」以及身在齊府、高牆的庶人，[16] 實彰彰可據。踏入晚明之世，關於宗室人口的數字越來越含糊，而且時人記載差距越來越大，特別自何喬遠（1558–1632）於《名山藏》一書仔細記錄大抵萬曆二十一年（1593）前後各地見存的宗室人口為 53668 人後，[17] 往後再難以找到一些像王氏或何氏這類能夠清楚列舉每處地方宗室數目的史料，極其量只能找到一些指出全國宗室人數的粗略統計，譬如張燧在《千百年眼》中提到：

> 我朝宗藩，自古未有若是其盛者。萬曆二十二年（1594），上屬籍者已十六萬人，今又二十年，其生齒尚未知其數也。[18]

16　王世貞於《弇山堂別集》一書〈宗室之盛〉一篇開首即提到：「隆慶、萬曆之際，宗室蕃衍，可謂極矣。宗伯苛為革削，司寇嚴其條禁，以故時損時益，而其見在者余得而志之。」王氏接着便一口氣列舉當時各地宗室人口的情況：親王合共二十五人，另有因為犯事而被奪位的荊州遼王、江西寧王、河南伊王、河南徽王四人；郡王二百五十一人；鎮、輔、奉國將軍七千一百位；鎮、輔、奉國中尉八千九百五十一位；郡主、縣主、郡君、縣君共七千七百二十三位；庶人六百二十名。合共宗室二萬四千零二十三人，但未包括「未封、未名者」與及身在齊府、高牆的庶人。（參考王世貞撰，魏連科點校：《弇山堂別集》[北京：中華書局，2006 年]，卷 1，〈宗室之盛〉，頁 6–9。）

17　何喬遠：《名山藏》（明崇禎刻本），卷 36–40，〈分藩記〉，載《續修四庫全書》（上海：上海古籍出版社，1995 年），冊 426，史部雜史類，總頁 233–314。筆者按：何喬遠在《名山藏》中未有紀錄全國見存宗室人數，只曾按照宗室分布的地域記錄各地見存人數，而據趙毅於〈明代宗室人口與宗祿問題〉一文的統計，何氏所記的各地宗室總數，正是 53668，而筆者經覆核後所得出的數字跟趙氏相同。另外，何喬遠的《名山藏・分藩記》沒有清楚交代資料來源，也沒有說明所見各地的宗室人口是哪年的數字，只曾提到是自己「為郎時」的見聞。據錢茂偉的考證，何喬遠於萬曆二十年（1592）才出任禮部儀制司員外郎，未幾升任精膳司郎中，翌年調回儀制司工作，至萬曆二十二年（1594）因下屬失職被謫降為廣西布政司經歷。（參考錢茂偉：〈晚明史家何喬遠著述考〉，載東吳大學歷史系編：《全球化下明史研究之新視野論文集》[台北：東吳大學歷史學系，2007 年]，冊 3，頁 166–172。）故此何氏「為郎時」的見聞，大抵正是萬曆二十一年前後的事情。

18　張燧撰，賀天新校點：《千百年眼》（石家莊：河北人民出版社，1987 年），卷 12，〈待宗藩之法〉，頁 223–224。

　　張氏大抵在萬曆四十二年（1614）前後，仍能清楚指出萬曆二十二年「玉牒」上的宗室在籍人數為 16 萬人，卻未有提及當時見存人數到底有多少。至於談到當世宗室人口時，張氏只能表示「未知其數」，某程度上反映出萬曆末年關於這方面的統計資料越來越難找到──一來可能自天啟以後朝政進一步敗壞下去，讓朝廷疏於整理「玉牒」有關；二來可能當時的朱氏天潢已多得難以點算，故此這段資料可謂極具時代意義。然而，張燧記萬曆二十二年宗室在籍人數達 16 萬一事，實不足信，一來跟何喬遠所記的見存人數相差近三倍，二來當時還有其他時人如徐光啟（1582–1633）的記載可證玉牒根本沒記錄那麼多的天潢名字。可見張氏於萬曆末關於該朝中期的記載，已在短短 20 年間偏離史實。

　　相對張燧失實的記載，徐光啟早於萬曆三十三年（1605）論及當朝宗室人口的資料，更成為後世談論明代天潢問題時必定徵引的史料，試看他如何記錄和推算當時的人數：

　　　　洪武（1368–1398）中親郡王以下男女五十八位耳，至永樂（1403–1424）而為位者百二十七，是三十年餘一倍矣。隆慶初麗屬籍者四萬五千，而見存者二萬八千；萬曆甲午（1593）麗屬籍者十萬三千，而見存者六萬二千，即又三十年餘一倍也。項歲甲辰（1604）麗屬籍者十三萬，而見存者不下八萬，是十年而增三分之一，即又三十年餘一倍也。夫三十年為一世，一世之中人各有兩男子，此生人之大率也，則自今以後，百餘年而食祿者百萬人，此亦自然之勢，必不可減之數也，而

國計民力足共乎？[19]

　　這段資料是徐光啟於進士後在翰林院實習時的一篇館課，並非上奏皇帝的一份公文，或許較能直抒己見、暢所欲言。後世對徐氏所提出宗室「三十年增一倍」的言論半信半疑，畢竟自明代開國到亡國的 270 餘年間，宗藩政策經常修訂，譬如嘉靖（1522–1566）末年所頒佈的《宗藩條例》，顯然是針對這個特殊階層人口急速膨脹的問題；[20] 再加上政局變化、天災人禍等不能預測的情況，朱氏天潢的生長率根本沒可能如徐氏所言般穩定。故此，古今一切使用這個比率推算晚明宗室人口的做法，實際上絕不可取，也不科學。至於歷來各種就明代宗藩增長率的估計同樣不可靠，畢竟要有效地分析這個數字，按照科學化的數學統計學方法，實有必要掌握朱氏天潢每年在籍和見存人口的數目，才能如實地準確計算出他們不同時期的出生率和死亡率。可是，依照學界目前能發掘到的史料而言，根本沒學人能準確掌握明代宗室每年人口的真實數據。即使是當時學人如徐光啟本身，也未能準確提出萬曆三十二年（1604）的朱氏天潢實際數目，只能閃爍其詞為「不下八萬」，純粹是為了遷就自己「三十年增一倍」的看法，絕對經不起任何科學化驗證。可以肯定，一切關於明宗室人口增長率的數字，只要不是依據歷年朱氏天潢人數計算而成，實際上

19　徐光啟撰，王重民輯校：《徐光啟集》（上海：中華書局，1963 年），卷 1，〈論說策議‧處置宗祿查核邊餉議〉，頁 14。

20　有份參與《宗藩條例》編修工作的嚴訥（1511–1584）、李春芳（1510–1584）等人，不約而同地曾經表示宗室人口急速膨脹，其龐大的宗祿開支為明室帶來沉重的壓力。（參考李春芳等修：《宗藩條例》，會題，頁 1 上–25 下，載《北京圖書館古籍珍本叢刊》，史部政書類，冊 59，頁 336–384。）由此可見，明室於嘉靖末年修訂《宗藩條例》，顯然是針對這個特殊階層自明中葉後迅速增長的問題。

都只是各家學人的「預測」，完全沒史料上的根據，幾乎站不住腳。有見及此，與其虛無縹緲和不科學地推算明代宗室人口增長率，倒不如踏實地通過現存史料作出合理、可靠的推敲，更能認清晚明宗藩子弟的見存數字。徐光啟所指出「三十年增一倍」的明代宗室人口增長率，以及他本人所推算的萬曆三十二年見存人數，或不可據，也不可信；但是他指出天潢在萬曆二十一年「麗屬籍者十萬三千，而見存者六萬二千」的記載，仍有極高的史料價值，起碼讓後世可得知當時「玉牒」上的宗室數目，跟實際人數的大約差距，更重要的是，此數字跟何喬遠在《名山藏》所記的數字雖有出入卻沒那麼大的差距。

　　繼徐光啟的言論後，另一則經常被後世學人所徵引的史料，出自萬曆朝內閣大學士葉向高和李廷機 (1613–1669) 之口，《明實錄》記萬曆四十年 (1609) 二月曾發生以下事情：

> 大學士李廷機、葉向高題：萬曆二十三年 (1595) 玉牒宗支共計一十五萬七千餘位，今襲封新生已踰十四年，又有六十萬餘位矣，比之弘 (弘治，1488–1505)、正 (正德，1506–1521) 等年間，不啻百倍。開局纂脩，必須設法定限，分委責成，謹列款以請。[21]

　　根據上文意思，李、葉二人認為當世宗室達「六十萬餘」，他們雖沒清楚說明這個數字到底是在籍人口還是實際人口，但可以

21　中央研究院歷史語言研究所校：《明實錄》(原北平圖書館藏紅格鈔本，台北：中央研究院歷史語言研究所，1962–1966 年)，《神宗實錄》，冊 118，卷 492，萬曆四十年二月丁丑 (1612 年 3 月 14 日)，總頁 9261。

肯定這是一個驚人而不尋常的數目。歷來研究宗室人口的學人，每當援引上述出自《明實錄》的記載時，定必提出疑問，比如日本學者布目潮渢（1919–2001）認為「六十萬」乃「十六萬」之誤；[22]又如中國學者張德信則簡單認為這條史料乃「推算而來」，實「不足為據」。[23]假如理性分析《明實錄》所記的上述文字，不難發現當中破綻百出：

第一，整篇記載的文意支離破碎，開首談及宗室人口問題，但最後竟然談到「開局纂脩」之事，理應涉及「玉牒」編修之事，可是全文偏偏沒提及這兩個關鍵字，讓讀者看後大惑不解，難以理解《明實錄》記錄這段文字的用意。

第二，這段資料見於萬曆四十年，但按照文意，萬曆二十三年「踰十四年」後，實則只是萬曆三十七年（1609），難以理解《明實錄》何以將李、葉二人的題奏延遲了三年後才記載。

第三，按照李廷機自撰的〈大學士李先生自狀〉所記，他本人基於朝中黨爭熾熱，加上屢受政敵的猛烈攻擊，早有致仕之意，遂於萬曆三十六年（1608）開始停止入朝辦事，更於翌年（1609）起毅然移居至京城郊外的真武廟，並專心從事著述，以示絕意仕途。[24]假如再進一步翻查現存可見的李廷機文集——《李文節集》，實可輕易發現李氏在萬曆三十六年後，基本上只曾上疏要求明神宗（朱翊鈞，1563–1620，1572–1620 在位）讓其致仕，除此之外，

---

22 布目潮渢：〈明朝の諸王政策とその影響（下）〉，載《史學雜誌》，第 55 編，1944 年第 5 號（1944 年 5 月），頁 377。

23 〈明代宗室人口俸祿及其對社會經濟的影響〉，頁 77–78。

24 李廷機：〈大學士李先生自狀〉，載於焦竑編：《國朝獻徵錄》（萬曆丙辰本，上海：上海書店，1987 年影印本），冊 1，卷 17，頁 216–218，總頁 718–719。

便沒有其他關於朝政的言論留下了。[25]

　　由此可見，李氏決心求退，根本沒可能在萬曆四十年跟葉向高共同題奏關於宗室問題之事。再者，李氏曾負責草擬萬曆朝整頓宗藩問題的條案，《李文節集》中自然不乏涉及天潢事務的文字，但關於這個羣體的人口數字，他始終未有留下任何清晰的記載，最多只曾在文集回憶自己的政治生涯時不經意提到：

　　　　禮部宗藩一事最大，每請名封、選婚，需索煩難，有貧宗終不得者。余曰此皆太祖子孫，而今乞哀異姓，受制賤胥，豈理也哉。於是疏陳簡便法，省重結之擾，定行取之期，既得旨行之，每報生到部即查明，造格眼冊，每季一本，如請名封，應得不應得，查冊出示，其類題不出，季終無查勘，無留難，宗室便之，蓋余將之任。詢此事於一二賢者，皆以為沿習既久，今一胥頂首三千金矣，前輩亦嘗有有志振刷者，竟亦付之，無可奈何。余聞此説，亦躊躇卻顧。既而，日日料理，漸見端緒。余乃奮然曰：吾欲以二三同官之勞，貽宗室十六萬人之便。為此十六萬人之便，不暇顧胥吏數人之不便，欲以仰承德意，少效涓埃。[26]

25　李廷機：《李文節集》（明崇禎間刊本），載《明人文集叢刊》（台北：文海出版社，1970 年），第 28 輯；《李文節集》（南京圖書館藏明末刻本），載《四庫禁燬書叢刊》，史部，冊 44。筆者按：現存可見的《李文節集》有兩個版本，《明人文集叢刊》的崇禎間刊本合共 28 卷，至於「四庫禁燬書叢刊」的明末刻本只有一卷，但兩者沒有任何重疊的地方，相信後者是前者的補輯本。

26　李廷機：《李文節集》（南京圖書館藏明末刻本），〈仕蹟〉，頁 10 上–10 下，總頁 694。

　　李廷機於萬曆三十二年間整頓《宗藩條例》，[27] 故此上述所記
「貽宗室十六萬人之便」，大抵是這段時期前後提出。李氏雖沒清
楚說明這個人口到底是在籍數還是見存數，但已清楚反映出當時
天潢之多，足以嚴重影響國家的行政效率。

　　從上述三方面看來，《明實錄》這則關於宗室人口的記載，顯
然讓人產生不少疑問，嚴重影響其可信程度。既然李廷機看來沒
可能參與是次關於宗室問題的題奏，那麼只餘下葉向高一方可提
供上述涉及天潢數字的觀點。假如仔細檢閱葉氏現存可見的奏草
集——《綸扉奏草》，相信上述疑團就能一一解開。試看他於萬曆
三十七年所上一道題為〈纂修玉牒揭〉的奏摺云：

　　　奏為纂修玉牒事：伏覩玉牒紀載宗支，係朝廷重事。
臣等查得舊例十年一次纂修，自萬曆十二年（1584）起，
至萬曆二十七（1599）年止，欽奉聖旨，命翰林院委官并
制詔兩房官員，續修完備進呈。詎查得前次襲封新生計
有一十五萬七千餘位，玉牒計二百九十餘冊。迄今又踰
十年，宗支日益綿衍，冊籍日益浩繁，比之昨年，不啻
百倍。若不及時續修，益難考據。請勅宗人府、禮部通
行查照，取勘明白，照例委官續修揆之，事理勢難再緩，
臣等未敢擅便，謹題請旨。[28]

27　李廷機於萬曆三十二年署任禮部左侍郎期間，鑒於宗室問題日益嚴重，直接影響國
　　家在政治和經濟方面的利益，遂積極提倡一些改革宗藩制度的方法，其中包括革除
　　擾藩政策、放寬宗禁、限制宗祿、嚴懲犯法宗室等整頓措施。（參考《李文節集》）
　　學界歷來往往忽視李氏於萬曆三十二年間整頓宗藩制度的歷史，關於是次改革的情
　　況，本文下一節將會有更詳盡的討論。

28　〈纂修玉牒揭〉，頁 27 上–27 下，總頁 651。

不難發現葉向高這份奏章，實非針對宗室人口的問題，而是
希望明神宗能夠下旨重修玉牒。《明實錄》於萬曆四十年所記的
文字，顯然節錄自葉氏這份於萬曆三十七年所上呈的奏章，但不
知道何解最後收錄入官方史冊後，竟變成另一個完全不同的模
樣，先是誤記萬曆二十三年有宗室「一十五萬七千餘位」，他本人
早已清楚指出「前次襲封新生計有一十五萬七千餘位」，實即萬曆
二十七年之事；更甚者是它提出了無中生有的「六十萬餘位」的
說法，而葉氏原文根本沒有提及這個數字。由此看來，《明實錄》
這則關於葉、李提及宗室人口的數字，顯然有機會如布目潮渢所
言般是誤記數目，但絕非如張德信所言般乃「推算而來」，其實這
只是有份編纂《神宗實錄》一部分的明末三朝官員，因馬虎了事而
犯下的嚴重錯誤。葉向高本身於萬曆三十七年所上的奏章，當中
提及萬曆二十七年在籍人口數目為「一十五萬七千餘位」，這個訊
息本有重要參考價值，且能跟李廷機在萬曆三十二年前後的見聞
以至沈一貫 (1531–1615) 於萬曆二十九年 (1601) 和萬曆三十二
年所記的「十六萬」天潢在籍人數互相呼應。[29]

晚明最後一則常被後世學人徵引的史料，乃出自謝肇淛於
《五雜組》一書的記載：

---

29 沈一貫在萬曆二十九年曾經上疏提到：「今天下宗藩載在玉牒者，已十六萬位，皆
高皇帝子孫。」(參考沈一貫：〈請舉大典揭帖〉，載氏著：《敬事草》[北京大學圖書
館藏明刻本]，卷 10，頁 28 上–28 下，載《四庫全書存目叢書》[台南：莊嚴文化
事業有限公司，1996 年]，史部，詔令奏議類，冊 63，總頁 297。) 又曾於萬曆
三十二年要求神宗增加編修玉牒人手時提到：「三臣題照，得玉牒開館，今已數年，
臣等日夜催纂，而天潢之派，比至十六萬位，加以世系名封，數多不可勝計，纂修
缺人。」(參考〈管玉牒揭帖〉，載《敬事草》，卷 16，頁 83 上，總頁 519。) 由此
看來，萬曆中葉後的宗室在籍人口已達十六萬之多，顯然對於明室財政構成壓力，
間接促成萬曆三十二年由李廷機所領導的宗藩改革。

> 國朝親王而下，遞降為郡王、將軍、中尉、庶人，
> 雖十世之外猶贍以祿，恩至渥也，而禁不得與有司之事，
> 不得為四民之業。二百年來，椒聊蕃息幾二十萬，食租
> 衣稅，無所事事，而薄祿斗粟不足糊口，遂至有懷不肖
> 之心，親不韙之行者矣。[30]

　　相比起張燧、徐光啟、李廷機、葉向高、沈一貫等人關於晚
明宗室人口的記述，謝氏這則關於萬曆末年的資料顯然更加含糊
不清，作者一來沒清楚交代朱氏天潢「幾二十萬」的定義，二來沒
說明這是他本人何年的觀察，不禁讓人有以下幾種合理的想法：

　　第一，「幾二十萬」的朱氏宗室，乃由明初一直累積至萬曆末
年的總數，即在籍人口。

　　第二，「幾二十萬」的宗室，是萬曆末年時的實際見存人口。

　　第三，「幾二十萬」的宗室，或許不過是作者本身的推算。

　　不少學人引用謝氏這段記載時，往往不加以仔細分析或作出
說明，很易便會讓讀者認為萬曆末年的宗室人口確實接近 20 萬。
無可否認，謝肇淛這段記載隱晦的資料，因為沒有交代文中的數
字有何根據，難免讓人猜測他到底是參考自官方玉牒的資料，還
是出於個人的觀察，嚴格而言，並不是一條如實可靠的史料。假
如將謝氏所謂的「幾二十萬」，跟沈一貫等人於萬曆三十二年提出
在籍人口約 16 萬的記載比較，這個十多年後的宗室人數，如果將
其視作「在籍人口」，實際上並非太過誇張；但將其視作「見存人
口」看待，並跟何喬遠、徐光啟於萬曆二十一年前後的五至六萬

---

30 《五雜組》，卷十五，事部三，頁 425。

實際人口比較，宗潢數目便會在短短 20 多年間不自然地暴增三至四倍，這個結果完全難以讓人信服，畢竟就現時可見的資料看來，當時確實的見存人口能否翻兩倍達到十萬也成疑。誠然，無論謝肇淛所指的宗室「幾二十萬」到底是「在籍人口」還是「見存人口」，可以肯定時人早已認定這個特殊階層的人數，已膨脹到難以容忍的地步。誠如謝氏續記道：

> 今天下宗室之多莫如秦中（陝西）、洛中（河南）、楚中（湖北），賢者賦詩能文，禮賢下士，而常鬱鬱有青雲無路之歎。至於不肖者、貧困者，鶉衣行乞，椎埋亡命，無所不至，有司不敢詰，行旅不敢抗也。日復一日，人愈眾而敝愈極，當事者猶泄泄然，不立法以通之，可乎？[31]

可見與其將「二十萬」看成是宗室人口真實數字，倒不如將其作為一個代表朱氏天潢膨脹到讓時人震驚的指標，為晚明社會帶來嚴重的影響，情況甚至已經達到一觸即發的地步，謝氏才因此勸勉朝廷應該正視宗藩的問題，並透過立法途徑解決這項危機。及後，關於晚明宗室人數膨脹的記載越來越誇張，試看茅元儀（1594–1640）在明末所撰的《石民四十集》提到：

> 今按甲辰（萬曆三十二 1604）、乙巳（萬曆三十三，1605）間，玉牒所載巳六十萬位，十年產一子量，見在者不下四十萬位，而藩司難供，借軍糧、借屯粒，猶慮不

---

31 《五雜組》，卷十五，事部三，頁 425。

給。況加之以軍旅之事，百廢具興，而不億孫子方有加
無已，勢必不能供，不能供則必召亂，俟其亂而後圖之，
欲加派於民，則民之亂愈甚，欲開其禁而已之，而驕悍
之氣已不可復制矣。今多設藩封之地，歲與官司爭祿，
官不得已而應之，剝軍削民，圖便其一身之事。朝除夕
遷，豈暇它慮哉。[32]

　　茅氏自稱「按玉牒所載」得悉宗室人口，但上文提到的萬曆
三十二年、三十三年間有 60 萬名在籍人口，顯然失實，因為在
朝的沈一貫等人早已提到當時冊籍上的人數只有 16 萬，可見這
段資料所記的數目不足為據；而作者所謂的「見在者不下四十萬
位」，就更加是一種沒有根據、單憑個人印象的臆測，純粹旨於誇
大其詞，以突顯宗祿為全國所帶來的沉重負擔，以便勸勉朝廷應
該正視宗藩膨脹的問題，其用意跟謝肇淛在《五雜組》的言論無
別。然而茅元儀所記的宗室數字雖然十分誇張，也不可據；但其
關於各地宗藩跟官民易起衝突的議論，則是經過深思熟慮和長時
間的觀察才能夠說出來，只可惜這個精闢見解，還未獲統治者關
注以前，各地矛頭直指天潢的民變，已在萬曆末年悄悄地點起狼
煙，不僅讓這個特殊階層的人口開始在天啟初年由盛轉衰，更甚
者是大力地動搖了明室原本頗為穩固的統治。

　　從晚明到清初政治環境看來，朱明宗室自萬曆末年開始受
各地民變影響，加上其宗祿於天啟年間開始收縮，一些小宗是否

32　茅元儀：〈宗祿〉，載氏著：《石民四十集》（北京圖書館藏明崇禎刻本），卷 9，頁 9
　　上–9 下，載《四庫禁燬書叢刊》，集部，冊 109，總頁 82。

能獲得供養也成疑問；至崇禎年間，他們（特別是上層宗室，如親、郡王等）更成為李自成、張獻忠以至滿清軍隊銳意追擊的對象，[33] 可謂是當時生活最艱難的一個羣體；而經過多次戰禍後，他們的人數不斷減少，已經再難以跟萬曆中後期至天啟初年的頂點比較，至清初更只能追查到四、五百個前朝天潢的名字和下落。

　　安介生在〈論明代山西藩府的人口增長與數量統計〉一文，根據王世貞在《弇山堂別集》一書的記載，指出山西宗藩人口在隆慶年間有 9865 人；接着他又根據《明實錄》記喬允升（1592 進士）於萬曆三十七年（1609）所上的一份奏疏，提出萬曆中後期的山西宗藩人口為 7808 人，試看安氏如何分析這兩個數字：

　　　　7808 位，這個數字是文獻記載中山西藩府人口數量的最高值之一。但與其他資料比較，喬允升提供的數字不免讓我們十分困惑。在全國藩府人口都在迅速增長的同時，在時隔 42 年之後，山西宗室成員的數量怎麼會從 9865 位下降至 7808 位呢？筆者以為其原因很可能便是計算中的取捨不同，如不計郡縣主君與儀賓的數量等。[34]

33　關於李自成、張獻忠等流寇以至滿清軍隊銳意追擊明宗室的原因和經過，參考鍾國昌：〈明季親王府被滿清、流寇攻擊始末管窺〉，載《明清史集刊》，卷 11（2015 年 3 月），頁 65-92。

34　〈論明代山西藩府的人口增長與數量統計〉，頁 472。筆者按：關於王世貞在《弇山堂別集》一書的記載，參考《弇山堂別集》，卷 1，〈宗室之盛〉，頁 6-9。至於《明實錄》記喬允升所上的奏疏內容，參考《明實錄》，冊 117，《神宗實錄》，卷 464，萬曆三十七年十一月戊戌（1609 年 12 月 16 日），總頁 8764-8765。

　　上述的解釋看來不無道理，但只要細心考慮到李廷機於萬曆三十二起提出宗藩改革政策和萬曆中後期開始出現的民變，正好解釋了宗藩人口何以開始由盛轉衰，實非王世貞與喬允升在計算上的取捨不同。然而安介生在其文章中最後還是質疑喬允升這段資料的可信性，寧可以王世貞所記的 9865 人作為基數，再按照徐光啟所提出宗室約 30 年增長一倍的人口增長率，估量山西藩府成員從隆慶到崇禎末年應該至少增長了 58559 人，並認為當地人口規模應有 20 萬人，故此傾向相信全國宗室人口絕對有機會達到百萬之數。[35] 其實，安氏這種推算方式有兩大問題：

　　第一，他完全在沒合理解釋情況下，漠視了喬允升的記載；而且假如當地宗藩人數誠如安氏所推算那麼多的話，當時身為山西巡撫的喬氏，更不可能胡亂向朝廷少報宗室人口。

　　第二，他完全忽略了從萬曆末年到崇禎末年的政局發展，畢竟山西藩府正好是四戰之地，後來更是李自成軍刻意追擊的區域。此地經多次戰禍後，宗室人口根本沒可能上升，反而大幅下降才符合歷史環境。安氏之所以出現這種違反史實的見解，一來源於學人對人口增長率的迷思，二來或許受到清初學人的記載所影響，比如魏禧（1624–1680）曾經提到：

　　　　及神廟十二年（1584），宗正上屬籍者已十六萬，
　　　　烈廟之末，蓋幾百萬人，極天下之財賦不足贍宗室
　　　　之祿。[36]

35　〈論明代山西藩府的人口增長與數量統計〉，頁 478。
36　魏禧著，胡守仁、姚品文、王能憲校點：《魏叔子文集》（北京：中華書局，2003年），外篇，文集卷 3，策，〈封建二〉，頁 200。

　　清初不少知識分子將明亡矛頭指向朱氏宗室，因此大幅誇張晚明的天潢人口，正如魏氏上文便宣稱崇禎末年有近百萬的宗人，終於在經濟上拖垮明室。可是，只要細心考察歷史真實的一面，不難發現上述資料破綻百出，首先魏氏所謂萬曆十二年宗室在籍者 16 萬人，這個記載顯然不符史實，畢竟時人如沈一貫等，早已表明在籍人數要至萬曆三十年前後才有 16 萬。其次，上文已多番說明李自成、張獻忠以至滿清軍隊於崇禎中葉以後，全力追擊朱明宗室，這個備受壓迫的羣體當時自身難保，其人口根本沒可能繼續如此膨脹——畢竟天潢於萬曆中葉僅五、六萬的實際人數，在往後生活愈來愈艱難的時局中，絕對難以相信他們可以在短短五十年間增加十餘倍至百萬之多，反映魏氏不是誇大其詞，便是將大量依附藩府維生的人口也計算在內。

　　嚴格而言，他們經過明室在萬曆中後期和天啟年間的刻意整頓，又經歷崇禎年間的大規模戰禍，這個際遇坎坷的特殊羣體或許誠如王春瑜所言，晚明最高峯的時候或許只有十多萬見存之眾，甚至很有可能達不到十萬之數，畢竟過往史家、學者經常誇大宗室在晚明的人數，無疑是希望將明廷衰落或明亡的部分責任推卸在其身上，才會出現茅元儀、魏禧所謂「四十萬」、「幾百萬」的失實言論。至於近現代學人根據各種人口生長率所推算出來的宗室人數，實際上是罔顧晚明政局的發展因素，也有違歷史研究建基於史料的精神。

　　再者，即使真要按照人口史學或經濟史學的角度分析晚明宗室人數，譬如人口史權威何炳棣（1917-2012）於其名作《明初以降人口及其相關問題，1368-1953》（*Studies on the Population of China, 1368-1953*）曾指出，明朝人口至萬曆二十八年（1600）

前後始終是或多或少地直線上升的；[37] 而趙岡、曹樹基及後在何
氏的研究基礎上，將晚明人口由增長轉為減少的年限提前至萬
曆初年，前者主要從經濟史學角度出發，後者則主要從人口史
學角度出發，但他們都不約而同地提出萬曆中後期不斷出現的
災荒、瘟疫、戰爭，都會直接影響整體人口在晚明時期下降。[38]
要是相信、同意何、趙、曹三人的研究成果，那麼明宗室這個
特殊羣體的人數，理應跟隨全國整體人口下降，而非如明末清初
的史家所言般大幅度膨脹起來。誠然，朱明宗室由萬曆中葉見
存的五、六萬人，至清初僅能得悉四、五百個名字，人口驟降之
速，實在讓人感到驚訝，正如溫睿臨（1705 舉人）在《南疆逸史》
提到：

> 嗚呼，明制之於天潢，可謂厚矣。歲時皆有常饋，
> 冠、娶妻必告，別有賜予，生子女則請名。自神宗倦勤，
> 中官、禮曹事必以賄請，於是終始有白首不得婚娶、命
> 名者矣。其後本支愈繁衍，遍天下幾百萬。貧乏者，暴
> 橫於鄉里。百姓患苦之，有司莫能制。迨遭闖、獻之禍，
> 屠戮幾盡焉。其有流竄他方，義士奉之以建號者，亦不

---

37 Ping-ti Ho（何炳棣）, *Studies on the Population of China, 1368-1953* (Cambridge,
Mass.: Harvard University Press, 1959)，Part 1. I. "The Nature of Ming Population
data", p. 23. 筆者按：何氏此作另有中文譯本，參考何炳棣著，葛劍雄譯：《明
初以降人口及其相關問題，1368–1953》（北京：生活・讀書・新知三聯書店，
2000 年）。

38 Kang Chao（趙 岡）, *Man and Land in Chinese History: An Economic Analysis*
(Stanford, Calif.: Stanford University Press, 1986)，Chapter 2, "Population
Growth", pp. 43-63；曹樹基著，葛劍雄主編：《中國人口史》（上海：復旦大學出版
社，2000 年），卷 4，明時期，第 6 章，第 1 節，〈明代的人口增長率・對明代人
口增長率的各種假設〉，頁 198–202。

忍沒，然餘跡零落，百不存一。[39]

　　溫氏雖然還有當時史家誇大晚明宗室人口至「幾百萬」的弊病，但誠如上述見聞所言，這羣天潢特別是地位低微的小宗，自萬曆朝開始一直受到壓迫，後來更慘受李自成、張獻忠的威脅，確實被「屠戮幾盡焉」，終於在清初「百不存一」，已清楚反映出明末清初的動蕩時局，對於這個特殊羣體的人口和生活確實有極大影響，突顯出他們在國變前後如何自處的重要的研究意義和價值，也印證了人口史學家就晚明整體人口在萬曆時期開始下降的見解十分合理。

　　誠然，對明末清初宗室人口究竟為數多少，還是本書要解決的問題，以便對這個羣體的後續研究奠下一個基礎，從而界定本書的研究羣體數目，也即於明末已出生而國變後還尚存的朱明血脈，而這些宗室除了包括於玉牒的尚存宗人，更要加上自萬曆宗革而未請名的宗室，這裏一共是兩組人。從當時文獻典籍中，時至萬曆二十三年，朝廷仍有不少關於尚存人口數目的資料，皆為可信；即是從徐光啟的八萬尚存人口與葉向高的十五萬七千在籍人口，從而推算出尚存人口至四十多年後，為數不會相差很大，約為十萬之數。唯另一部分，即未請名之宗口數目，目前由於史料所限，實沒辦法計算出來。可是，本書仍會透過現存史料，發掘他們的姓名，並考察其人其事，以肯定其存在外，還可藉此推敲這類宗室的數目。無可否認，他們或早已全數歸隱，但仍有一

39　溫睿臨：《南疆逸史》（上海：中華書局，1959 年），卷 48，列傳第四十四，〈宗藩〉，頁 369。

小部分人於國變後，還有資料記錄，可供研究。至於宗室中殉、抗的記錄，也實在值得進一步估算。

　　另外，不少下層宗室之所以難以統計其人數，相信跟其不願向朝廷請名有莫大關係。他們大多是非王府近支的小宗，生活處境艱難，比如張瀚（1510–1593）於《松窗夢語》提到，當時的天潢「貧乏者十居五六」，而境況最差的「甚有室如懸磬，突無煙而衣露脛者」，[40] 足證宗口貧富懸殊問題確實十分嚴重，實非所有朱氏子孫都過着美好的日子。這羣小宗連養活自己都成疑問，縱然能夠生兒育女，實際上也無力向地方官吏或上層宗支納賄，讓別人幫助自己的骨肉請名、請封。況且他們即使能僥倖獲得名封，但晚明朝廷欠祿問題嚴重，其實他們也得不到甚麼好處。相反，對不請名的宗室來說，他們不受宗禁掣肘，除可務四民之業而自找活路外，自萬曆三十二年後，更可像尋常百姓般嘗試通過科舉考試而出仕，[41] 倒是獲得一定的生存空間。值得注意的是，這類不請名的宗室家庭，實質等同放棄天潢身份無異，其名固然不見於玉牒上，也讓其子孫失去請名機會。這個「名亡實存」的羣體，理應為數不少，從而形成一個十分龐大而沒有統計記錄的「幽靈社羣」。當然，這羣沒有記錄的宗室人口，數字難以掌握，只能初步推算其增長動力：首先，按自然生育的人口膨脹推算，如上文所述萬曆中葉見存宗室人數約在八萬上下，唯不見於玉牒的「幽靈宗口」數目難

40　張瀚撰，盛冬鈴點校：《松窗夢語》（北京：中華書局，1997 年），卷 8，〈宗藩紀〉，頁 155。

41　《五禮通考》，卷 144，嘉禮 17，載《景印文淵閣四庫全書》，冊 138，經部，禮類，頁 38 上–38 下，總頁 429。

以掌握，要是以社會學、人口學的「人口金字塔理論」[42] 作觀察，不難理解身份、地位愈低的宗室，其人口自然愈多。

由此看來，要是我們相信見存於玉牒內的宗室大多來自有能力請名、請封的家庭，也即表示沒有能力請名、請封的下層宗室只會更多，不包括在內的小宗也自然會愈多，因而未獲請名的天潢數目，實不會比官方記錄的見存人口少，無怪時人有推算明末宗口最少 20 萬至最多近百萬。出現如此大的估算差異，全由他們對玉牒外的人口難以統計所致。考慮到萬曆中葉至明亡這段時間的生存環境並不理想，徐光啟那 30 年一倍的估算實有過分樂觀之嫌，相信明末天潢的實際數字，除見存人口約十萬以外，不見於玉牒內的小宗理應最少亦有同樣的數字，而本書因此傾向相信學人張德信與顧誠的推測，同樣以 20 萬作為明末清初宗室人口蠡測的基數。

三、國變前的「富宗」與「貧宗」

明太祖分封皇子，確立宗室制度，一方面為了體現家族「親親之誼」，另一方面為了鞏固新建立的中央政權。洪武年間，除太祖的嫡長子朱標（1355–1392）和二十六子朱楠（1394）早已逝世外，其他健在的諸子通通被封為親王，共 24 位，其中年長的 17 人分守要地，建府就藩，還有 16 名女兒獲封公主，另封世子朱標

42　關於「人口金字塔理論」的介紹，參考宋鎮照：《社會學》（台北：五南圖書出版有限公司，1997 年），第 15 章，〈人口動力學〉，頁 577–584。

的次子朱允炆（明惠帝，1377–？，1398–1402 在位）為皇孫，而
重孫朱守謙（1361–1392）則被封為郡王。在明太祖擬定的宗室制
度下，每位親王的世子都能繼承王位外，其他朱氏血脈同樣獲封
次一等的郡王，而郡王以下的諸子孫，又按世系依次封為鎮國將
軍、輔國將軍、奉國將軍、鎮國中尉、輔國中尉、奉國中尉，合
共八等宗室爵位，可以領取不同程度的國家宗祿，確保每名跟太
祖有血緣關係的後裔都獲得照顧，也讓所有朱明子嗣成為當時擁
有特殊地位的羣體，以便朱姓江山千秋萬代。[43] 然而時至晚明之
世，朱氏宗室貧富懸殊的問題逐漸顯露出來，先讓整個特殊羣體
的生活趨向兩極化，而宗口膨脹直接導致宗祿開支龐大，也為明
室帶來沉重的經濟負擔，直接影響明朝國祚之餘，更影響他們日
後面對國變時的選擇。

　　新生的朱氏天潢需要向朝廷請名，獲賜名後方被記入皇室玉
牒，正式成為宗室的一員，待其 15 歲可以自立後，更可以陸續
獲得宗祿、賜婚、賜府等權利。不難想像，在洪武至永樂年間，
幾乎只有親王、郡王這些高級宗室成員，而太祖為了體現「親親
之誼」所定的各種利擅子孫措施，如當初擬定給予親王每年五萬
石宗祿等法，[44] 在明初之世尚可勉強維持。蓋當時宗口單薄，據徐
光啟的記載，在洪武年間僅 58 名宗室，至永樂年間才合共 127
位宗室而已，[45] 故明初所有宗室幾乎都可以享受榮華富貴的生活，
根本沒有所謂貧富之分，最多只有輩分高低之別。唯至明中葉

---

43 《明史》（北京：中華書局，1975 年校點本），卷 116–120，列傳第四至八，〈諸王
　　列傳〉，頁 3557–3660；卷 121，列傳第九，〈公主列傳〉，頁 3679–3686。
44 《明會典》，卷 38，戶部 25，〈廩祿一・宗藩祿米〉，頁 271。
45 《徐光啟集》，卷 1，論說策議，〈處置宗祿查核邊餉議〉，頁 14。

後，宗室人口開始膨脹起來，從永樂年間的百多名宗室暴增至萬曆末年幾乎十萬之數。這急速的增長令朝廷在宗祿支出方面難以負荷，直接導致欠祿問題頻仍，而各種限制宗室的節祿措施同樣應運而生。按王世貞於隆慶、萬曆之際的記載，當時親王共 25 人，郡王共 251 人，鎮、輔、奉國將軍共 7100 位，鎮、輔、奉國中尉則有 8951 位。[46] 從王氏所記可見，隆慶、萬曆之際各級宗室的數目按次遞增，親、郡王只有不足 300 人，而爵位較低的各級將軍、中尉則多達萬餘人，初步體現上層宗室及下層宗室在人數上的分野。再者，上層宗室及下層宗室不僅在人數上有差別，更重要的是在宗祿待遇上有顯著的分野，據《明會典》所記，萬曆初的親王每年宗祿達一萬石，相反，奉國中尉每年只能領二百石宗祿，兩者相差數十倍之多，自然讓兩者貧富懸殊的問題加劇。[47]

另外，明代的宗室制度設計成以地方王府為中心，各地親王當初還擁有實際兵權，兼能參與國家大政，唯經過建文靖難之變、宣德高煦（1380–1426）之亂及正德宸濠（？–1521）之亂等涉及藩府謀反的多次事變後，他們的軍事大權逐漸被朝廷廢除，自明中葉後僅餘下向中央政府奏事的政治權利。至於下層宗室要向朝廷報奏一切大小事務，或領取地方政府所轉發的宗祿，都必須經本支親王或郡王之手，變相讓上層宗室控制了一地其他宗支的生活，埋下晚明宗室貧富有別的伏筆。[48]

為了達到屏藩中央作用，明太祖所封的親王及郡王，都擁有

46　《弇山堂別集》，卷 1，〈宗室之盛〉，頁 6-9。
47　《明會典》，卷 38，戶部 25，〈廩祿一・宗藩祿米〉，頁 271。
48　同上註，頁 271-274。

實質兵權及調遣權，[49] 如《皇明祖訓‧兵衞篇》提到：

> 凡王國有守鎮兵，有護衞兵。其守鎮兵有常選指揮掌之，其護衞兵從王調遣。如本國是險要之地，遇有警急，其守鎮兵、護衞兵，並從王調遣。[50]

至於王府兵衞實際人數和職務，太祖同樣仔細描述道：

> 凡王府侍衞，指揮三員，千户六員，百户六員，正旗軍六百七十二名。守禦王城四門，每三日一次輪直宿衞。其指揮、千百户、旗軍，務要三護衞均撥。[51]

然而隨着各地親王勢力坐大，王府護衞數目同樣慢慢增加起來，終發展至「少者三千人」，「多者至萬九千人」；[52] 而肩負守邊責任的燕王、寧王等人，更可擁兵達數萬之多，勢力實非同小可。值得注意的是，王府衞兵表面上全部隸屬兵部，但實際上聽從親王調遣，無怪王世貞曾形容明初宗室如「天子之臣」，「貴重至太師、丞相、公侯」，仍「不得與講分禮」，兼會「伏而拜謁」，地位「可謂隆崇之極矣」。[53]

---

49 明太宗曾經提到大封諸子之目的道：「朕封諸子，頗殊古道，內設武臣，蓋欲藩屏國家，備侮禦邊，閑中助王，使知時務。所以出則為將，入則為相。」(參朱元璋：〈諭秦王府文武官〉，載氏著《明太祖御制文集》[國立中央圖書館藏明初內府刊本，台北：台灣學生書局，1965 年]，卷 6，頁 4 下，總頁 198。)

50 朱元璋：《皇明祖訓》(北京圖書館藏明洪武禮部刻本)，〈兵衞〉，頁 40 下-41 上，載《四庫全書存目叢書》，史部，政書類，冊 264，總頁 185。

51 同上註，頁 40 上，總頁 185。

52 《明史》，卷 116，列傳第 4，〈諸王‧序言〉，頁 3557。

53 《弇山堂別集》，卷 32，〈同姓諸王表〉，頁 562。

早於洪武初，當太祖諸子還未就藩以前，平遙訓導葉伯巨（？-1376）就曾上書痛陳宗藩制度將會帶來後患：

> 今裂土分封，使諸王各有分地，蓋懲宋、元孤立，宗室不競之弊。而秦、晉、燕、齊、梁、楚、吳、蜀諸國，無不連邑數十，城郭宮室亞於天子之都，優之以甲兵衛士之盛。臣恐數世之後，尾大不掉，然後削其地而奪之權，則必生觖望，甚者緣間而起，防之無及矣。[54]

可是這番肺腑之言，竟被太祖看成是「間吾骨肉」的上疏，終讓葉氏被逮下獄至死。直至諸子陸續就藩後，太祖晚年終於意識到地方王府勢力漸大的問題，更曾於臨終前在遺詔交代道：

> 皇太孫允炆，仁明孝友，天下歸心，宜登大位。中外文武臣僚同心輔佑，以福吾民……諸王臨國中，無得至京。王國所在，文武吏士聽朝廷節制，惟護衛官軍聽王，諸不在令中者推此令從事。[55]

無奈野心勃勃的燕王朱棣根本沒聽從父親遺言，終成功憑藉強大軍力，在靖難一役奪去姪兒帝位和江山。

明成祖以親王身份成功攀上帝位後，害怕其他藩王有樣學樣，為免歷史重演，乃開始在永樂年間透過各種途徑逐一革去其他王府的兵權，僅親子如漢王高煦、趙王高燧（1383-1431）等仍

---

54 《明史》，卷 139，列傳第二十七，〈葉伯巨傳〉，頁 3990。
55 谷應泰（1620-1690）：《明史紀事本末》，卷 15，〈削奪諸藩〉，頁 2，載中華書局編輯部編：《歷代紀事本末》，冊 2，總頁 218。

各設護衛。直至宣德年間，高煦擁兵謀反，亂事平定以後，宣宗（朱瞻基，1399–1435，1425–1435 在位）決定全面迫使所有王府交出護衛。正德年間，明室經安化王、寧王兩次亂事後，進一步收緊各地王府僅有的軍事權力，只准許他們留下少數校尉作保鏢，此舉無疑消除藩王對於中央在軍事上的威脅，但反過來太祖當初希望宗支屏藩皇室的作用便蕩然無存了。[56] 因此，自明中葉以後，宗室在軍事上大權旁落，埋下各地王府於明末面對亂民時無力自保而慘遭屠殺的伏筆。

在明朝宗法制度下，獲封「親王」或「郡王」的朱氏天潢，都擁有特別豐厚的宗祿，加上擁有上奏朝廷的權利，更可以藉此向皇帝要求各式賞賜，其地位自然遠較各級將軍、中尉為高，過着較為富裕的生活。至於獲封鎮國將軍或以下的宗室子弟，因比較遠離本藩的宗支，他們在經濟上先沒有親王、郡王所獨享的優厚宗祿；加上自明中葉以後，逐漸受到上層宗室的剝削，以至地方官吏的怠慢，在法制上也沒王府獨有的奏事權，不論是為新生子女請名、請封，還是希望鳴冤、告密，都必須先向當地藩王匯報，不可直接上奏，否則即犯上「越奏」之罪。[57] 不難理解，假如親王、郡王管理當地藩務不善，又或是透過如拖欠祿米的方法欺壓鎮國將軍以下或關係較疏的其他天潢，下層宗人根本投訴無門。畢竟上層貴冑根本不會主動向朝廷揭發自己的惡行，親王、郡王獨有的奏事權終讓晚明宗室的兩極化問題愈趨熾熱。再者，假如一些

---

56 《明會典》，卷 144，兵部 27，〈力士校尉・王府校尉附〉，頁 734–735。有關明代親王日漸失去典兵權的詳細經過，參考暴鴻昌：〈明代宗藩特權的演變〉，載《北方論叢》，總 67 期，1984 年 5 號（1984 年 9 月），頁 88–92；吳緝華：《明代制度史論叢》（台北：自刊本，1971 年），〈論明代封藩與軍事職權之轉移〉，頁 31–56。

57 《明會典》，卷 56，禮部 14，〈王國禮二・奏事〉，頁 353。

獲封鎮國將軍或以下的宗室子弟，因血緣或利益關係而依附一些
具有實力的親王或郡王，或是獲得上層王府的庇蔭或撫恤，甚至
協助後者管理一地的其他下層宗藩成員，那麼前者縱使原來地位
不高，又非近支，但同樣可以有機會改善本身的經濟環境，享受
錦衣玉食。[58]

晚明宗室的地位和經濟環境各走極端，不僅導致「富宗」和
「貧宗」以兩極化的形式出現，因各自生活截然不同，連帶他們的
習性、氣質同樣有別，也影響其面對國變時的選擇。

大體而言，上層富宗大多過着奢靡生活，不少人像神宗第三
子福恭王朱常洵般「走利如鶩」。[59] 他們經常揮霍無度，生活奢靡，
更重要的是影響到國計民生，最顯著的例子來自王府婚嫁之事，
比如神宗第五子瑞王常浩，婚費竟達「十八萬」，[60] 而常洵的婚費更
至「三十萬」，史稱「十倍常制」。[61] 又如萬曆四十四年（1616），神
宗第六子惠王常潤、第七子桂端王常瀛同樣已屆婚期，但神宗認
為「二王婚禮錢糧併辦不及」，乃下令先讓惠王完婚，待錢糧籌措
足夠後才籌備桂端王的婚事。然而，當時的閣臣上諫指出：

> 二王婚配俱已逾時，不宜以錢糧之細故，誤朝廷之
> 大體，乞酌典禮之中，以惜物力，以信明旨。[62]

---

58 嚴格而言，晚明宗室實難以單純憑藉宗室爵位而籠統分為「富宗」或「貧宗」兩大
　類，畢竟當中必定存有不少特殊的例子未能按此分類。然而，為了方便進行有系統
　而對比效果鮮明的觀察，筆者姑且將晚明天潢分作兩類進行研究，但絕不代表當時
　沒有一類夾於兩者之間的「中層宗室」。

59 《明史》，卷 120，列傳第八，〈諸王列傳〉，頁 3650。

60 同上註，頁 3652。

61 同上註，頁 3649–3650。

62 《鈔本明實錄》，冊 22，《神宗實錄》，卷 547，萬曆四十四年七月壬辰（1616 年 9
　月 4 日），頁 282。

可惜神宗最後仍一意孤行，未有接納臣下的建議，以免兒子們的婚禮變得寒酸。從上述幾項例子可見，明神宗如此厚待親子，甚至不惜罔顧常規，執意耗費於沒有必要的婚嫁繁文縟節上，最後定必挪用國庫財產承擔幾位藩王的婚費，變相加重全國人民的負擔，也為明末民變四起埋下另一伏筆。

相對於富宗醉生夢死的奢華生活，沒奏事權的晚明貧宗不能像親王、郡王般擁有各種經濟來源，只能單純依賴朝廷的祿米供養；而於嘉靖朝已有欠祿的情況出現，更因宗禁規限，宗室不能任四民之業，直令這些貧宗過着貧困生活，當中不少底層宗室更活於貧窮線之下。比如張瀚（1510–1593）於《松窗夢語》提到當時的天潢「貧乏者十居五、六」，而境況最差的「甚有室如懸罄，突無煙而衣露脛者」，[63] 足證宗口貧富懸殊問題確實十分嚴重，實非所有朱氏子孫都過着美好的日子。當中甚至有人走投無路，變成為非作歹之輩，比如崇禎朝的湖北宗人朱衡鶴、朱楚孝等便屢月犯案，騷擾當地百姓。[64]

除了將晚明宗室分成「富宗」和「貧宗」兩類外，實際上還可以將他們看成「壓迫他人者」及「被壓迫者」兩類。「富宗」毫無疑問傾向扮演「壓迫他人者」，而「貧宗」自然是「被壓迫者」。這兩類人雖然同為太祖的血裔，卻在血緣上有嫡庶、親疏之別，而其地位也自然按世系關係遞減。某程度上宗室爵位愈低，便代表與帝統、中央皇權及地方王權愈疏離。假如按照王世貞於隆慶、萬曆之際的記載，擁有特權的親王、郡王，自明中葉後實際上只

63　張瀚撰，盛冬鈴點校：《松窗夢語》，卷 8，〈宗藩紀〉，頁 155。
64　《六柳堂遺集》，上卷，〈日錄〉，頁 11 下，總頁 404。

佔宗室人口約百分之一，[65] 可知當時的天潢多是「被壓迫」的一方，而實非隨時可以「壓迫他人」的一輩。

對晚明宗室有初步認識後，不難發現富宗與貧宗的生活實可謂天壤之別，直接導致這兩類人物對於明室的歸屬感各有不同，相信最後還會影響他們對於國變的出處選擇。再者，在萬曆中葉放寬各種宗禁以前，無論是富宗還是貧宗，縱使他們家勢、地位有異，但兩者始終擁有最大共通點──身上流着朱元璋的血，且同樣只是一輩被剝奪了自由的特殊階層，跟誤入塵網的籠中鳥沒多大分別，甚至可謂連自由自在的老百姓也不如。難怪王士性 (1546–1598) 曾指出晚明的朱氏天潢「雖生於皇家」，實「適以囚禁之」，既無望從事「四民之生理」，「反不如小民之得以自活也」，[66] 充分展示出這個特殊羣體必須面對的宿命。毫無疑問，萬曆中葉放寬宗禁後，不少中下層宗室頓時獲「從事四民之業」和「應考科舉」兩項重要權利；但整個天潢階層其實始終沒任何人生自由可言，而最後真正能解放晚明宗室的人，竟諷刺地不是朱氏皇室本身，反倒是來自民間的亂民和來自關外的滿人，實即明末「天崩地解」的國變，才是讓這個特殊羣體首次獲得選擇個人命運的契機，終影響來自不同階層的朱氏子弟，在明朝滅亡後走上截然不同的道路──有的選擇歸隱山林，或寄情文學藝術，或寄情各大宗教，或為生計而奔波，總之務必淡化以至遺忘自己昔日的貴胄身份；有的則選擇跟現實妥協，或從容投降於亂民，或卑躬屈膝於清人腳下，總之務要保存最重要的性命；而有的更選擇

---

65 《弇山堂別集》，卷 1，〈宗室之盛〉，頁 6–9。
66 王士性：《豫志》，載《叢書集成初編》（北京：中華書局，1985），冊 3160，頁 3。

慷慨就義，或寧死不從，或毅然組織武力對抗，總之堅決與沒落
王朝的榮耀共存亡。

四、明宗室在「天崩地解」易代時世的困境

　　早在萬曆之世，東林黨領袖顧允成（1554–1607）率先以「天
崩地陷」一詞形容混亂的晚明政局，同時怪責當世士大夫「只管
講學」，一點也不擔心搖搖欲墜的朱明王朝。[67] 往後，明末政治如
顧氏所擔心般漸趨腐敗，直接影響全國人民的生活。在民不聊生
的情況下，不少基層百姓決定鋌而走險，終於在萬曆末年開始作
亂生事。經過泰昌、天啟的宦官亂政後，國家施政更趨混亂，社
會上逐漸出現更大規模的民變，一些具有魅力的亂民領袖，如高
迎祥（？–1636）、李自成（1606–1645）、張獻忠（1606–1647）等，
先後應運而生，讓明室統治慢慢受到嚴峻的考驗。即使思宗（朱
由檢，1611–1644，1627–1644 在位）於崇禎朝力求改革，終扭
轉不了國家紛亂的敗局，而李自成、張獻忠所率領的亂民，也逐
漸發展成更具規模和組織的反明軍隊。另一方面，滿族乘明室內
亂，於中國東北邊境以外的地方迅速崛起，朱氏政權在雙重夾擊
下，至此已成強弩之末。[68]

　　親歷明末民變、清人入關的顧炎武（1613–1682）和史可法
（1601–1645），前者以「天崩地坼」，後者以「地坼天崩」，分別形

67　黃宗羲（1610–1695）：《明儒學案》（北京：中華書局，2008 年修訂本），卷 60，
　　東林學案三，〈主事顧涇凡先生允成〉，頁 1470。
68　關於晚明紛亂的政局，參考樊樹志：《晚明史》（上海：復旦大學出版社，2003 年）。

容明末清初的紛亂情況。[69] 他們不約而同地將社會說成是天倒塌下來、地面也崩裂的模樣，可知民變內憂、滿清外患，給予國家及時人沉重的打擊。誠如《明史‧流賊列傳》的序言提到：

> 盜賊之禍，歷代恆有，至明末李自成、張獻忠極矣。
> 史冊所載，未有若斯之酷者也。[70]

　　要數中國古代民變最具代表性的例子，不能不提明末李自成、張獻忠之事，畢竟二人所帶領的亂民影響廣、歷時久、規模大、殺戮多，最後甚至成功推翻朱姓王朝，不僅讓時人動魄驚心，更無疑罕見於史。李自成攻陷北京不足一個月，清人即乘明朝內亂進軍，並獲得吳三桂之助順利入關，更讓天下百姓措手不及，需要同一時間面臨亂民及外族的威脅。[71]

　　面對「天崩地坼」的境況，長期享有特殊待遇的明宗室，自然成為「亂民」銳意針對的目標。畢竟每年龐大的宗祿開支，以及上層宗室對屬地人民的剝削，正是民不聊生的重要原因。就此，錢肅樂於明末清初曾警告統治者：「今也竭小民之膏血，不足供藩鎮之一吸。」[72] 他的肺腑之言，絕對是當世宗藩問題的最佳寫照。

69　顧炎武著，張兵選註評點：《顧炎武文選》（蘇州：蘇州大學出版社，2001 年），〈先妣王碩人行狀〉，頁 238；史可法：《史忠正公集》（北京：中華書局，1985 年），卷 2，〈復攝政睿親王書〉，頁 23。

70　《明史》，卷 309，列傳第一九七，〈流賊列傳〉，頁 7947。

71　關於晚明民變的詳情，參考李文治編：《晚明民變》（北京：中華書局，1989 年）。關於清族興起及入關的詳情，參考 Frederic Wakeman, *The Great Enterprise: The Manchu Reconstruction of the Imperial Order in Seventeenth-Century China* (Berkeley: University of California Press, 1985)。

72　徐鼒（1810–1862）撰，王崇武（1911–1957）校點：《小腆紀年附考》（北京：中華書局，1957 年），冊下，卷 11，順治二年（1645）十二月，頁 451。

再者，天潢流有朱元璋的血，代表明室的皇權。他們與眾不同、高人一等的身份，不僅受到李自成、張獻忠軍隊的關注，更成為清人入關後追擊的重要對象。不難想像，尋常百姓活於一個艱苦的「天崩地陷」環境，尚且需要垂死掙扎，而受到多方追逐的朱氏宗室，相信其處境只會更為嚴峻。身處國破家亡的時代，即使是平常百姓也難以求生，對於長期接受國家供養、欠缺營生能力兼擁有特殊政治身份的朱氏宗室而言，其處境自然更為不妙。然而造成宗室遭受亂民、清軍肆意宰割的原因，《明史‧諸王列傳》的論讚可謂一針見血：

> 當太祖時，宗藩備邊，軍戒受制，贊儀疎屬，且令遍歷各國，使通親親。然則法網之繁，起自中葉，豈太祖眾建屏藩初計哉！[73]

而鄭廉在《豫變紀略》中也有類似的論調：

> 天下事往往變生於不備，而禍發於所忽，雖善計者，亦莫如之何也。昔太宗以燕藩奪位，自監其弊，而諸侯禁不得典兵，其分封郡國，但食租衣稅而已，錢穀刑名各有司存，一概不得問也。然則天潢一派，豈盡如高煦、宸鐇、宸濠等哉？[74]

誠如鄭氏及清代史館大臣所言，明太祖眾建諸藩原意是捍衛

---

73 《明史》，卷 120，列傳第八，〈諸王列傳〉，頁 3659。
74 《豫變紀略》，卷 4，頁 74。

中央，後來竟因成祖以親王身份成功篡位，宗室竟變相成為皇帝處心積慮要提防的對象，最後自然連原本的軍權也被沒收，只能成為朝廷的龐大負擔，卻無所建樹，難以在「天崩地坼」中的處境，跟追擊他們的敵人周旋，實屬本末倒置的歷史現象。

在明末民變四起之際，潞王朱常淓早於崇禎六年（1633）曾上疏告急，報告李自成軍來勢洶洶，要求朝廷派兵前往鳳、泗陵寢防衛。思宗當時立刻接納潞王的建議，「特遣總兵倪寵、王樸率京營兵六千人」駐防。另一邊廂，李自成軍聞知明室派兵南下，終打消進軍的決定。[75] 先勿論李自成軍當時到底是未成氣候，還是懼怕明室的大軍，但可以肯定思宗對於宗室言聽計從，無疑有利穩定亂局，畢竟各地天潢縱然沒有軍權在手，卻可以成為天子監察地方治安的耳目，為朝廷出一份力。可是，隨着明室沒有能力招撫各地處於水深火熱之中的流民，加上山東德王受清人越關突襲而蒙塵的消息在全國散佈，朝廷無能的形象逐漸呈現出來，終讓張、李二人的亂民軍日漸坐大，甚至有可能仿效清人追擊親王府而致富的途徑，分別進襲洛陽福藩、襄陽襄藩。二軍在河南分別獲得鉅資後，即使各地宗室如何上疏告急，思宗及朝廷實已沒法一一幫忙。[76] 最有力的證明非周王守開封一事莫屬：周王恭枵雖一度散盡家財，又親自指揮軍隊，協助開封城力拒李自成軍進犯，無奈只換來思宗形式上的「下詔褒獎」，[77] 卻沒有獲得任何實質上的軍事或物資援助，讓該城最後只能白白被亂民軍以黃河水

---

75 《明史》，卷 309，列傳第一九七，〈流賊列傳〉，頁 7951。

76 關於李自成、張獻忠等流寇以至滿清軍隊銳意追擊明宗室的原因和經過，參考鍾國昌：〈明季親王府被滿清、流寇攻擊始末管窺〉，載《明清史集刊》，卷 11（2015 年 3 月），頁 65–92。

77 同上註，卷 116，列傳第四，〈諸王列傳〉，頁 3567。

淹沒，白白浪費了周王府上下及當地軍民的努力，或許可以歸咎於朝廷的愛莫能助。

　　有心有力的周王恭枵仍無法保存開封一地，只能倉皇逃過被李自成捕殺之劫，至於其他力有不逮或無心抗敵的天潢，他們的處境只會更加悲慘，正如張獻忠於崇禎十六年（1643）春攻克武昌及屠戮楚王府後，眼見楚庫黃金之多，遂對楚王華奎及一眾宗室有以下的評價：「有如此而不設守，朱鬍子真庸兒也！」而當地民眾面對宗室被屠的慘況，不僅沒有動容，還有途人將被捕的天潢稱作「一羣豬」。[78] 從張氏及當地百姓的話看來，他們沒有絲毫同情楚宗上下之念，因為這羣天潢往日只懂斂財，實死不足惜，有危難之時更沒有散財求生，絕對可謂咎由自取，側面反映出這個特殊階層的不得人心。比較周王恭枵和楚王華奎的事，不難理解宗室面對「天崩地坼」時的心態和決定，以至如何對待自己的財富，才是他們能否敢於抗敵、成功求生的關鍵，實非因為其財力、軍力上的客觀差異。

　　另外，據《國榷》記載，清軍於崇禎十二年擄獲德王由樞後，未有立刻將其處死，而是將他當作政治籌碼，某程度上反映出滿人仍希望跟明室有議和的空間，更可推敲皇太極全力入關的野心，在當時尚未清楚呈現出來。就此，明室本有機會跟滿人議和，以贖回被虜的德王，可是思宗政府偏偏對此不以為然，甚至可謂漫不經心，終錯過跟外敵重修舊好的機會，也加劇清兵後來血洗藩府的決心，一手埋下國變的伏筆。從滿人的角度來說，他們發現縱使是尊貴的親王，除了物質上的小利外，在實際政治上卻不

78　《綏寇紀略》，卷 10，〈鹽亭誅〉，頁 282-283。

能為自己帶來任何好處，遂把心一橫，正式跟明室開戰，全力入關不再是空談。及後，談遷曾感慨地評論德藩陷落一事道：

> 濟南一大都會也，磐石之宗，干城之任，謂百世可賴。乃晨攻夕陷，曾無旬日之守，則玩愒日久，戎備置而勿講也。撫標財三千人，顏繼祖移守德州，時難兼顧，而諸臣俱巽懦不任，懦則雉經，黠則兔脫，塗炭生靈，禍傾青社，自濟南始。其後諸王失國，相蔓延而未有已也。漢安平王緒為張角所掠，國家贖王得還，朝議復國。李燮言：「緒在國無政，為妖賊所擄，守藩不稱，損辱聖朝，不宜復國。」議者不同，緒竟歸藩輸作左校。德王事政同，惜無以安平王例之，長棄異域，流俘沒齒，悲夫。[79]

談遷在字裏行間為濟南失守、德王被俘等事感到惋惜，更深刻的是流露出自己對明思宗沒有主動向清人贖回宗親的決定不敢苟同，還引漢朝典故作為論據，某程度上反映出最高統治者實際上不太顧念同宗的親情，甚至由始至終都沒有落力關心大小天潢所面對的難題，只裝出一副愛理不理的樣子，直接將這羣朱氏親戚推至絕境。由此看來，崇禎十二年德王被俘一事，無疑已是一個嚴厲的警號，可惜明室上下始終聽而不聞，也解釋了其他大小諸王何以相繼失國以至清兵從此大舉進犯的箇中因由。

綜合上論，明宗室「天崩地坼」的悲慘處境，一方面源自明

---

79 《國榷》，冊6，卷97，崇禎十二年正月己未（1639年2月3日），頁5828。

成祖沒收宗室各大特權後所遺留下來的歷史問題，白白埋沒了天
潢中像周王恭枵般具魄力的人才；另一方面則可歸咎於崇禎帝
沒有嘗試扭轉前朝遺留下來的宗室問題，也沒有正視大小天潢的
需要，更加未有好好保護或重用他們，終招致這輩身份特殊的親
戚，被趕入殘酷的現實困境，時刻受到亂民及清兵的威脅。最後，
不幸罹難的朱氏子弟，只能由別人選擇他們的結局；較幸運的一
輩，則或許能選擇自己的出處。國破家亡固然不是快樂的事，可
是如果從積極的角度看來，國變等同正式宣佈明朝的沒落，也讓
幸存的天潢，要麼珍重特殊的貴族身份，要麼淡化或擺脫自己優
越的血統，才有機會重新選擇自己的命運。然而，是禍是福，是
生是死，是抗是隱，是喜是悲，實際上也是大小宗室的個人抉擇
和造化，難以有公式化的計算和論斷，只可以說他們確實活在一
個不容易的艱苦年頭，必須拼命掙扎，跟其他遇難者相濡以沫。

第二章

明宗室對於殉的選擇

　　曾被人稱為「棄物」的晚明宗室，當中有少數人於國變後能在生死抉擇之間捨生取義，成就自殺殉身壯舉，在史書上名垂不朽。這類宗室多以珍貴生命換一個「義」字，而其殉死之原因，則各有不同，後世實難以評論其對錯。從殉死者角度來看，他們縱然有一線求生機會，仍執意捨生取「義」，可知背後必有某些價值觀比自身生命更為可貴。就以宗室之首明思宗為例，他先殺家人而後自縊，可謂以身殉社稷。據《明史》之載，他於甲申之變前數月，曾多次否決臣下南遷之議，毅然放棄逃生機會，決意與北京城及明室國祚共存亡，實際上早已有殉社稷的準備。他自縊景山時，還有御書於衣襟曰：

> 朕涼德藐躬，上干天咎，然皆諸臣誤朕。朕死無面
> 目見祖宗，自去冠冕，以髮覆面。任賊分裂，無傷百姓
> 一人。[1]

　　他身為皇帝而弄至國破家亡，愧對朱氏列祖列宗，唯有希望

1　張廷玉等撰：《明史》（北京：中華書局，1975 年校點本），卷 24，本紀第二十四，〈莊烈帝本紀・二〉，頁 334–335。

自身一死，以換取黎民百姓免於水火。無論論者是否認同其殉國理由及行動，但不能否認的是他以生命來換取作為亡國之君在「義理」上的責任。像思宗一樣慷慨就義的宗室，在數目上不算多，甚至可說是萬中無一，可是他們在有選擇的環境下，仍按照本身價值觀而放棄寶貴生命。縱然他們背後的動機及自殺方式各有不同，但這種罕見的轟烈行為，實值得後世深入觀察、反思。

　　早在約公元前 500 年，晏子（晏嬰，前 578–前 500）已有所謂「社稷是養」的概念，即「君為社稷死，則死之，為社稷亡，則亡之」。[1] 此話在中國傳統文人心目中極具分量，慢慢發展成後來「國君如為社稷死，則為人臣子者便應陪殉」的習慣。反之，國君不是因「社稷」而殉國，那麼臣下便沒有所謂同殉的義務。這種理念直到明亡仍然流行，正因為思宗「國君死社稷，朕將焉往」的悲壯殉國舉動，[2] 不少明遺民如孫奇逢（1585–1675）等便大力歌頌「人臣死君難，天地之大義也」的行為。[3] 即使士大夫有殉君、殉社稷的責任，但此義舉沒有廣泛感染到長期享用國家資源的宗室，一眾天潢也沒有義務陪殉。誠然，一般上層宗室甚至曾出仕的宗人，他們縱然像一般士人慷慨就義，但其殉死對象，實非像孫奇逢等明遺民所言的「君」或「社稷」，天潢更多時往往只是不願拋棄個人尊貴皇族身份，或不願為清人落髮，或走投無路，遂一死殉身，以報列祖列宗。無可否認，以數十萬的明宗室人口推算，當中殉的例子可謂寥若晨星，他們乃為數甚少的一輩。有見

1　吳楚材、吳調侯選註，韓欣整理：《匯評詳註古文觀止》（天津：天津古籍出版社，2010 年），冊上，《左傳》，〈晏子不死君難〉，頁 94–97。

2　《明史》，卷 24，本紀第二十四，〈莊烈帝本紀・二〉，頁 334。

3　孫奇逢著，朱茂漢點校：《夏峯先生集》（北京：中華書局，2004 年），卷 6，〈光祿寺少卿二酉張公暨元配趙宜人合葬墓誌銘〉，頁 229。

及此，本章考察明季宗室在國變時如何對生死作抉擇，並分析他們各種殉身的理由和方式，以反思其背後價值觀，務求突出這珍貴而罕有的一小撮人。

一、明宗室捨生取義之時機及原因

甲申之變，李自成陷京，崇禎自縊。後不到百日，清兵入關，先為崇禎發喪，又安撫明朝臣民，裝成是代朱氏天潢向李自成報仇的英雄。此一系列如天崩地坼、電光火石的劇變，對一般宗室而言，往往不及反應過來，更遑論對生與死這個大題目作抉擇，故此因環境所製造的時機，或許才是他們輕生的關鍵理由。

（一）國變即殉的明宗室

宗室於各自藩地生活，與北京城有一段距離，當時資訊不像今天般發達，對於國家覆亡是禍是福，乃言之尚早。唯此時已有宗室很快斷定朱明國祚已到了末路，即決定效法古人殉國壯舉，展示個人捨生取義的精神，湖北楚藩的朱英燿（？-1644），當為宗室中較早自殺的一位。英燿乃東安王裔的天潢，字復禮。據《南明史》所載，他曾於明季「以賢良方正官中正」，又「敦詩悅禮」，更「以孝友聞」，實為宗室榜樣。早於張獻忠攻陷武昌之時，他便立刻決定與其子華㭰「削髮為僧」，移居孝感（今湖北孝感）一地，靜待明室最後的結局。當英燿聞知明思宗最後難逃一劫後，他即「振以盥手，北向再拜」，終「自經死」。[4] 英燿為曾經因

4　錢海岳：《南明史》，卷 27，列傳第三，〈諸王・一〉，頁 1443。

德行而獲得出仕機會的下層宗室，張獻忠陷武昌後，他跟兒子難以在封地生活，遂逃禪隱居，或許仍期待明室有化險為夷的一線機會；但當李自成入京而思宗蒙難後，他斷定朱明天下已滅亡，因此便不再給自己任何生存的藉口而自經殉國。英爍縱然沒有留下片言隻語交代自殉的原因，可是從其自殺的時機看來，他殉的對象無疑是明思宗，或許以此報答朝廷對其知遇之恩，遂一死報君，再報列祖列宗，以不枉為朱氏皇族血脈，同時一盡為人臣子者之義。

另一位相傳於國亡時立即殉身的宗室祖復，乃晉王裔後人，字立禪。錢海岳《南明史》記其「精修禪定」，於雲南永昌寶台山「國亡，不食死」；[5] 但鄂爾泰（1680–1745）主編的《雍正雲南通志》則指其於萬曆年間已「薙髮為僧」，後在寶台山「足不履戶外數年，一夕說偈而逝」，[6] 並沒有錢氏所記般主動尋死的意思，兩則記載顯然有矛盾。若然祖復乃「精修禪定」的高僧，必能淡薄家國、君臣觀念，相信後者的記載將較為可信而合理，姑且不將他視作殉身或因國亡而逃禪的例子。

（二）南明時期殉身的宗室

甲申之變後，神宗孫朱由崧（弘光帝，1607–1646，1644–1645 在位）隨即於明朝當初立國的首都南京，宣佈建立弘光政權，以示延續朱明國祚，立時為天下擁戴明室的臣民，帶來新的

5　錢海岳：《南明史》，卷 27，列傳第三，〈諸王・一〉，頁 1434。
6　鄂爾泰（1680–1745）等修，靖道謨（1721 進士）纂：《雲南通志》（揚州：江蘇廣陵古籍刻印社，1988 年，乾隆元年 [1736] 刻本影印），冊 19，卷 25，〈仙釋・祖復〉，頁 143。

抗清動力；而不少士大夫也停止了殉身的舉動，紛紛將希望放在南明王朝上。然而好景不常，弘光政權維持不足一年，便被清人鐵騎瓦解，而往後新建立的隆武、紹武、永曆政權，也同樣歷時短暫，[7]一次又一次讓士大夫與宗室陷入絕境，反覆多次面對生與死的抉擇，當中有不少人決定在南明某王朝被殲滅時，即自殺就義。其殉的對象、原因以至方式，則各有不同。

比如南京弘光政權覆亡時，當時自殺宗室不乏其人，當中較典型例子有江西寧系宗人朱奇（？-1645）及河南唐系永壽王朱器圻（？-1645）二人。朱奇，字治生，寧王裔的恩貢生，南昌被攻陷後，即「遁吳鎮丁家山」；後來於隆武元年（1645）七月，突然「為絕命詩，痛哭自經死」。[8]朱奇縱然是獲得恩貢的宗室，但應為未請名的小宗，畢竟「奇」字顯然不是朝廷所賜之名。他在南昌封地失守後，便隱居於當地丁家山。他突然在隆武政權建立後不久便自殺，或因弘光帝於五月被殺的噩耗至七月才傳到丁家山，加上象徵明室根基的南京失守，讓其頓失最後求生希望，遂以死殉「義」，而其所殉的對象雖沒明確表達出來，但必然跟南明弘光政權瓦解有密切關係。

至於唐藩器圻的自殺經歷，跟朱奇不謀而合。器圻，乃唐端王朱碩熿（？-1630）第十子，萬曆三十七年（1609）襲封永壽王，地位崇高，實乃上層大宗名人。早於李自成陷開封後，他便跟隨兄長安陽王朱器埈南下，短暫於無錫落腳。南京被清軍攻克後，南明執政者紛紛各自逃亡，而器圻則打算「舟載（母）妃柩欲北歸

7　關於南明各朝更迭的歷史軌跡及詳細情況，參考：司徒琳（Lynn Struve）著，李榮慶等譯，嚴壽澂校：《南明史，1644-1662》（上海：上海古籍出版社，1992年）。

8　《南明史》，卷27，列傳第三，〈諸王・一〉，頁1472。

葬」，詎料至丹陽（今江蘇丹陽）一地，竟聞訊弘光帝「蒙塵」的消息，還聽說「諸王降者皆得所」。此時，器圻之宮人歡天喜地勸他降清，唯這位天潢獨「默言」。直至某天晚上，他「置酒與宮人敍平生歡」，跟左右暢談至感觸處還「泣下」，終「乘人不備」之時，「與鄭妃投江」自盡。[9] 器圻本有降清求生的機會，也有歸葬母柩的任務，可是當其聞訊弘光「蒙塵」、諸王投降「得所」的消息後，竟斷然選擇殉身一途，他不願像其他宗室般甘於活在異族政權下的心意，實已不言而喻。其時，弘光帝實際上還未被清人殺害，器埈聞訊弟弟器圻與鄭妃「以帨相繫」投江殉身的烈舉，乃將二人禮葬於南京石城門外。[10]

從朱奇、朱器圻甚至是朱英爍三位宗室的故事看來，他們殉身的時機、身份、背景、際遇雖各有不同，但都必定執着於自己乃朱氏天潢的身份，在易代國變這個「天崩地陷」的時代，唯有一死方能感到解脫。他們三人沒有表明各自殉身的具體原因，只能旁敲側擊，推測其箇中考慮；但慷慨就義的宗室中，也有一些天潢曾明確表示自己選擇死亡的原因，像世系不明的朱時寰（？–1646）正是一例，試看《罪惟錄》記其事跡：

9　《南明史》，卷 27，列傳第三，〈諸王・一〉，頁 1478。

10　同上註。筆者按：據《南明史》所載，器圻死後由器埈歸葬於南京石城門外，唯後者不久跟弘光帝一同被清人逮捕，未幾遇害身亡。根據《清史稿》的記載，多鐸（1614–1649）於順治二年五月丙申（十五）日（1645 年 6 月 8 日）率大軍至南京城，而弘光帝同時開始逃命，至同年六月辛酉（1645 年 7 月 3 日）才成功逮捕這位南明皇帝（參《清史稿》，卷 4，〈世祖本紀・一・順治二年〉，頁 95–96）。從時間角度上看，器圻於南京被清人攻克後才自盡。要是弘光帝遣器埈歸葬器圻與鄭妃的話，相信已是這位南明君主逃亡後至被捕前之事。然而按邏輯推斷的話，當時清人既然攻克南京，器埈實難以輕易回到那裏歸葬器圻，故此暫時只可推敲其秘密行事，甚至可大膽估計他的舉動獲清人默可。

> 時寰，失其名。崇禎末以貢例未選。唐主即位閩中，
> 窮來歸，補福清知縣。丙戌，閩事敗，郡縣皆以帝行在
> 無恙，率掛冠去，欲扈駕，寡死職者。時寰曰：「朱氏子
> 安得討他家活？」闔戶，令家屬先盡，而身自縊死。[11]

　　時寰在隆武帝時方有出仕機會，唯福建被清人攻克後，遂毅然決定選擇死亡一途，或有殉君、殉國之意——畢竟他是在窮困間才獲得賞識任官。然而臨終前，他清楚指出個人尊貴的朱氏「天潢」身份，乃其真正殉身主因，更表示自己不願在外族異姓政權下討活，動機鮮明。背景上，他跟朱英燦及朱奇寊有相似之處，都是曾出仕或接受朝廷恩惠的小宗，因此對國家及個人皇族身份有深切認同，也以此自豪，自然難以接受亡國之痛，與其苟且偷安，倒不如一死作解脫。

　　除時寰外，衡系齊東王朱常淓（？－1646）、玉田王朱常泊（？－1646）、益系奉新王朱常漣（？－1646），也選擇在隆武王朝結束後殉身。三人雖不像時寰般留下遺言，但相信同樣認為明室已乏力回天，加上不願受清人招撫，遂分別自殺身亡：其中常淓「於隆武二年四月十八日不食」，然後「與妃相對自經薨」；[12] 常泊也於隆武二年四月十八日「破甌自刎薨」，愛妃則「自經薨」；[13] 而常漣則「絕粒七日薨」。[14] 常淓、常泊原本有委曲求全之機，因清人曾主動招撫他們至北京居住，奈何二人不願接受外族好意，且自忖抗清事業

11　查繼佐：《罪惟錄》（杭州：浙江古籍出版社，1986 年校點本），列傳卷 4，〈宗室未詳封派・時寰〉，頁 1295。
12　《南明史》，卷 28，列傳第四，〈諸王・二〉，頁 1501。
13　同上註，頁 1501。
14　同上註，頁 1496。

無望，不願逃跑後過一些苟且偷安的生活，遂最終選擇輕生一途。

相繼經歷弘光、隆武二朝的失敗，宗室以至不少士大夫，也許開始接受朱明覆亡的現實，那種拋頭顱、灑熱血的殉身情懷，遂逐漸冷卻下來。延至紹武、永曆相繼覆亡，顯然已沒那麼多宗人像先前般慷慨輕生，後人只能在史冊中找到一些零星例子；但這不代表他們的事跡不壯烈，正如隨永曆帝入緬的吉王朱慈煃（？－1661），曾於永曆十五年（1661）獲永曆帝「涕泣」召見，最後於「咒水之難」後「偕妃張自縊薨」。[15] 要是回顧慈煃的一生，不難發現他決定輕生之舉絕非衝動，試看徐鼒《小腆紀傳》記其生平道：

> 吉王慈煃，吉貞王之子，英宗八世孫也。甲申南都立，六月貞王薨於淮安舟次慈煃以聞，命於安吉孝豐卜葬。冬十月，命慈煃嗣封。南都亡轉徙閩、粵。永曆帝之入緬也。慈煃與遼藩松滋王某及岷王子從焉。咒水之禍，慈煃偕妃某氏，貴人楊氏、劉氏自縊死。岷王子流入暹羅國。[16]

按上文記載，與慈煃同時隨扈入緬的還有岷王之子，但後者於「咒水之難」[17] 後仍能逃脫，最後「流入暹羅國」生活，故此對前

15　《南明史》，卷 28，列傳第四，〈諸王‧二〉，頁 1489–1490。

16　徐鼒：《小腆紀傳》（台北：台灣學生書局，1977 年校點本），卷 9，列傳第二，〈宗藩〉，頁 103。

17　「咒水之難」乃清初緬甸境內所爆發的流血政變。南明永曆帝於亡國後逃至緬甸，獲緬甸王莽達收留。後來，莽達之弟莽白發動政變，殺死其兄後繼位，並將永曆帝送交清將吳三桂，由於莽白在政變發動前曾誘騙永曆帝身邊的大臣飲咒水盟誓，史稱「咒水之難」。關於「咒水之難」的詳細經過，參考：顧誠：《南明史》（北京：光明日報出版社，2011 年），冊下，第 30 章，第 6 節，〈清廷向緬甸施加壓力和「咒水之難」〉，頁 718–726。

者來說，他或許仍有求生之路，只是不願意爭取而已。慈煊於生死關頭，所選擇的不是偷生，卻是與各妃嬪自縊殉身。從他自殺時機看來，其殉死對象不是曾經對他「涕泣」的永曆帝，便應是大明江山，甚至可能是本身的天潢身份。無可否認，慈煊之死來得較晚，這跟其經歷或許有密切關係。他先經歷崇禎時的甲申國變，然後於南京弘光朝才襲封吉王位，後來再經歷南明四朝覆亡之事。他多次面對明室政權被農民軍或清人瓦解，本應可從容面對失敗，可是當南明最後一朝的永曆帝也在「咒水之難」中被擒，加上本身已流浪至遠離中國的緬甸異鄉，讓其復國希望徹底幻滅，與其流浪外國委曲求全，與愛妃一同自殺，或許才是其最好的解脫。

（三）東寧時期殉身的宗室

宗室殉身的時機，不一定是愈早愈好，實要看個別例子的際遇和經歷。再者，對朱明天潢來說，尤其是上層或曾出仕的宗室，他們各自殉身的主要理由，往往源於對自身皇族血統的優越感，當真正感到明室無望復國時，便是撒手塵寰之機。正如遼系寧靖王朱術桂（1617–1683）[18]，乃太祖九世孫，於滿清入主中國近四十年後才自殺，或許他是最後一位拒絕降清而殉身的郡王，其事跡實值得後人留意。

術桂，字天球，遼系長陽王朱術雅（？–1646）之弟，在甲申

18　據陳鼎《留溪外傳》所載，術桂臨終時六十六歲，時為康熙二十二年（1683），由此可推算其生於萬曆四十五年（1617）。（參考：陳鼎：《留溪外傳》[復旦大學圖書館藏清康熙三十七年〔1698〕自刻本]，卷 2，忠義部下，〈明寧靖王傳〉，頁 18 上–20 上，載《四庫全書存目叢書》[濟南：齊魯書社，1996 年]，史部傳記類，冊122，總頁 447–448。）

事變前僅是輔國將軍。崇禎十五年，李自成破荊州，術雅隨其他親人「避湖中」。弘光政權建立後，他獲晉封鎮國將軍，跟兄長術雅一同守備浙江寧海縣（今浙江寧海）。未幾，清軍攻克南京，瓦解弘光政權，乘勢南下進軍浙江一帶，術雅聞訊即「率眷屬奔閩」；後聽聞魯王朱以海（1618-1662）在紹興宣布監國，也移師趕往會合。後來，有流言誤報術雅「已故」，魯王即命術桂襲封長陽王一位，並於福寧（今福建霞浦）一地落腳。差不多同一時間，唐王於福建稱帝，仍依魯王之命，封術桂為長陽王，但最後方發現術雅「尚存」，遂改封他為寧靖王，並賦予其監軍重任。往後，他先後在方國安、鄭鴻逵（1613-1657）、鄭成功（1624-1662）軍中擔當監軍角色，反映出這位新封郡王深得南明君主信任。永曆五年（1651）夏五月，術桂眼見南明隆慶、紹武王朝先後沒落，遂隨鄭成功軍攻打台灣，並獲鄭氏禮待，後來終至永曆十七年（1663）遷往那裏落葉歸根，長期依附鄭氏東寧王朝，日常生活則主要依賴「墾田數十頃以自給」，正式跟清人展開二十多年的隔海對峙。鄭成功死後，其子鄭經（1642-1681）當初雖同樣禮待明宗室，但不久即因台灣資源匱乏，乃向務農有法的術桂徵收重稅，導致他們一家「幾有首陽之餓矣」，猶幸終能和平渡過難關。[19]

　　至永曆三十七年（1683）六月，降清將領施琅（1621-1696）攻下澎湖（今台灣澎湖）之後，術桂意識到平靜的隱居生活將要結束，因他理解到擁護明室的最後一個堡壘，也將很快被滿人輾平。二十年安穩而平淡的農耕生活，沒讓術桂遺忘自己乃朱明天

<hr />

19 陳鼎：《留溪外傳》[復旦大學圖書館藏清康熙三十七年〔1698〕自刻本]，卷 2，忠義部下，〈明寧靖王傳〉，頁 18 上-20 上，載《四庫全書存目叢書》[濟南：齊魯書社，1996 年]，史部傳記類，冊 122，總頁 447-448。

潢的身份，也沒讓他變得貪生怕死。就在清軍步步進逼之際，術桂不僅明言「台灣有變，我當身殉」，還索性向其五位妻妾表明心跡，說自己「死期定矣」，着她們各謀出路。[20] 然而，他的妻妾反過來表示願意跟其同生共死，於是術桂一家六口立定主意殉身，試看《南明史》記他們在人世最後的日子：

> 已而劉國軒（1629–1693）議降，曰：「是吾歸報高皇帝之日也。」分其田賞佃人，舍府舍為佛宇。召妃媵袁、王、荷姑、梅姑、秀姐曰：「我死期至，汝輩自便。」咸對曰：「王全節，妾豈失身乎！請先賜尺帛，死隨王所。」術桂曰：「善哉！」備六棺，沐浴更衣，環坐歡飲。五人起自縊，術桂為殮畢，加翼善冠，衣袞，腰玉繫綬，以寶付鄭克塽，拜辭天地祖宗。郡人士無幼老，皆四拜，術桂答拜，乃結帛於梁，舉手曰：「吾去矣！」遂絕。侍宦二人從死。前數日，術桂自書曰：「自壬午寇陷荊州，攜家南下，甲申避亂閩海。總為幾莖頭髮，保全遺體，遠潛海外。今已四十餘年，歲六十有二，時逢大難，全髮冠裳，歸報高皇，生事畢矣，無愧無怍。」蘽葬竹滬。[21]

從術桂充分準備自殺的事跡看來，其殉身舉措絕非像較早輕生的宗人般乃一時衝動，相反，是應經過長時間考慮才能作出的

20　陳鼎：《留溪外傳》[復旦大學圖書館藏清康熙三十七年〔1698〕自刻本]，卷 2，忠義部下，〈明寧靖王傳〉，頁 18 上–20 上，載《四庫全書存目叢書》[濟南：齊魯書社，1996 年]，史部傳記類，冊 122，總頁 447–448。

21　《南明史》，卷 27，列傳第三，〈諸王‧一〉，頁 1458–1459。

決定，而其賞田、捐舍、備棺、托寶、祭祖、告別之舉，更反映
出這位天潢擁有極強責任感。像術桂那麼有始有終之人，自然深
受百姓愛戴。再者，他臨終所留下的遺書，還能讓後世看到他決
定自殺時最重要的一個考慮——頭髮，夏琳在《閩海紀要》一書曾
記術桂創作絕命詞之況：

> 寧靖王術桂，字天球，南都破，間關流寓島上，後
> 至東寧。成功父子禮之甚厚，至是見世孫降，自以明室
> 宗親，義不可辱，乃朝服拜二祖列宗，作絕命詞曰：「艱
> 辛避海外，總為幾根髮。今日事已畢，祖宗應容納。」
> 遂從容自經，妾王氏、袁氏、梅姐、荷姐、秀姑皆縊以
> 殉，見聞之人莫下（不）流涕，謂其可與北地王（劉諶
> [？-263 年]）爭烈矣。[22]

短短 20 字的絕命詞，正好清楚解釋術桂之所以在滿清入主
中國近 40 年後仍決意自殺的原因，那就是為了保存自己「受之
父母」的頭髮，以便在黃泉之下仍能昂首面對朱氏列祖列宗。術
桂義無反顧的殉身遺言，也正好代表那些沒有留下片語隻語而
自殺的宗人，向後世交代他們何以不肯降清而必要輕生的原因。
從時機上看來，術桂應沒有「殉君」或「殉社稷」的心態，顯然
全因自己的特殊身份，而作出悲壯之舉，才讓後人將其比作同樣
不願委曲求全於異姓王朝下的蜀漢北地王劉諶。他年輕之時，
曾憧憬光復明室而奮起抗清，遂沒有一死了之，依舊保存生命，

22　夏琳著，台灣銀行編：《閩海紀要》（台北：中華書局，1979 年），卷下，頁 78。

默默征戰，可謂鍥而不捨。至後來當南明各朝先後傾覆，他才只好遷居台灣東寧，心底卻仍寄望未來有天可以復國。可惜隨着時光流逝，其光復明室河山的希望逐漸變得渺茫，年老的術桂最後只能通過自殺，告訴世人他對生死的看法——那就是只要能在明室國土留着頭髮生活，他便願意繼續努力生存；但當鄭成功、鄭經繼承人鄭克塽（1670–1707）決定接納劉國軒等人降清的建議時，即意味着這位郡王死期已至。誠然，術桂可以像其他宗人般選擇薙髮降清，以選擇求生的機會，可是他偏偏為了天潢的尊嚴而放棄寶貴的性命，以求「全髮冠裳，歸報高皇」，這是一種體現個人價值觀的取捨，也是明宗室中擁有堅執信念而努力生存到最後一刻的表表者，難怪陳鼎在《留溪外傳》讚賞他道：

> 明之宗人，自嘉靖朝，太祖一支已慶十萬矣。國亡死節者寥寥，寧靖王流離瑣尾，逋逃海外四十餘年，臨難全節，三百年之綱常，王獨繫之矣。至妾媵亦視死如歸，非王夙有儀型，觀感之深焉，能慷慨赴義一至於此哉！[23]

陳氏認為明宗室人口眾多，可是能在國變時「臨難全節」的人卻寥寥無幾，因此給予努力求生四十多年但最後仍願意殉身的術桂高度評價，也反映出他的烈舉受到清初士林所推崇。

術桂身故後，台灣人民有感術桂之德，遂將其安葬於竹滬（今台灣高雄），而其過繼後嗣朱儼鉁則降清為民。[24]時至今日，台灣

---

23 《留溪外傳》，卷 2，忠義部下，〈明寧靖王傳〉，頁 18 上–20 上，總頁 447–448。
24 《南明史》，卷 27，列傳第三，〈諸王・一〉，頁 1459。

台灣竹滬華山殿裏的明寧靖王朱術桂神像

台灣寧靖王墓碑

台灣寧靖王墓入口

高雄仍然有不少古跡，留下術桂的名字及事跡，像竹滬華山殿內便有其神像；台南市內的大天后宮則是其故邸，路竹區境內還有一座寧靖王廟專門供奉他，而其墓園更成為當地著名旅遊勝地。正如其墓旁由後人所樹立的石碑提到：

> 術桂狀貌魁偉，美鬚眉。善文學，書尤瘦勁，承天廟宇匾額多所題字，台人至今寶之，現台灣博物館中尚存其筆跡。術桂以末路倉皇渡台，辛鄭氏祖孫三世均能待之如禮，及至清軍攻台義不受辱，終不免於一死，而姬妾五人同殉，其事尤烈。夫寧靖王本是龍種帝冑，當國難不辭金枝玉葉之身份，歷盡艱難輾轉來台，勵精圖治，着重墾荒，積草屯糧鍊兵，意在反攻復國，壯志未遂，捨身取義為忠節成名，實為生民者鑒，竹滬里民稱他為老祖。[25]

上述碑文由湖內區大湖國民學校於 1949 年撰寫，志於紀念術桂抗爭殉身的事跡，其樹立背後雖或多或少因當時兩岸對峙局面而有點政治動機，但更重要的是教育台灣人民不要忘記明宗室曾在台南異鄉「勵精圖治」、「捨身取義」的美事，頗具道德教育色彩，也印證其義舉將在青史流芳，值得後世借鏡。

（四）小結

姑勿論上述朱英爍、朱奇、朱器圻、朱時寰、朱常淰、朱常

25　碑文見於台灣高雄市湖內區明寧靖王墓旁。

洰、朱常漣、朱慈煃、朱術桂等人到底是「殉君」、「殉社稷」還是
「殉天潢身份」，也不論其地位高下；身為朱氏宗室，他們與生俱
來便本應有跟明室國祚共存亡的「義務」，就是這種對自身地位的
高度認同，促使九人在感到朱明政權沒法延續而自身也無力抗清
之際，即在不同時間，或先或後，決然自我了結。當中未必每個
人也像術桂般，有數十年深思熟慮應否輕生的時間，有人或許會
有一絲衝動，或許會有一點執着，或許會有想不開的時候；但這
些不約而同的自殺行為，體現出他們不欲受外族異姓統治、不願
委曲求全的氣節，突顯宗室中也有少數從容就義、忠於自我選擇
的壯烈豪傑。

　　除了為「君」、「社稷」或「天潢身份」而殉身外，有極少數宗
人還展示了另一種「義」，那就是對「家人」或「生靈塗炭」所流露
的「情義」，正如晉系老宗人慎鈺（？–1644），於崇禎十七年八月
目睹李自成軍屠殺晉系宗人千餘口，遂生求死之意。農民軍原本
因為慎鈺年老，打算饒其一命，但他反過來大呼：「吾晉府宗人已
盡，義不獨生！」最後還主動「延頸就刃」，要求對方「殺之」，終
成功挑起士兵怒火而將其殺害。[26] 慎鈺之死，雖非自殺，但其行
為跟自我了斷無異，同樣是一種「殉義」的行為。誠如他臨終所
言，國變讓其家人通通遇害，自己早已沒生存意義，加上目睹血
流成河、屍橫遍野這些慘痛場面，要是苟延殘喘，餘下的人生也
必定只能圍繞着「悲痛」二字；與其悽慘孤單偷生，倒不如爽快
來個了斷，跟其他宗人在冥府結伴上路。慎鈺的「義」，也許沒家
國、君臣或天潢成分，而只有真摯的「親情」和「人情」，卻流露

26　戴笠、吳殳撰，陳協琹、劉益安點校：《懷陵流寇始終錄》（瀋陽：遼瀋書社，1993
　　年），卷 17，頁 312–313。

出人性最真實、最原始、最動人的「情感」，這種烈舉已昇華至中國傳統道德價值上的「大義」，也是人生在世的存活意義。由此可見，宗室自殺的原因雖各有不同，但每一位殉身者也必定堅執着自己的光榮信念和正確意義，終在歷史上留下可歌可泣的一頁。

二、抗清失敗而自殺的明宗室

主動尋死的明宗室，除了因為本身價值觀驅使其行動外，也有少數例子是適值戰敗又自覺回天乏術，乃憤而自殺。這類宗室所殉的對象，大致跟前述宗室無異，唯獨他們在心底裏實非一心求死，多是眼見事不可為才迫不得已輕生。

（一）楚系三雄

願意上戰場殺敵抗清的明宗室，多是血氣方剛、膽識過人的豪傑，而且必定對光復明室滿懷希望，方能不惜以身犯險，像楚系三雄朱華堞（？–1649）、朱盛澂（？–1646）、朱盛濂（？–1645）正是典型例子。華堞，字用章，乃太祖八世孫，也是自殺宗室中品位最高的親王。在國變以前，他已經滿腔熱血地以護國將軍身份「上疏請結義兵」，希望協助討平李自成及張獻忠的農民軍，最後更「身先擊寇」。國變後，他與同系宗人盛澂、盛濂「避洞庭」。未幾，華堞眼見南京弘光朝迅速覆亡，遂「力說潞王常淓監國恢復」，以延續明室國祚，無奈對方不從，讓他激動得「裂冠帶擲地」，還聲言：「不復中原，以此老地下！」充分體現其復明決心。[27]

---

27 《南明史》，卷 27，列傳第三，〈諸王・一〉，頁 1441。

隆武王朝建立後，華堞獲襲封為楚王，可是他顯然志不在此，試看張岱在《石匱書後集》記此事道：

> 唐藩稱帝閩中，馳勅封華堞為楚王，亦不拜曰：「臣無功，無以王為。」[28]

　　從華堞的話看來，他落力抗清，顯然不是為了名利爵祿，實乃由衷發自內心愛護明室的行為。隆武元年（1645）八月，華堞帥兵援助盧象觀（？–1645）軍，竟於湖州北門「手刃清兵百餘人」，展示其驍勇善戰一面。然而南明軍隊始終寡不敵眾，讓華堞無功而還之餘，還導致隆武王朝隨即宣告終結，迫使這名有血性的天潢移師紹興，跟監國的魯王會合。及後，華堞再經歷隆武、紹武之亡，仍奮不顧身多次起兵抗清，無奈始終未能獲得讓人滿意的成果。至永曆三年（1649）六月，清兵渡錢塘江，華堞被迫「亡走長興山中」，仍然「欲復有所為」。未幾，他被清軍發現行蹤，終「憤自到北斧山（今浙江北斧山）石磴之上」。據張岱重遊該地所見，那時「猶有血跡」，而「存者蓋縈麻如故」。[29]《南明史》則記當時「百里之內為之慟絕」，[30] 實可見這位宗室的烈舉，深得當地百姓敬重。反思華堞最終選擇自殺的動機，不難推敲屢戰屢敗的經歷，讓他曾多次需要在戰後面對生死抉擇，或許正因為早已厭倦這種無日無夜的生活，加上自忖復明大計無望，一方面感到

28　張岱著，大通書局編：《石匱書後集》（台北：大通書局，1987 年），卷 5，〈明末五王世家〉，頁 88。

29　同上註。

30　《南明史》，卷 27，列傳第三，〈諸王‧一〉，頁 1441。

心灰意冷，另一方面又感到懊惱無助，遂在永曆三年被圍捕時索性自刭一死。

　　曾跟華堈一同避難的盛澂、盛瀷，他們兄弟二人的殉身行為同樣壯烈，同樣扣人心弦。盛澂，字青潮，乃楚系通城王後裔，也是太祖十世孫。他於弘光時獲授知州一職，上任前南京政權已覆亡；後跟其弟盛濂、盛瀷避難於太湖西山（今蘇州太湖西山），還易姓林氏，以免別人察覺其宗室身份。隆武元年閏六月，他獲西山人蔡永新等「奉之起兵」，自號「通城王」，由部下王期昇、徐震海等將輔助，而當時「應之者」可謂不少。[31] 據徐鼒在《小腆紀傳》所記，當時不少在國變前沒有封爵的宗室，之所以紛紛自立名號，實有其箇中因由：

　　　　野史諸書有誤以盛澂為嗣通城王者，今以《忠烈紀實》、《行朝錄》、《所知錄》、《南疆逸史》考之，則知盛澂為宗室無疑。蓋當日義兵擁立為號，非以祖宗之爵，不足以資號召，紀事者無從別白，遂就傳聞著之篇耳。疑諸書所載諸王類如此，實不皆襲封也。[32]

　　從徐氏的記載看來，盛澂或許不是貪圖名利之輩，只是為了有效聚眾抗清，才決定自號「通城王」作招徠。後來，盛澂軍隊先收復湖州（今浙江湖州），然後跟寧系宗室朱議瀝（1647—1661）所率領的南明軍，在長興（今浙江長興）會合，還再下一城光復

31　《南明史》，卷 27，列傳第三，〈諸王・一〉，頁 1445。
32　《小腆紀傳》，補遺，卷 1，〈宗藩〉，頁 767-768。

附近的新城（今浙江新城），並派其弟盛濸於新城周邊的孝豐（今浙江安吉）駐紮，以防清軍進犯，展示出這位天潢調兵遣將的才能。然而好景不常，盛澂所重用的將領王期昇，竟因「性貪」而在地方「剽掠」，終激起浙江當地鄉民不滿，他們甚至主動「引清兵進攻」長興。據溫睿臨在《南疆逸史》所記，清人實乃取「間道襲長興」，[33] 顯然是一次殺對方措手不及的偷襲，終迫使盛軍放棄據點。盛澂自己在此役中只能「以小舟亡」，其弟盛濸更因此「兵敗」而「自刎死」。[34] 隆武二年二月，盛澂曾派副總兵包西朝福京報平安，後輾轉逃至衢州（今浙江衢州）；至同年八月，終被清軍重重包圍。就在這個生死存亡的關頭，他早已知道難以突圍脫身，更遑論要光復朱明江山；既然「事不可為」，而自己又不願向異族投降，終迫使這位知兵的天潢，步其親弟後塵，最後僅留下「金枝玉葉，惟有死耳」八字遺言，便「自刎」殉身。[35]

　　通過楚系三雄華堞、盛澂、盛濸的經歷，不難發現明宗室中不僅有善戰知兵之人，而且他們都是歃血為盟的烈士，最典型的事莫過於三人都以「自刎」形式自殺。所謂「自刎」，即以利器割破喉嚨的大動脈，使鮮血洶湧澎湃流出，以結束自己的生命。此舉需要花上很大的力氣，而且還要一刀斃命，毫無疑問是一種狠心俐落而義無反顧的自殺方式。身為將領的華堞、盛澂、盛濸，不約而同以此方式輕生，不僅體現出三人有視死如歸的決心，從中更可以看到楚人那種如《湖南通志》所云的「勁悍決烈」民

33　溫睿臨著，中華書局編：《南疆逸史》（北京：中華書局，1959 年），卷 48，列傳第44，〈宗藩〉，頁 374。

34　《南明史》，卷 27，列傳第三，〈諸王‧一〉，頁 1445–1446。

35　《南疆逸史》，卷 48，列傳第四十四，〈宗藩〉，頁 374；《南明史》，卷 27，列傳第三，〈諸王‧一〉，頁 1445。

風，[36] 其壯烈而豪邁之情，實非其他以「自經」、「自縊」、「投江」或「不食」等方式自殺的宗室文人，能輕易地相提並論。至於楚系三雄殉身的考慮，從他們起兵抗清、奮勇殺敵一刻，應早已將生死置之度外，也應作好隨時戰死、視死如歸的準備。既然清楚知道自己不能跟清人共存，誓不兩立，相信他們早已抱着殺身成仁之志，一旦戰敗便別無他想，遂不求生路，還未戰死或被俘，即自行了斷，以免有辱天潢身份。像盛澂臨終前所高呼的「金枝玉葉，惟有死矣」八字，早已反映出在少數天潢心目中，只有轟烈殉身，方能對得起列祖列宗的英靈。

（二）其他戰敗求死的明宗室

　　相對於楚系三雄，其他戰敗宗室則各有各的殉身方法，像寧系朱統銓便在清人陷城時與家屬「一門投井死」，而另一寧系「議」字輩宗人朱議滻就選擇在廣西失守後像華堞等人般「自刎死」。寧系宗室雖沒如楚系三雄般在戰場上奮戰殺敵，但他們也有不少共通點：第一，皆為寧王裔小宗，沒有顯赫祖蔭。第二，皆是讀書人。第三，皆曾出仕，統銓更是崇禎元年（1628）進士，原名寶符，或因家貧而無法向朝廷請名，中進士後方獲賜名統銓，[37] 先授來賓（今廣西來賓）知縣，後來在弘光時出任「御史」；至於議滻就在永曆初才出仕，先任南寧（今廣西南寧）知府，後來又升任為府江（今廣西府江）參議。第四，他們皆是在仕宦期間遇上清

36　曾國荃（1824–1890）等撰：《湖南通志》（光緒十一年 [1855] 刊本，民國五十六年 [1967] 影印本，台北：京華書局，1967 年），冊 3，卷 40，〈地理志〉，頁 1 上，總頁 1071。

37　李遜之：《三朝野紀》（北京大學圖書館藏清道光本），卷 5，〈崇禎朝〉，頁 62 上–62 下。

人陷城，才戰敗殉身。史書就兩位寧系宗室的記載不多，難以仔細考察他們的事跡及心路歷程，但統銓臨終前認為「天潢義不受辱」而「一門投井死」的行為，已代表這輩捨生取義的小宗志向鮮明——他們從來沒有因為自己爵秩較低或出身卑微，而在亂世中丟下朱明子弟這個身份包袱，最後更沒有放棄身為皇族不甘委身外族的驕傲，遂於走投無路時一死明志。[38]

除了楚、寧兩系曾孕育較多義無反顧的殉身宗室外，秦系朱存樞（？-1649）及靖江王朱亨歅（1595-1650），也是少數願意在戰敗後求死的天潢，而且都是上層代表。存樞，乃秦肅王朱誼漶之子，也是太祖十一世孫，身份顯赫，國變後即獲孫守法（？-1647）「奉之起兵」，自號「漢中王」，後至永曆三年（1649）再獲趙榮貴奉稱為「秦王」。翻查各種明末清初史籍，不曾發現存樞的爵位、名號獲明室官方承認，他只是憑藉自己為秦王兒子的身份聚眾抗清，最後因攻階州（今甘肅武都）失敗而「投紫水河死」。[39]存樞之死有一處值得後人留意的地方，那就是他沒被清人圍困而自殺，反而是主動進攻敵人失敗而投河自盡。考諸站在清廷立場的《東華錄》及《清史稿》，順治六年（1649）確有一場秦王攻階州的戰役，先看蔣良騏（1723-1788）版的《東華錄》記此事道：

> 吳三桂奏：「賊犯階州，臣等分兵，擊破之，斬偽王朱森釜、偽侯趙榮貴。」[40]

---

38 《南明史》，卷 27，列傳第三，〈諸王‧一〉，頁 1466-1471。

39 同上註，頁 1431。

40 蔣良騏等：《清東華錄全編》（北京：學苑出版社，2000 年），冊 1，卷 6，順治六年，頁 11 下，總頁 59。

然後看王先謙（1842–1917）版的《東華錄》所記：

> 吳三桂奏：「偽王朱森釜、偽定遠侯趙榮貴，率賊萬餘犯階州，臣等前後分擊，殺賊七千有餘，陣斬森釜、榮貴，獲偽侯印一顆、偽總兵印十顆及馬贏金銀等物。」下所司議敘。[41]

再看《清史稿》如何記錄此場戰役：

> 六年，明宗室朱森瀅與其將趙榮貴以萬餘人犯階州，國翰督兵赴援……遂戰，陣斬森瀅、榮貴；復擊破其將王永強，斬級數千，獲駝馬數百，復宜君、同官、蒲城、宜川、安塞、清澗等縣。[42]

從上述三段主要從清人一方的記載看來，當時確有趙榮貴此人聯同號稱「秦王」的宗室率兵萬人攻打階州，可是那名天潢喚作「森釜（瀅）」，並非「存樞」，而且此人實非投河自殺，乃被吳三桂同僚李國翰（？–1658）所斬。徐鼒在《小腆紀年附考》曾經質疑這位秦王的名字，甚至明言：「考曰《東華錄》載所死者偽王朱森釜，按世系無森字。」[43] 徐氏在其《小腆紀年附考》、《小腆紀傳》兩部史著中，皆沒有談及存樞之事；而錢海岳的《南明史》又

41　王先謙等：《清東華錄全編》（北京：學苑出版社，2000 年），冊 2，順治六年二月辛亥，頁 5 上，總頁 274。

42　《清史稿》，卷 236，列傳第二十三，〈李國翰列傳〉，頁 9452–9453。

43　徐鼒撰，王崇武點校：《小腆紀年附考》（北京：中華書局，1957 年），卷 16，清世祖順治六年二月，頁 605。

以史源難以查考著稱，遂製造了這件歷史懸案，但相信《東華錄》
及《清史稿》所記的「森釜」，或許乃手民之誤，當為「存樞」無疑。
至於這位自稱秦王的宗室有否被斬殺，還是像《南明史》所記般
投江身故，則已難以考證真偽。要是錢氏記載無誤的話，存樞實
非走投無路或迫不得已而自殺，因他本來就有權利及機會繼續求
生，但最後或許基於對朱明江山的羈絆，促使這名秦王後人決心
跟趙榮貴攻打清人根據地。戰事失利後，他或許出於失望悲憤，
或許感到事不可為，又或許害怕反過來被清軍俘虜，最後竟選擇
了一死為自己的人生寫上句號。反之，要是《東華錄》及《清史稿》
所記為史實，那麼或許是時人為了美化存樞敗陣戰死之事，遂訛
稱其「投紫水河死」，務求突顯這位天潢悲壯的一面，以便渲染其
事，然後繼續在民間宣傳這種執意抗清而寧死不屈的精神和信念。

　　至於靖江王朱亨歅的身世及殉身故事，同樣曲折離奇，史
家也眾說紛紜，實值得後人考察其真偽。亨歅乃明太祖兄朱興
隆（？–1344）十一世孫，嚴格而言沒有朱元璋帝系血統，極其量
只是皇親國戚，因此靖江王裔歷來獲封的最高爵位只是郡王，顯
然跟正統皇族的身份及地位有距離，或多或少影響此系宗室對於
朱明江山的歸屬感。國變之後，史冊記載靖江王裔中竟有亨歅願
意殉身，實為當世美談。據《南明史》所載，亨歅之兄靖江王亨
嘉（？–1646）因在隆武元年有覬覦帝位企圖，遂由亨歅於同年八
月襲封王位。[44] 亨歅目睹隆武王朝被清人消滅後，遂響應瞿式耜
（1590–1651）擁立桂王朱由榔（永曆帝，1623–1662，1646–1662
在位）為帝之舉繼續抗清。後來，清軍攻克廣州，比永曆王朝較

---

44 《南明史》，卷 27，列傳第三，〈諸王・一〉，頁 1479–1480。

早出現的紹武王朝也宣告覆亡。紹武帝（朱聿鐼，1605-1647，
1646-1647 在位）被俘後，讓永曆帝成為唯一的南明皇帝。未幾，
永曆帝由廣東退守至廣西桂林，幸得亨歅「盡捐私產充御餉」，遂
於永曆三年獲瞿式耜上奏推許：

> 伏見靖江王亨歅厚重不佻，溫恭好禮，遭前王肆虐，
> 備極荼苦。檻車既邁，幸襲舊封，外當逆虜之衝，內值
> 驕兵之變，宮室鞠為茂草，行李齎為盜資。幸廟社依然，
> 藩籬無恙。當皇上正位端州（今廣東肇慶）也，即欲虛舊
> 府以備行宮；迨皇上移蹕桂林也，又復捐私橐以充御餉；
> 可謂乃心天室，克盡宗子之誼者矣。亨歅雖口不言功，
> 而國家應有庸必錄。[45]

從瞿氏之話看來，朱由榔得以稱帝，亨歅可謂居功不少。為
了進一步鼓勵其他宗室效法亨歅的賢行，瞿式耜想到在名位上加
倍優待這位「賢王」，遂向永曆帝建議道：

> 臣伏察藩封體統，一字與二字迥殊，而獨靖江與親王
> 無異，蓋因開國功高，假此以明優異，而嶺嶠絕徼，尊之
> 以示彈壓也。今乞皇上亟因舊寵，特降新封，易兩字而為
> 一字，錫名靖王，在亨歅不過安其崇顯之常，而在朝廷已
> 式廣其時庸之誼矣。由此而中原克復，秦、楚、周、齊，

45　瞿式耜撰，江蘇師範學院歷史系蘇州地方史研究室整理：《瞿式耜集》（上海：上海古籍出版社，1981 年），卷 1，奏疏，〈請優賢王之封疏〉，頁 102。

次第畢封，豈非中興盛治，而於祖制益為有光也哉？[46]

　　仔細咀嚼瞿氏的奏疏，不難發現字裏行間不乏誇張之詞，甚
至暗地裏指出亨歅有擁立永曆之功，可比其先祖朱守謙（1361–
1392）助明太祖開國之功，因此破天荒地建議將靖江王由「二字」
改封成「一字」的「靖王」，實際上即是要將其郡王身份提升至跟
親王同等。瞿式耜露骨地為朱亨歅戴高帽，一方面反映出二人交
情應該不錯，另一方面或許希望藉助靖江王府長期扎根廣西的勢
力，以便鞏固永曆帝的政權。然而永曆帝還未就這份內容極具爭
議的奏摺下決定前，滿清大軍已於永曆四年攻陷桂林，試看《南
明史》如何記載亨歅所作的生死選擇：

> 四年十一月，桂林陷，亨歅及二子若春、若昇哭辭
> 祖廟，與宗室黑舊爺、西輔、崇善，長史李甲六人縊於
> 宮中。妃湯，國亡隨母家居西延茅竹庵。事聞，贈亨歅
> 靖王，若春靖江王，若昇鎮國大將軍。[47]

　　在錢海岳筆下，亨歅或許意識到事不可為，加上靖江世系根
據地被攻破，在傷心及悲憤情緒交織下，遂與家眷決定殉身，並
在臨終前先「哭辭祖廟」，以告列祖列宗自己所作的決定，最後
才一同「縊於宮中」。值得留意的是他們殉身前所拜的「祖廟」，
到底內裏供奉的是朱元璋還是朱興隆，或許正是其自殺考慮的關

46　瞿式耜撰，江蘇師範學院歷史系蘇州地方史研究室整理：《瞿式耜集》（上海：上海
　　古籍出版社，1981 年），卷 1，奏疏，〈請優賢王之封疏〉，頁 102–103。
47　《南明史》，卷 27，列傳第三，〈諸王・一〉，頁 1480。

鍵，可惜現在已難以稽考。誠然靖江王裔不是帝系血脈，但他們世世代代生活於距離京師遙遠的廣西，在古時「天高皇帝遠」的情況下，興隆血脈顯然已是「土皇帝」，因此與其說亨歅一眾是殉社稷，倒不如大膽推敲他們最後哭辭的僅是靖江一系的祖先，反而比較符合情理和現實。再者，永曆帝已成功從廣西逃難，南明國祚尚未宣告滅亡的情況下，亨歅一眾還是執意一死，相信靖江世系的根據地被攻破，方是他們殉身的最大考慮。另一方面，錢海岳雖為亨歅成功塑造出忠貞轟烈的形象，但真相是否如此倒成疑問，畢竟翻閱比《南明史》更早出現的史料，不難發現關於靖江世系的結局實還有其他版本，試看查繼佐在《罪惟錄》記道：

> 是月之五日，桂林亦不守。先是，北師定南王孔有德（？－1652）兵出廣西，令大將馬蛟麟別路入，先破平樂（今廣西平樂）。總兵朱旻如拒戰不克，殺妻子自剄。有德親提大兵抵桂林。留守瞿式耜初與開國公印選、衛國公一清等共事，適二鎮移屯柳州（今廣西柳州），式耜單甚，不可守。翰林院侍讀兼兵部侍郎張同敞（？－1651）單身入城，護式耜。及城破被執，咸賦詩從容死。靖江王亨歅與世子並見戮。[48]

按照查氏所記，亨歅與其子實「見戮」於清兵，或許實非錢海岳所記般先「哭辭祖廟」，再「縊於宮中」。另一則關於亨歅結局的史料，出於徐鼒之手，其《小腆紀傳》提到：

---

48 《罪惟錄》，附紀，卷 21，〈桂王〉，頁 430。

> 亨歅，蓋亨嘉兄弟，行襲封時，日不可詳。永曆元
> 年冬十二月，自象州返蹕桂林，亨歅偕留守瞿式耜迎於
> 郊。四年冬十一月，桂林破，亨歅棄城走，世子某暨長
> 史李某縊於宮中。[49]

按照徐氏所記，桂林被清軍攻破後，亨歅不僅沒有即時殉身，還作出「棄城走」之舉，反而是他的世子及長史才有「縊於宮中」的烈舉，顯然跟《南明史》及《罪惟錄》所記載的版本有差異。比對三則主流史料，關於亨歅下場的記載，竟然不盡一致，甚至出現三種不同說法的罕見現象，後人實難以輕易判斷誰是誰非。縱然難以弄清亨歅到底是「縊於宮中」、「見戮」還是「棄城走」，但可以肯定的是時人對這位靖江系宗室的結局深感興趣，且眾說紛紜，遂會出現三種自相矛盾的記載。當然，在三種說法裏頭，仍然以《南明史》記亨歅主動殉身一說最為壯烈，也最為動人。

三、走投無路而自殺的明宗室

自殺的明宗室當中，實非每位天潢最初便一心求死，有少數人本來就一心希望繼續逃生，只是到了最後深感日暮途窮、四面楚歌，實不願投降敵人受辱，以顧全朱明血脈的體面和氣節，才迫不得已選擇殉身一途。當然，另有一少部分宗室至自殺時心裏仍不願殉身，只是抵受不了敵人的武力威脅而被迫求死，這種不

49　《小腆紀傳》，卷 9，列傳第二，〈宗藩〉，頁 109。

是心甘情願的選擇，倒是襯托出這輩天潢在國變亂世中無可奈何
的悲歌。

後世歌頌天潢壯烈殉身之時，還必須留意有部分宗室實非慷
慨就義，相反可能是咎由自取，才決定以自殺方式結束人生，避
免受到別人魚肉，最典型例子莫過於曾富甲一方的蜀王一家。

蜀王朱至澍（？–1644），乃太祖十世孫，早於萬曆四十四年
（1616）襲封親王位，在宗室中絕對可謂地位崇高，國變後甚至有
人建議奉他為監國；但他本人只打算南逃至雲南，最後因巡按御
史劉之渤（？–1644）大力反對而沒有事成。[50] 崇禎十七年，張獻
忠兵臨四川，至澍方急忙「發銀三萬犒重慶師」，又發「二萬給成
都兵」，可是最後「三日無應之者」，[51] 最終在城破之時「與弟太平
王至潣（？–1644）、妃邱氏（？–1644）、宮人素馨（？–1644）等
投井死」。[52] 至澍一家表面上在危難之際慷慨殉身，但實情不過是
自取其禍。蜀藩位於天府之國四川，當地素來物阜民豐。要是至
澍當初下定決心，散盡財富團結軍心，則成敗之數或未可知，試
看《小腆紀傳》記當初蜀地羣臣向蜀王建言的情況：

> 蜀王至澍，蜀獻王後，太祖十世孫也。世傳獻王得
> 鴻寶之書於內府，子孫善黃白術，故蜀府最稱富。崇禎
> 甲申，賊氛既逼，巡按劉之渤、同知方堯相（？–1644）
> 請至澍出貲募士設守，以祖制不典兵辭。知成都縣吳繼
> 善（1606–1644）上書曰：「高皇帝眾建藩輔碁置繡錯，數

---

50 《小腆紀傳》，卷 9，列傳第二，〈宗藩〉，頁 101–102。
51 《南明史》，卷 27，列傳第三，〈諸王・一〉，頁 1451–1452。
52 《小腆紀傳》，卷 9，列傳第二，〈宗藩〉，頁 102。

年以來，踣命亡氏，失其國家，此數王者，非眞有敗德失
道見絕於天也，以擁富貴之貲，狃便安之計，為賊所利，
而不思自全，此非殿下前車之鑒乎？今楚氛日惡，秦關
失守，曹闖姚黃陸梁左右，殿下付之悠悠而不恤。夫全
蜀之險在邊不在腹，若設重戍於夔門、劍閣，誠足自固。
否則黃牛、白帝亦屬夷庚，黑水、陽平更多歧徑，迺欲
坐守門庭，謂為設險，不可解者一也。往者蘭酋撲滅、
獻賊逃遁，只以蘭兵力有虧，獻地利不習，今日荊襄撤
其藩籬，秦隴寒其脣齒，揣量賊情，益無顧忌，而欲援引
前事，冀倖將來，不可解者二也。至於錦城之固，不及
秦關、白水之險，豈踰湘漢，此可恃以無虞。彼何為而
失守，且城如孤注，救援先窮，時及嚴冬，長驅尤易，累
卵不足喻其危，曆火不足明其急，而猶事泄泄以幸苟免，
不可解者三也。為殿下計，宜召境內各官諮諏謀議，發
帑金以贍戍卒，散朽粟以慰飢民，出明禁以絕廝養蒼頭，
蠲積逋以免流離溝瘠，募民兵以守隘，結彝目以資援，
政教內修，聲勢外振，則可易危為安、轉禍為福。苟或
不然，蜀事誠莫知所終，竊為殿下危之。」至澍不能用，
而謀遷於滇，之渤持不可，內江王至沂與之渤爭，乃以
六月十三日啟行，守門卒洶洶亂，輜重有被掠者，乃止。[53]

　　從上文記載看來，蜀府全因祖傳「黃白術」致富，絕對有抵
抗農民軍以至清人的資本。所謂「黃白」，即黃金與白銀，此術實

53　《小腆紀傳》，卷 9，列傳第二，〈宗藩〉，頁 101–102。

指某些道士能將丹藥燒煉成金銀，頗具迷信色彩。姑且不考究蜀藩祖傳方術真偽，畢竟蜀地富庶，蜀王顯然能夠透過各種方式斂財，並藏有大量財富，也自然引起農民軍覬覦之心。早在國變前後，劉之渤、方堯相等官員，已勸告蜀王應「出貲募士設守」；但至澍在這關鍵時刻竟搬出宗室「不典兵」的祖訓為辭，實不可理喻，也不通歷史——畢竟明太祖當初的建國方針，便是希望親王擁兵為天子作屏障；至成祖謀位後，明室方禁止天潢典軍。由此看來，至澍在明室存亡之際，仍關心個人利益多於社稷福祉。後來，吳繼善更一針見血地說明事實：蜀王不發銀抗敵，則四川必難逃一劫；可是至澍仍執迷不悟，反而希望帶同自己的家人和財產逃至雲南，無奈受到守門卒搶掠而放棄逃走，並在敵人兵臨城下時，才願意發銀犒軍，無奈一切已來得太遲。仔細思考至澍的心路歷程，不難理解斂財求生才是他的第一選擇，可是到最後因放不下大量在蜀地的財寶，才被迫成為甕中之鱉，終迫使他在張獻忠陷城時殉身，以免受到農民軍凌辱——畢竟張氏每下一城，必把所有宗室殺戮殆盡，猶如畜生。如此看來，對於不願典兵抗敵又貪財的至澍來說，投井自殺當是最便利而爽快的殉身方法，而他的死甚至難以稱得上是偉大，實際上不過是自掘墳墓而已。

　　蜀王至澍死不足惜，但他始終是少數的反面例子，實有更多窮途末路的自殺天潢值得後世推許，其中石泉王朱奉銓之長女（？–1644）更是當中表表者。跟至澍同是蜀系宗支的奉銓長女，乃太祖十世孫，本為女宗室縣主，後來嫁給資陽人陳璟。[54] 國變之際，她不僅沒有貪圖財富，還在成都陷落時慷慨就義，毫不眷

---

54 《南明史》，卷 27，列傳第三，〈諸王‧一〉，頁 1452。

戀個人生命,《嘉慶大清一統志》曾記其生平及遺言道:

> 陳璟妻朱氏……獻賊破成都,賊黨訪得朱,朱自知
> 不免,請子舅姑曰:「為婦十年,未嘗敢背姑訓。今賊索
> 我,無死所矣!」遂剪髮刺血,訣其夫,入室自縊死。[55]

這位縣主本來實有棄家逃亡之機,但也許為免夫君及其一家因自己的朱氏血脈身份而受牽連,又或是認為自己已經難逃一死,更或許害怕受張獻忠軍魚肉,遂主動選擇捨生取義,毅然求死,以保晚節,實為明宗室女中豪傑。

除了奉銓長女之事,原籍江西的朱瓊秀(?-約 1651)、朱瑤芳(?-約 1651)也是國變後不惜犧牲生命以明志的巾幗鬚眉。這兩位女宗室,乃益王裔天潢朱石虹之女兒,試看張岱在《石匱書後集》如何記二人生平:

> 瓊秀、瑤芳,江西宗室朱石虹之二女也。石虹以換
> 授為廉州(今廣西合浦)府同知,清兵至,廉城陷,石虹
> 去,二女同其姪婦廖氏俱投井死。永曆中,奉旨即於井
> 上表坊,賜「一時三烈」四字。時禮曹嚴煒以詩記事,有
> 「壯士寒風歌易水,美人尺水傲西山」之句。[56]

從時間上看來,清兵攻克廉州府,應為順治八年(1651)之

---

55 穆彰阿(1782-1856)、潘錫恩(1811 進士)等纂修:《大清一統志》(「四部叢刊續編」本),卷 413,〈列女〉,頁 25 上-25 下,載《續修四庫全書》,冊 621,總頁 615。

56 《石匱書後集》,卷 59,〈列女列傳〉,頁 483。

事，[57] 相信二女當時為免受到凌辱，遂於敵人破城後，即時連忙跟姪婦廖氏一同投井自殺。相比父親石虹選擇逃亡求生的道路，兩位朱氏女兒倒是選擇慷慨就義，遂獲得時人大力稱許，不僅獲永曆帝賜坊嘉許，還獲得南明禮部官員嚴煒賦詩紀念，成為當時表彰貞烈女宗室的佳話。

一心本來求生而最後卻被迫自殺的宗室中，有不少例子是受到敵人武力威脅而殉身。在客觀事實上，他們確是自我了結個人生命，實際上則心有不甘，本質跟被人處死或遇害無異。這羣不情願犧牲的天潢，絕大部分曾經南遁求生，可惜終歸受到明朝叛將如李成棟（？–1649）、黃應傑、李士璉等所脅迫，最後才無奈選擇自殺殉身的結局。

李成棟，字廷貞，原是李自成軍將領高傑（？–1645）的部下，後來隨高氏投降明室，官至總兵，守徐州。順治二年（1645），清人派豫親王多鐸（1614–1649）揮軍攻打江南。李成棟眼見敵人眾多，遂率所屬部下背叛明室投降，及後更「累戰勝有功」，深得清室器重。[58] 順治四年（1647），李成棟率清兵，攻陷廣東肇慶等地，其間被他迫自殺至死又知名的明宗室，就有趙王朱由棪（？–1647）、益系宗人朱翊鐼（？–1647）等人。

朱由棪，字係易，乃明成祖十世孫，「少有逸才，善飲」，又「工舞劍、擊球」，而「詩畫、音律皆入妙品」，顯然是一位文武兼濟的宗室。他於北京城被農民軍攻陷不久，即於弘光元年夏「與總兵黃蜚起兵太湖」，可惜事敗收場——黃氏犧牲，而這位天潢則

---

57 《清史稿》，卷 5，本紀第五，〈世祖本紀・二・順治八年〉，頁 125。
58 邵廷采：《西南紀事》（《《台灣文獻史料叢刊》》本，台北：大通書局，1987 年），卷 9，〈李成棟〉，頁 89–94。

改投隆武帝旗下，並於隆武二年四月襲封趙王位。未幾，隆武、
紹武王朝相繼滅亡，由𣐌一度獲李士璉等人推舉為「監國」，或
多或少反映出這位宗室的政治魅力。後來，永曆王朝宣佈成立，
從明室變節降清的將領佟養甲（？–1648），於永曆元年二月曾派
人招撫由𣐌。根據《南明史》記載，由𣐌心裏清楚南明軍隊難以
抵抗清人鐵騎，也意識到復明希望幾近幻滅，遂着姪兒朱慈鑭為
僧，而自己也在廣州薙髮出家。[59] 然而翻查《清史稿》，於順治四
年六月有記載提到：「故明趙王朱由𣐌來降。」[60]《清史稿》所記顯
然跟《南明史》所記不同。表面上，二書記載矛盾，但只要仔細咀
嚼徐鼒在《小腆紀傳》補錄中的考證文字，不難推敲出當中或許
實有內情，形成上述截然不同的說法：

> 庚寅（順治七年）二月，惠潮道季（李）士璉與總兵
> 郝尚久投誠大清，導王師入關，執由𣐌及郡王十三人以
> 獻。《所知錄》只云執郡王十三人，不言由𣐌。《五藩實
> 錄》則云：「潮州山寨私擁趙王，及李成棟遣兵至潮，自
> 歸薙髮，居孝光寺，會陳子壯起兵事泄，王實不知也。
> 廣州知府陸元璣降，受成棟指，逼至元妙觀，勒令投繯」
> 云云，似由𣐌之死在丁亥（永曆元年）間也。姑附志以俟
> 考焉。[61]

徐氏在文中先提到，趙王朱由𣐌應於順治七年才由李士璉獻

59　《南明史》，卷 28，列傳第四，〈諸王・二〉，頁 1484。

60　《清史稿》，卷 4，本紀第四，〈世祖本紀・一・順治四年〉，頁 107。

61　《小腆紀傳》，補遺，卷 1，列傳，〈宗藩〉，頁 756。

給清人；但他又提到根據《所知錄》及《五藩實錄》的記載，由㯋
或許早於永曆元年間受李成棟「指逼」而「投繯」。《所知錄》成
於錢澄之（1612－1693）手筆，全書實際上沒記及趙王由㯋自殺的
細節。[62] 相反另一本由徐氏提及的《五藩實錄》，則仔細紀錄由㯋
被迫自盡的箇中原因。《五藩實錄》一書，或許正是華廷獻所撰
的《閩事紀略》，後者內容跟徐氏所記大抵相同：

> 時潮州山寨私擁趙王；佟、李遣兵至潮，趙王即自
> 降，薙髮居光孝寺。會陳子壯致啟事泄，王實不知也。廣
> 州知府陸元璣降，受佟、李指，逼至玄妙觀，勒令投繯。[63]

　　要是三餘氏所記無誤，即可證明由㯋早於永曆元年已受敵人
威脅而自殺身亡，還可證實《清史稿》跟《南明史》及《小腆紀傳》
所記當沒任何牴觸之處，因為史實可能是這位天潢深知復明宏願
難實現，又清楚已不能抗衡清人的事實，加上曾自稱「監國」，為
了求生，遂只好決定自行投降，並希望歸隱逃禪，過一些平靜的
生活，顯然沒主動尋死之意；豈料碰巧南明大臣陳子壯（1596－
1647）打算起兵抗清，最後投降清人的廣州知府陸元璣在佟養甲
及李成棟等人指使下，終迫使身份地位崇高而實不知內情的趙王
「投繯」自盡。佟、李二人千方百計逼迫由㯋自裁，或是出於叛逆
者的心虛，或是為免後世史家直書其恩將仇報屠殺朱明宗室，又
或是意圖借趙王之死變成自己的戰功。

62　錢澄之著，諸偉奇等輯校：《所知錄》（合肥：黃山書社，2006 年）。
63　華廷獻：《閩事紀略》（《台灣文獻史料叢刊》本，台北：大通書局，1987 年），頁
　　47-48。

另外，跟由楥同樣受到李成棟脅迫而自盡的天潢，還有益系宗人翊鑨。翊鑨乃阜平王朱由樽（？–1645）的叔祖，也是明憲宗（朱見深，1447–1487，1464–1487 在位）三世孫，雖然其爵位「不知何年襲」，但從李成棟陷廣州後即逼其「自裁」一事看來，[64] 相信他跟由楥一樣有一定政治魅力，又或是不幸地捲入反清起事的漩渦中，終只能被迫選擇自殺殉身之路。無可否認，如此殉身的由楥與翊鑨，其實跟被捕處死無異，只是逼死他的實際上不是外族滿人，倒是為了自己能夠順利投靠清室的前明官吏、將領而已，諷刺之餘，也能看到在國變亂世裏人性真實而醜陋的一面。

南明勢力隨着時光飛逝愈來愈弱，相反清人南下則勢如破竹。因信心動搖而打算變節投降的明室官僚，只會愈來愈多。順治七年（1650），清廷揮兵攻打廣州，不少南明官員、武將，眼見兵臨城下，自忖難逃一劫。就在這個關鍵存亡之際，有人寧願出賣朱明天潢，以求活命，甚至希望藉此獲得滿人賞識，從而由敵將變成反正功臣。二月，惠州總兵黃應傑、巡道李士璉、知府林宗京等人，清楚永曆帝已勢窮力竭，乃逮捕「郡王十三人以叛降」，[65] 希望能夠轉危為安，反映三人求生志向甚明。就在這次叛亂事件中，吉系德化王朱常汶（？–1650）之女兒（？–1650）、秦藩崇信王朱誼漖（？–1650）一家等人，正好被黃應傑、李士璉等叛徒所威脅而自盡，《南明史》記載了前者當時身處的情況：

---

64 《南明史》，卷 28，列傳第四，〈諸王‧二〉，頁 1493。
65 《小腆紀傳》，卷 5，紀第五，〈永曆中〉，頁 56。

德化王常汸，吉宣王翊鑾子，萬曆二十四年（1596）
襲封。李士璉畔，誘執遇害薨。妃龐，數士璉、黃應
傑罪數百言，與縣主自經。諸王宮眷同時死者三百
餘人。[66]

常汸死後，其妻女由於不服李士璉的背叛行為，因此被迫「自
經」殉身，而當時陪死的宮人還達三百餘人。再看《南明史》如何
記載秦系崇信王誼漟的生平及其一家死狀：

崇信王誼漟，秦靖王敬鎔子，太祖十世孫，萬曆
二十三年（1595），以奉國中尉加封。永曆四年，居惠州，
黃應傑、李士璉畔，與鄧妃及二子自經薨。[67]

《南明史》僅以短短數行字，分別描述常汸女兒及誼漟一家四
口自經之事，未有深入交代他們的背景、事跡、心路歷程以至其
遺言，或許不足以釐清歷史真相。然而只要仔細循其行徑推敲他
們自殺背後的心思，不難理解要是沒有李士璉、黃應傑等人的反
叛、脅迫，相信常汸女兒及誼漟一家，或不會貿然輕生。他們之
所以選擇求死，不過是因為眼前已沒任何更好選擇，不輕生或許
只會換來更多屈辱，遂寧願痛快地自經一死，以保貞節。再說，
在李士璉、黃應傑等人心目中，這輩朱明宗室只是投降清人的
籌碼，多一位、少一位郡王，實則對大局沒直接影響，因此才會

66　《南明史》，卷 28，列傳第四，〈諸王・二〉，頁 1490。
67　同上註，卷 27，列傳第三，〈諸王・一〉，頁 1432。

以武力脅迫一些仍有反抗意圖的天潢，終讓不少宗人選擇自行了斷，避免受到不必要的凌辱。

清人分別消滅當初扎根於廣東廣州的紹武王朝及肇慶的永曆王朝後，隨即揮師追趕正在設法西逃的永曆帝。順治七年到「咒水之禍」期間，陸續有宗室在西逃過程中，因走投無路而被迫自殺。其中最有名氣的一位，莫過於隆武帝之弟朱聿鐭（？–1659）。聿鐭，乃太祖九世孫，於兄長稱帝後，襲封唐王。李成棟、佟養甲領清兵攻克廣州後，聿鐭依附廣東廣寧伯王興（1615–1656），一同於文村（今廣東新會）繼續抗清事業，更曾一度死守該地近九載。據邵廷采《西南紀事》的詳細記述，聿鐭之所以自殺，顯然跟王興決定罷兵一事有關：

> 新會有地曰文村，在萬山中，大海之滋，接於新盆、開平、恩平、陽江、陽春，連廣肇二郡六邑。興以成棟兵盛，未可輒克，乃入居文村。唐王弟聿鐭暨宗室皆往依興，興奉之甚恭謹……明年（順治十六年，1659）八月，文村食盡，可喜（尚可喜，1604–1676）惜興才，復招興。是時義烏金光（1609–1676）為平南搐，有俠氣，可喜非光言不從，而故相王應華（1600–1665）、雅善光嘗為小盜所得，獻虎賁營，興客遇之，令應華作書曰：「必得金公絢光字手書。」來者歸，款從之，乃遣使賫敕印及子五人謁可喜。可喜厚賞使人偕其使還報，興終不出見。是日，宴其吏士，諭以釋甲，無貽害生靈。夜分，具衣冠，舉家自焚。聿鐭亦吞片腦卒。興又有幼子五人，可喜並善待之。是歲桂王入緬，興以全滇俱破，行在無

主，決意罷兵，卒以身殉。[68]

　　從上文可見，唐王聿鐭應已努力盡天潢之義務，跟義臣王興保全生命奮力抗清。然而當王興聞訊永曆帝全失雲南一地而逃亡至外國後，他一方面認定明室興復無望，另一方面為免再有更多人命傷亡，終決定勸慰旗下士兵主動解甲。可是王氏心繫明室，為免失節，最後才決定「舉家自焚」，放棄接受變節投清大將尚可喜的招撫，一心殉身明志。身為親王的聿鐭，雖然看來沒有在戰場上奮勇殺敵，但也許受到王興慷慨就義的舉動所感染，加上清楚知道自己身份崇高，必定難逃清人追捕，又不想屈節投降，遂選擇服毒自殺殉身。毫無疑問，從聿鐭及王興的故事看來，要是明室還有一絲復興的機會，並仍能在中國割據一地抗清，相信他們的第一選擇絕不會是自殺，而是留下寶貴生命，繼續尋找復國機會，貫徹二人當初堅守文村的做法，無奈理想終敵不過殘酷現實，終讓這位親王及這位義士壯烈殉身。

四、餘　論

　　從本章談及的故事看來，朱明血脈尋死的原因、方法、時機雖各有不同，但相似的地方是他們都執着於個人天潢身份而自殺，實非像士大夫般單純地殉君、殉國，畢竟前者的考慮遠比後者多——比如他們要考慮本身有義務為明室延續血脈而應盡量求生，又或是不可單純地為了偷安而失節投降於敵人等，可知宗人

---

68 《西南紀事》，卷 6，〈王興〉，頁 55–56。

在考慮生死課題時，往往有多一層身份問題需要思考。除了每人個別的際遇驅使他們作出生死決定外，爵位高低、知識水平、出仕與否都會影響其價值觀，像不屑「諸王降者皆得所」的器圻、「總為幾根髮」的術桂、臨死時提到「金枝玉葉，惟有死耳」的盛澂，或遺言是「朱氏子安得討他家活」的時寰，皆表現出每位殉身的天潢，總有自己獨特的理由和考慮，正好體現出他們人性而有血有肉的具體一面。嚴格而言，明末宗室人口數以十萬計，今天雖只能在史著中找到本章提及近三十位高義薄雲的宗室，與整個天潢人數比較起來，實可謂萬中無一、鳳毛麟角，但他們就像天上的晚星一樣，或許數量不多，可是就這數十顆綻放的閃爍光芒，已足以點綴萬里長空，為一眾朱氏血脈爭輝。

當然，世事無完美，在自殺宗室裏頭，還有極少數例子實非光榮地捨生取義，有的更可謂明室之恥，就像巴東王朱儼鈺（？－1652）雖於永曆元年（1647[順治四年]）襲封郡王位，但他不僅沒有任何抗清建樹，還在永曆六年（1652[順治九年]）於安龍（今貴州安龍）行宮犯下淫亂後宮之罪，終導致殺身之禍，獲永曆帝賜予「自裁」下場。[69] 像儼鈺這類因犯罪而被迫自殺的宗室，不僅沒珍惜個人在亂世中倖存的性命，反而是自取其辱，沉溺聲色犬馬生活，跟上文提及殺身成仁的偉大天潢形成強烈對比，反襯出

69　《南明史》曾言簡意賅交代巴東王朱儼鈺的醜事：「巴東王儼鈺，巴東王貴煊以罪為庶人，國除，永曆元年七月襲封。六年，從幸安龍。時行宮庫隘，奄寺宮人假館於外，分班宿衛。嘗在郭良璞，故奄夏國祥之對食也，年十九，妍麗捷，能擊劍走馬，妃某與之善。有張應科者，孫可望之私人也，窺見良璞，心好之，移居近第，晨夕致殷勤；儼鈺亦暱就之。應科呼妃為嫂，因得通於良璞。事覺，上命杖殺良璞并內監李安國，賜儼鈺與妃悉自裁。」（參考：《南明史》，卷 27，列傳第三，〈諸王・一〉，頁 1456。）

那三十餘位英靈的貞節，也能看到宗人確實良莠不齊的歷史真象。

　　最後，值得注意的是史冊上那些慷慨就義的宗室，當中或有少數例子受到忠於明室的史家所美化或誇讚，正如上文提及的亨歅到底是「縊於宮中」、「見戮」還是「棄城走」，實眾說紛紜，難以成為公論，可是偏偏流傳得最廣而又最激勵人心的說法，理所當然是第一種的殉身明志，顯然是一種迎合明遺民價值觀的歷史記錄；畢竟第二、第三種的說法，必或多或少貶低了這位郡王的地位，唯治史、讀史者必須時刻抱有客觀態度審視這類矛盾不一的記載。又如韓系宗人朱謨㷍、朱朗鎈，前者是明太祖八世孫，後者為九世孫，二人於永曆八年（1654[順治十一年]）分別改姓名為彭二陽及劉性德，甚至為了隱藏天潢身份而於平涼（今甘肅平涼）成為道士，頗有歸隱之意，無奈遇上冒稱熹宗太子的王道真在附近隆德（今寧夏隆德）起事，最後竟受到牽連而被捕。《南明史》記二人「長揖不拜」，然後「索紙筆自書死」，實有自殺殉身之意。[70] 然而仔細反思當時情況，當中或許會有誇飾、美化之可能，畢竟二人因叛亂而受到牽連，在清人角度而言，實寧可錯殺，也不願輕易放過任何有嫌疑的明宗室。與其視二人自願壯烈犧牲，倒不如說他們根本沒任何選擇，實不足以說明他們當初甘願求死明志，或許只不過是成王敗寇又插翅難飛，終在心有不甘、無可奈何的情況下，遂決定反過來自我了斷發泄，也不願任由敵人宰割。後世在閱讀關於宗室自殺的歷史文獻時，還得抱有清晰的思維，並考慮其撰史動機及可信與否，方能找出真正值得尊敬、推崇的天潢典範。

---

70 《南明史》，卷 28，列傳第四，〈諸王・二〉，頁 1490。

第三章
降清的明宗室

　　明末民變四起，以張獻忠、李自成為首的農民軍，更以各地親王府為主要攻擊目標，還波及其他依附大宗的天潢。亂民不僅掠奪宗人財物，還殘酷地屠殺大小朱氏子弟，幾至殆盡，方肯罷休。及清人入關，順治政府先為明思宗發喪，也曾推出少量懷柔措施，希望安撫朱明子弟以至前朝廣大臣民，以便他們能夠接受外族統治的現實。清人入關之初，刻意禮遇明宗室，對部分長期不事生產卻又習慣安逸生活的宗人而言，降清一途無疑具吸引力。況且他們本對政事沒興趣，也沒任何軍事作戰經驗，要武裝反抗談何容易；加上當中出身於上層富宗家庭的朱氏子弟，不懂四民謀生技能之餘，更多沒捨生取義、自食其力的高尚情操，投降自然不失為一個上佳而現實的選擇，根本談不上有道德價值的高下。

　　當然，相比慷慨殉國的宗室，那些不顧天潢榮耀而選擇向清人投誠的朱明血脈，很容易讓人覺得他們失節，往往受到史家、文人唾棄，甚至認為此乃羞辱門楣之事，不宜宣諸於口外，還不願意記載其事，因此有關這類人的史料可謂極少。考諸現存關於其事跡的史料，降清宗室其實為數不少，而且這班天潢之所以選擇投誠，多有個人考慮，特別是每個例子的投降心態有別：有的

是因為貧困難耐，有的是為了苟且偷安，有的則始終認為明室非亡於滿人之手……總之，他們的決定，實跟當時時局及政治形勢有着密切關係。

這羣降清宗室於國變之初主動投誠，曾一度獲滿人禮遇；但隨着政局轉變，清廷慢慢改變對待他們的態度——特別是順治三年（1646）五月，北京發生涉及降清親王私匿昔日印信的疑案後，大部分投誠的宗室皆受牽連，不僅相繼獲罪，甚至被私下處決。此案無疑影響其他尚未決定降清與否的天潢作出選擇，促使更多宗人選擇投奔南明，又或歸隱，而不敢毅然入京投誠。至順治親政，天下局勢大定後，當時又再展開第二輪故明宗室投降潮。有見及此，本章以降清的明宗室為研究中心，考察他們甘願委身於異姓外族政權的箇中原因，繼而探討其下場，並嘗試扭轉過往對投降宗室的固有想法。另一方面，本章通過分析清廷從順治到康熙年間接納明宗室投降的政策，從側面觀察滿人到底如何對待前朝血脈及其歷史軌跡，務求補充學術界對於這項問題的認識。

一、清人入關與率先投降的明宗室

清人入關後，除了高壓頒行「薙髮易服令」受人非議外，也曾採取不少安撫明遺民的補救措施，如獎勵百姓墾荒、減免苛捐雜稅等。此外，為了安撫有文化、有學識的士大夫，避免他們口誅筆伐，並散佈反清訊息，清廷立國不久，即開科取士，又追尊崇禎帝及殉國明臣，以示尊崇漢人文化，希望藉此籠絡士心。[1] 至於

1　關於清人入關後推行懷柔安民政策的情況，參朱誠如、李治亭：《清朝通史·順治朝分卷》（北京：紫禁城出版社，2003 年），〈叔王多爾袞初政〉，頁 139–175。

在故明宗室問題上，清廷當初還決心招降那些有勢力的富宗，以至擁有一定政治魅力的小宗，試看《東華錄》記順治五年五月攝政王多爾袞代清廷所下達的諭示道：

> 今本朝定鼎燕京，天下罹難軍民，皆吾赤子，出之水火而安全之。各處城堡着遣人持檄招撫，檄文到日，薙髮歸順者，地方官各升一級，軍民免其遷徙，其為首文武官員，即將錢糧冊籍、兵馬數目，親齎來京朝見。有雖稱歸順而不薙髮者，是有狐疑觀望之意，宜核地方遠近，定為限期，屆期至京，酌量加恩。如過限不至，顯屬抗拒，定行問罪，發兵征剿。至朱姓各王歸順者，亦不奪其王爵，仍加恩養。[2]

未幾，清廷又頒詔云：

> 其朱氏諸王有來歸者，亦當照舊恩養，不加改削。山澤遺賢，許所在官司從實報名，當遣人徵聘，委以重任。至於明朝之破壞，俱由貪黷成風、德不稱任、功罪不明所致，自茲以後，凡我臣民，俱宜改弦易轍，各勵清忠，此不特沾祿秩於一時功名，且傳於後世矣。[3]

從上述兩則詔令看來，清人入關後，應沒有嚴懲明室順民的意圖，反而希望以懷柔方式，安撫受戰火摧殘的漢人，特別是有

2　王先謙等：《清東華錄全編》（北京：學苑出版社，2000 年），冊 2，順治二，順治元年五月庚寅，頁 11 上–11 下，總頁 195。

3　同上註，順治元年五月辛亥，頁 14 上–14 下，總頁 196。

意通過禮待前朝皇室成員的做法，務求解除天下疑慮，以顯示自己實際上乃協助明遺民向李自成、張獻忠報仇的正義使者。

（一）朱明上層宗室於清初投誠的情況

清人入關後，即向故明宗室招安，還保證「不奪其王爵」，更表示新政府願意「照舊恩養」。對於飽受農民軍猛烈追擊的大小親王及富宗而言，清廷此舉無疑有極大吸引力。或許是為了保護個人及家眷生命，又或是希望繼續享受不勞而獲的生活，像德王朱由櫟（？－1646）、晉王朱審烜（？－1646）、韓襄陵王朱逵梡等人，很早期便已決定投誠，但三人最後下場不盡相同，實跟其自處之道有莫大關係。

其實早於清人入關前，滿族軍隊曾以游擊方式侵略山東一地。當濟南府德藩率先於崇禎十二年（1639）失守時，德王朱由樞（？－1639）雖是最早一位被滿人俘虜的親王，但終究因為思宗不願贖回而客死異鄉。[4] 未幾，其堂弟朱由櫟（？－1646）於翌年（1640）六月襲封德王，仍居濟南。至崇禎十七年（1644）四月，李自成稱帝不久，即任命部下喬茂桂為歷城知縣，前往山東濟南管事。就在這個關鍵時刻，由櫟或許眼見農民軍所到之處，當地宗人往往被肆意屠殺，只好急忙落荒而逃，避免自己成為農民軍追擊目標。後來，德州都司劉世儒成功驅逐喬茂桂，由櫟方敢返回王府居住。[5] 可是好景不常，來自西面的農民軍剛剛撤走，北

4　關於德王由樞被俘的情況，參本書第一章。

5　李文藻（1730–1778）等修：《乾隆歷城縣誌》（山東省圖書館藏清乾隆三十六年〔1771〕刻本），卷 41，列傳第七，〈忠烈〉，頁 13 下–14 上，載《續修四庫全書》，史部地理類，冊 694，總頁 644。

面的清軍卻即於六月入關，並迅速南下，迫使濟南再次陷落；而這次或許事出突然，加上由樬清楚了解雙方軍力懸殊，讓他來不及逃亡之餘，還只能接受眼前現實，遂毅然決定投降外族，避免不必要的武力衝突。再者，相信是受到由樬主動降清的決定所影響，跟他一同投誠的山東宗室，當時還有泰安王朱由櫚、臨朐王兒子朱由梧、寧海王兒子朱由柁、輔國將軍朱由橚等人，反映這羣德系小宗看來以由樬馬首是瞻。至於鄰近的魯系東原王子朱弘槥，也差不多在同一時間投降，相信或多或少受到德系宗人有規模降清的現象所影響。況且根據現存史料，差不多所有能考姓名的德系宗人，皆與本支親王一同投誠，以顯示全族投降的誠意，或可博取清人同情，好為日後生活作打算，因此可視由樬暗地裏擔當起帶頭降清的領導者。然而，由樬自六月降清後，僅過了約兩年的平靜生活，即因接受南明弘光帝的敕慰而觸動清廷政治神經，據《南明史》所記，他終在順治三年（1646）五月被捲入「私匿印信案」而遇害，而當初隨他投誠的山東宗人則後事不詳。[6] 此事不僅反映出由樬沒有吸取堂兄由樞遇害的經驗教訓，還欠缺應有的政治敏感觸覺——他既已決定向清廷投誠，接受外族供養，便不應輕易跟正在與滿人交戰的南明政府有任何聯繫，更不應留下書面罪證，其死可謂咎由自取。

　　明室東面以德王由樬為首的天潢相繼降清，而西面不少宗人也因長期受到李自成、張獻忠的農民軍追擊，也於清人入主後紛紛投誠，當中最典型的例子莫過於晉王朱審烜。崇禎十六年（1643），李自成軍先後攻克明室西面的西安、寧夏、蘭州、

6　《南明史》，卷 27，列傳第三，〈諸王‧一〉，頁 1451、1488。

平陽等地，居於西安的秦王朱存極較早被執，未幾還遇害身亡。
農民軍乘勝追擊，先後進軍太原、大同等地，直逼京師，其中晉
王審烜便在太原被執，並在無可奈何下，向李自成投降。後來清
人入關，李自成軍敗走，審烜乘亂投靠明室大將吳三桂（1612–
1678）。隨着吳三桂臣服清廷，審烜也別無選擇，只得響應滿人
招安，以保榮華富貴。[7] 據《東華錄》所載，審烜降清後，曾跟吳三
桂、耿仲明（1604—1649）、孔有德（？–1652）、尚可喜（1604–
1676）等著名貳臣，一同獲清廷賞賜代表尊貴身份的貂蟒朝衣，[8]
反映這位親王當初獲得滿人的重視以至禮遇。至順治元年底，京
師爆發「北太子案」——事緣有人自稱為思宗太子朱慈烺，並登門
拜訪在降清貳臣周奎家中養傷的長平公主（1629–1646）。試看《甲
申傳信錄》所記：

> 冬十一月，忽有男子貌似太子，同常內監投嘉定侯
> 周奎府中，曰：「我太子也。」奎不能識。奎姪鐸以侍衛
> 引與公主相見。公主共太子抱頭大哭。哭罷，奎飯之。
> 舉家行君臣禮。因訊太子向匿何所，何由得存。太子
> 言：「城陷之日，獨出。匿東廠門一日。夜，潛至東華
> 門外，投腐店中。店中小兒心知為避難人也，易予以敝
> 衣代之司罐。居五日，腐店恐有敗，潛送至文華門外尼

7　《南明史》，卷 27，列傳第三，〈諸王‧一〉，頁 1433。筆者按：《南明史》所記晉王
　　求桂的事跡，實為其子審烜之事。關於晉王求桂卒年與及國變後真正晉王是誰兩
　　項問題，參郭勇、楊富斗：〈明晉裕王墓的清理工作〉，載《陝西師範大學學報（哲學
　　社會科學版）》，2010 年 5 期，頁 1417。
8　《清東華錄全編》，冊 2，順治三，順治元年九月丁未，18 上，總頁 208。筆者按：
　　《東華錄》以至《清實錄》記晉王審烜為審烜，實屬手民之誤。

庵中，以貧兒投託為名。尼僧不疑，遂留居半月，而常內侍偶來得見，尼僧始覺。與常謀之竟日，恐不能終，常遂攜歸，藏予甚密，以故得存無恙。今聞公主在，故來。」其言如此。旁晚，與公主哭別而去。數日復至，公主贈一錦袍，密戒云：「前來皇親以上下行禮進膳，巨生疑釁。可他去，慎毋再至也。」痛哭而別，後十九日，又至，奎便留宿。二十一日，奎姪鐸與奎謀曰：「此男子不可久留，留即自害，不如去之。」奎語之曰：「若非太子也，何為冒至我家？今汝第自言姓劉，說書生理，可免禍。否即向官府究論耳！」男子曰：「我悔不從公主之言。今已晚矣如此，何不遣行？乃留我何意？」奎曰：「汝第言姓劉，假太子是即已。」男子堅不肯從。既晚，奎令家人推擊之，逐之門外。捕營健卒遂以犯夜擒去。[9]

　　要是《甲申傳信錄》所記無誤，那麼此人當然就是明思宗的太子朱慈烺，因為長平公主當初見到此人後，即「抱頭大哭」，二人在往後數天還多次見面。她又叮囑來客要謹慎行事，顯然這位不請自來的客人，就是代表明室正統帝裔血脈的宗室，極具政治地位。未幾，周奎及其姪恐受牽連，遂下逐客令，終讓此人被捕，而其身份也隨即曝光。後來，攝政王多爾袞下令審訊此人身份真偽，終找來故明大學士謝陞以及晉藩親王審烜作證。二人不約而

9　錢𫇭著，中國歷史研究社編：《甲申傳信錄》(上海：上海書店，1982年)，卷9，〈戾園疑跡〉，頁148-149。

同聲稱眼前人根本不是太子，不過是偽冒圖利之人。清廷根據二
人之證供，終宣佈此人妖言惑眾，並迅速將其處死，而堅稱眼前
人是太子的陪審官員錢鳳覽（？–1645）等人則同被處死，這件京
師太子案終究在血腥中落幕。[10]

　　觀乎審烜在這宗太子案裏頭的表現，要是他沒說謊的話，
當然不會構成任何道德問題，反而能夠突顯其正直敢言的一面；
但要是那人當真是思宗長子，那麼審烜公然撒謊，不是受到多爾
袞威脅的話，便是要巴結清廷求利，可謂貪生怕死兼離經叛道，
根本沒眷念任何同宗手足親情，其作供心態實在值得後世反思。
再者，審烜的口供還有一個疑點，那就是明代藩王素來禁足於封
地，他是否曾經入京參見太子也成疑問，或許清廷只不過是利用
其故明親王身份將輿論壓下而已，也解釋了滿人在順治二年五月
何以無故地賞他一千兩銀，[11] 實際上，這筆賞銀正是他在此案幫助
這羣外族的報酬。誠然清人在入關後，宣稱要為思宗復仇，要是
其長子尚存人間，必然會引起社會上對於清人應否交還政權予朱
氏子弟的爭論，此事無疑不利國家穩定，故實有理由相信審烜只
不過是多爾袞在此案中的一枚棋子而已。姑勿論審烜是否撒謊，
也不深究太子真偽，可是這位曾協助清人處理「北太子案」的故
明親王，後來竟然跟另一大宗德王由櫟犯下同樣錯誤，最終也是
因為接受南明弘光帝的敕慰而被捲入「私匿印信案」，並於順治二

10　關於順治初年「北太子案」的詳細研究，參何齡修：〈太子慈烺和北南兩太子案〉，載
　　《中國史研究》，2008 年 1 期，頁 121–138；〈再談明清之際北南兩太子案〉，載《清
　　史論叢》，2009 年號，頁 81–92。
11　《清實錄》，卷 16，順治二年五月己丑（1645 年 6 月 1 日），頁 143–144。

年五月跟其他宗室一同遇害。[12]

　　德王由櫟、晉王審烜雖不得善終，但不代表降清的富宗通通沒好下場，像韓系襄陵王朱逹㯊，於崇禎十七年降清後，即入京生活，[13] 還曾獲得「戶部支給銀米」。[14] 要不是他安分守己，且沒任何過犯，清廷何以那麼慷慨給其接濟。再者，清人筆下關於明宗室的史料，不論是《清實錄》還是其他官修史籍，通常也是「報憂不報喜」，逹㯊的名字後來不再見於任何記載上，實可側面推敲此人自投誠後當無過犯，相信最後能平靜地渡過餘生，獲得善終。或許甘於平淡，過着滿足和平穩的生活，更重要的是要忘記一切與朱明王朝相關的事，甚至要劃清界線，方是降清宗室最佳的自保方法。相反，像德王由櫟、晉王審烜等富宗，自降清後一度過着平靜生活，可是隨着時光飛逝，他們不僅忘卻被農民軍追擊的苦難日子，還產生出緬懷故國甚至嚮往南明自由生活的弔詭心態，很容易便慢慢地遺忘當初步步為營的行事方針，終在清人嚴密監視下換來可悲的結局。

（二）朱明下層小宗於清初投降的情況

　　相比起晚明富宗過着舒適和安逸的生活，不少下層小宗往往過着朝不保夕的貧困生活。自萬曆中葉起開放宗禁，明室准許他

12　據《南明史》所載，晉王於隆武二年五月遇害（參《南明史》，卷 27，列傳第三，〈諸王・一〉，頁 1433。）；但另據《國榷》所載，晉王當於順治五年方遇害（參談遷《國榷》卷一百四）。弘光帝於隆武二年遇害，審烜不大可能在對方死後三年才被告發跟南明弘光政府有來往，故此相信其卒年當為《南明史》所載的隆武二年，大抵上應跟弘光本人遇害的時間一樣。

13　《南明史》，卷 27，列傳第三，〈諸王・一〉，頁 1476。

14　《清東華錄全編》，冊 2，順治三，順治元年九月辛丑，頁 17 上，總頁 208。

們從事四民之業，又給予出仕機會，總算改善了宗人生活。如果說清廷招撫有勢力的上層宗室，主要是為了穩定社會人心，重視他們的象徵意義；那麼他們招撫下層宗室，則相信是為了針對那些已出仕或有政治魅力的一輩，重視其實質價值。換句話說，降清富宗主要是為了保障生命和財產，那麼願意投降的下層小宗，特別是曾出仕的一輩，則往往多了協助清人管理國家以至維持社會秩序的考慮，方願委身投誠，其出發點應有分別。

從史籍上找到的降清下層小宗，大部分曾出仕，多曾擔任地方官吏，有實際政治經驗，像慶王裔的幾位小宗，如太祖八世孫朱伸璽便是濟陽知縣。[15] 他的故鄉寧夏，早已受到李自成軍摧毀，相信身在當地的家人已罹難；在無家可歸的情況下，他只好在清人兵臨自己任官的地方時順勢投降，一方面希望憑着自己的行政經驗協助外族治國，另一方面則寄望清人幫助自己向農民軍復仇，其目光相信不只限局於個人及家庭上，而是放在整個社會上。相似的例子還見於封地在大同的代府宗人，例如奉國將軍朱鼎瀷、給事中朱鼎清（清）、鎮國中尉朱充纘與其子朱廷佐等人，當中雖只有鼎清曾出仕，但基於家鄉曾受李自成軍血洗，在別無選擇而又希望復仇的情況下，當然不會選擇歸隱或殉身，實唯有降清一途可以選擇。後來，鼎瀷還因為「奉母喪，以孝聞」，獲清廷「賜四品服，并以千金旌之」，讓這輩小宗變相成為清人用來宣傳自己德政的管治工具，具有特殊政治作用。[16] 另一方面，相比起農民軍刻意殘忍地屠殺明宗室的做法，清人入關後刻意向他們

---

15 《南明史》，卷 27，列傳第三，〈諸王・一〉，頁 1460。
16 同上註，頁 1454–1455。

招安的態度，顯然吸引了不少出仕天潢寧向後者投誠，也不願隨便向李自成或張獻忠低頭。正如韓系的朱朗鑅，在山東聊城冠縣任知縣，曾於崇禎十六年「拒清全城」，但當清兵於翌年再次來襲時，竟願意投降，[17] 反映出他應該不太痛恨這輩入關的外族，也可看到滿人同樣不願追究這位小宗曾力拒己師的寬宏態度。

有宗室心甘情願主動降清，有些則受到別人影響甚至脅迫而被動投誠，像太祖九世孫慶王裔宗室朱帥鈠，於崇禎末在北京近畿的香河擔任知縣。他跟朗鑅一樣，曾於清人鐵騎入關前，堅守自己管治的城池，可謂稱職的父母官。後來，當北京被農民軍攻陷後，他被迫棄官逃難，中途卻被李自成部下擒獲，並將其囚於山東德州。未幾，貢生馬元騄等人發難，在德州成功誅殺李自成餘部，同時救出帥鈠，更推舉他為「濟王」，以便召集當地百姓抗拒農民軍或清人來犯，終讓「兗、青、登、萊皆堅壁自守」一段短時間。至崇禎十七年六月，清人攻克德州，前大學士謝陞自忖寡不敵眾，遂以帥鈠作為投降資本。誠然帥鈠由獲眾人推舉為王至降清期間，實際上沒任何選擇權利，因為他的生命早已操縱在別人手上，猶幸清廷終歸沒追究其自立名號以至抗清之罪名，還讓其擔任官職，先後出任知州和知府，可謂獲得善終。帥鈠遭謝陞脅以投誠後，沒有殉身，也沒逃走，更沒組織武裝反抗，還接受清人所給予的官職，而且獲得升遷，某程度上流露出他不介意為外族效力的一面。[18] 從這個例子看來，這輩出仕小宗的投降本錢，除了因為他們的天潢身份外，還因擁有實在的行政經驗或宣傳魅

---

17 《南明史》，卷 27，列傳第三，〈諸王·一〉，頁 1476。
18 徐鼒：《小腆紀傳》（台北：台灣學生書局，1977 年校點本），卷 9，列傳第二，〈宗藩〉，頁 110；《南明史》，卷 27，列傳第三，〈諸王·一〉，頁 1460。

力，能像其他投誠的故明官吏或遺民般協助滿人治國，又或是壯大清廷聲威，對於消滅農民軍及其他反清勢力上起了一定作用。

（三）清廷立國初期對待故明宗室的具體政策

從以上一眾降清宗室的背景看來，不論是品位極高的親王、郡王及其近支富宗，還是其他曾出仕或具獨特政治魅力的小宗，在現實角度看來：他們的家都是李自成及張獻忠所破的，而其國也是李自成所亡的。導致這輩天潢家破人亡、散盡財富的農民軍，自然成為朱氏子弟的首要仇人。及至清人驅逐李自成離京後，滿族統治者還替思宗發喪，再加上清廷積極實施各種招安政策；在部分明宗室眼中，這輩外族自然成為除暴安良的王者。

根據現存史料及上述交代的例子看來，清人當初優待故明宗室，實非紙上空談，比如早期為流離失所的宗室找房屋、賜米銀，偶爾又會額外賞賜某些值得表彰的宗人。[19] 順治二年後，局勢逐漸穩定下來，清廷還頒佈了供養朱氏子弟的具體政令，試看《東華錄》所記：

> 定歲給故明宗室贍養銀兩、地畝：親王銀五百兩，郡王銀四百兩，鎮國將軍三百兩，輔國將軍二百兩，奉國將軍一百兩，中尉以下無論有無名封及各王家下人丁，每名各給地三十畝。[20]

---

19 關於清人入關早期善待明宗室的大小例子，實為數不少，本書為免累贅，不逐一舉例，詳情可參考白新良、趙秉忠：〈清兵入關與明朝宗室〉，載《遼寧大學學報》，總101 期，1990 年 1 期，頁 53–56。

20 《清東華錄全編》，冊 2，順治五，順治二年七月壬申，頁 3 下，總頁 232。

這項政令按照宗室品位而依次發放贍養銀，表面上看來公平，但實際上或許能看出清廷背後的心思。據《明會典》所記，萬曆初的親王每年宗祿高達一萬石，而奉國中尉每年則領二百石宗祿。[21] 再按照崇禎亂局時每石米約三兩推算，[22] 故明親王每人原先的贍養銀在明季可值三萬兩，現在卻大幅減少至五百兩，清廷無疑要迫使這輩上層宗室必須改變昔日奢華的生活方式。至於奉國將軍，每人原先贍養銀在明季雖可值六百兩，但經常受到大宗剝削，有時甚至連一分錢也收不到；現在名義上減少至三百兩，可是由清廷直接發放，實屬合理安排，必定有助吸引其他下層宗室前來投靠。要是考慮到明室昔日過分優待親王的弊病，那麼清室在亂世中仍願意無條件供養這輩不事生產的投誠宗室，實屬仁至義盡，而且看出他們對待朱明大宗、小宗的態度可謂相差無幾。

有明一代，朱明宗室長期受國家供養，至明季方獲得出仕以至從事四民之業的權利。清人入關之初，極需要大量行政經驗豐富的官吏協助治國，因此讓朱氏子弟投誠後出任各種官職；但自順治二年中葉開始，也許清廷察覺到這種政策或會對滿清政權構成威脅，因此下令改變原來准許故明宗室出仕的政策，《東華錄》就此事記道：

　　允禮部請頒科場事宜，因諭：「明朝宗室，例不出仕，末季破例進用，遂致擾民，竟亡其國。今正欲平治

21　《明會典》，卷 38，戶部 25，〈廩祿一・宗藩祿米〉，頁 271。
22　秦佩珩：〈明代物價輯錄〉，載氏著：《明代經濟史述論叢初稿》（鄭州：河南人民出版社，1959 年），頁 142–144。

天下，豈可復用此曹，以滋擾害。以後概不用；已用者，俱著解任。其考取舉貢生員，永行停止，使為太平之民。」[23]

　　這道上諭字裏行間滲透出貶抑朱明宗室子弟的色彩，甚至將明朝滅亡歸咎於出仕宗室擾民，頗有以偏概全的味道。政令頒佈後，保定知府帥鋏等人，即被勒令賞銀致仕，[24] 變相抹殺下層降宗努力工作、服務人民的努力。此舉無疑破壞朱氏天潢對投誠生活的美好憧憬，也讓其重新過着庸庸碌碌的日子，自然容易對滿人產生不滿，甚至反過來心生怨恨，實違反清廷當初重用他們的原意。

　　明季宗室人數幾多達廿萬，即使經過戰亂，宗口依然不少；而隨着降清的天潢愈來愈多，也為清廷逐漸帶來沉重負擔。有見及此，滿人眼見局勢日漸穩定下來後，即結束優待故明宗室，其中最具影響力的新政策，莫過於順治三年四月宣佈廢除他們的特權：

　　　戶部議準招撫江西兵部尚書孫之獬（1591–1647）奏：「故明宗室團聚江西省城，近數千人欲恩全之，應令散居各省，宗祿照故明初徵額數解部，其加派庶祿概行蠲免。」得旨：「各省前朝宗祿田錢糧，與民田一體起科，造冊報部，其宗室名色概行革

23　《清東華錄全編》，冊 2，順治四，順治二年六月丙午，頁 25 上，總頁 230。
24　同上註，順治五，順治二年七月庚午，頁 3 上–3 下，總頁 232。

除，犯法者與小民一體治罪，仍令各安故土，不必散處。」[25]

據《東華錄》所載，當時在江西從事招安工作的孫之獬，曾上報當地有近數千宗室願意投降；但清廷最終基於故明天潢投降人數愈來愈多，實無力一一供養，遂下令革除他們在財政上的特權，從此「與小民一體治罪」之餘，更重要的是其田產要跟民田「一體起科」，將朱氏子弟看成跟尋常百姓無異，變相貶低其原本尊貴的身份。差不多同一時間，清廷為免更多故明宗室前來投誠，變相加添國庫負擔，還曾向當時身任平南大將軍的勒克德渾（1619–1652）下令道：

> 至於故明廢藩宗姓有獻地投誠者，俱著免死，攜來京師。或窮迫降順、或叛而復歸及被執獻者，無少長，盡滅之。[26]

這道命令等同要求南下大軍，可任意屠殺對清廷沒實質利益的明宗室，甚至可以不分老幼，反映出這羣外族自順治三年起，一百八十度改變了先前對朱氏子弟招安的政策——由原來熱烈歡迎的態度，頓時變成不歡迎，甚至可以用抗拒來形容，自然影響一眾宗室的降清意願。

在降清的上層宗室心目中，他們一心投誠，原希望藉助滿人

---

25 《清東華錄全編》，順治六，順治三年四月乙酉，頁 8 下，總頁 241。
26 同上註，順治三年四月己卯，頁 7 下–8 上，總頁 241。

之力幫助自己報仇，更重要的是助其重拾昔日財富；可是這輩外
族統治者自順治二年開始大幅削減自己應得的祿銀及其他利益，
翌年還開始不再接納對自己沒好處的宗人。至於在降清的出仕宗
人心目中，他們一心投誠，原希望服務社會，一展長才；可惜清
廷自順治二年起逐步收緊優待宗室的策略，無疑嚴重打擊其穩定
生活。當重新過着和平生活一段時間後，這輩宗室便會慢慢忘卻
國變時流離失所、飽受戰火威脅、與家人生離死別的痛苦，還逐
漸感受到清廷對故明宗人的迫害，繼而衍生出後悔投誠的念頭，
最後甚至孕育出嚮往南明自由生活或密謀反抗滿人的想法，自然
很容易便幹下讓順治政府生疑之事，為順治三年所爆發的「私匿
印信案」埋下伏筆。

二、順治三年五月的「私匿印信案」

　　明宗室跟清廷度過了兩年蜜月期後，鑒於清廷逐漸改變最初
優待朱氏子弟的政策，部分不知足、不安分的宗人慢慢衍生出反
動心理，有的甚至開始質疑自己降清的決定，更在順治三年起蠢
蠢欲動開始反抗，終於觸動到滿人政治神經，兼且讓對方找到口
實，遂釀成「私匿印信案」的悲劇，直接影響雙方關係之餘，也結
束了朱氏子弟第一輪投降熱潮。

　　順治二年夏秋之際，清軍攻克南京，豫親王多鐸（1614–
1649）奉命追擊逃亡的弘光帝朱由崧，後來總兵官田雄、馬得功
執福王及其妃來獻，而南明諸將皆降。[27] 弘光帝被俘後，弘光朝

---

27 《清史稿》，卷 4，〈世祖本紀・一・順治二年〉，頁 96。

的內閣首輔馬士英（約 1591-1646）等，即於杭州擁立明穆宗孫潞王朱常淓（1608-1646）為監國。然而常淓監國不到五天，即於順治二年六月主動投降。[28] 清廷自入關後，雖以為明室報仇作號召，但偏偏對於南明自立的君主則堅定不予正統，自然地，在滿人眼中，被俘的弘光帝及潞王常淓，都是竊位的罪犯。[29] 翻查《清實錄》的記載，不曾明確記載二人被俘後的下場。另據《南明史》所載，二人於順治元年九月被押送至北京後，前者於翌年五月被清人勒令自盡，[30] 後者則於同一時間「與荊王某、衡王由楲世子十一人遇害薨」，[31] 而他們由被捕至死前的生活狀況，卻未有清楚交代出來，相信已過着階下囚生活。至於上述一眾朱明子弟被處死的理由，按照現存史料看來，當與清廷所謂的「私匿印信案」有關。

就目前現存史料看來，關於「私匿印信案」的記載極少，而《清實錄》對於此案僅閃爍其詞，顯然事有蹺蹊，看來不欲外人知道事實真相：

> 京師紛傳故明諸王私匿印信，謀為不軌。及行查，果獲魯王、荊王、衡王世子金玉銀印。魯王等十一人伏誅。[32]

《清實錄》所記的「魯王」，據黃彰健及顧誠等人的看法，當是

28　《清史稿》，卷 217，列傳第四，〈諸王三・太祖諸子二・三子博洛傳〉，頁 9010。

29　關於清廷在正統觀念上如何看待南明政權的問題，參趙令揚師：〈明史之編修與南明正統問題〉，載氏著：《明史論集》（香港：香港大學中文系，2000 年），頁 187-216。

30　《南明史》，卷 1，〈安宗本紀〉，頁 55。

31　同上註，卷 28，列傳第四，〈諸王・二〉，頁 1505-1506。

32　《清實錄》，卷 26，順治三年五月壬戌（1646 年 6 月 29 日），頁 220-221。

滿漢譯文之誤，實為「潞王」，而黃氏更認為弘光帝實於同一時間
因此案而遇害，只不過是清廷「有所諱」才不便直書而已。[33] 由此
看來，不少學人認定此案是清廷殺害弘光帝、潞王及一眾宗室的
重要藉口，無奈學界偏偏少有文章探討此案的涉事人物及細節。
就此，本節嘗試從宗室角度剖析降清宗人的心態。

　　《清實錄》記此案有多達 11 人伏誅，另據《南明史》等史書記
錄，現時可以肯定涉事的宗室，應有弘光帝、潞王、秦王、荊王、
晉王、德王、衡王及部分親王世子等 17 人，試看以下關於後五
者的記載：

> 　　隆武二年四月九日，有人訐（秦王）存樞（存橰）與
> 晉王求桂（審烜）、荊王甲、德王由櫟、衡王由棷、潞王
> 常淓謀起事。五月，與安宗等十七人同日遇害。[34]
>
> 　　隆武二年五月，（荊王）與衡王由棷鑄印，謀起兵，
> 遇害薨。[35]
>
> 　　隆武二年五月，（晉王）與安宗同遇害。[36]
>
> 　　隆武二年五月，（德王）與安宗同遇害於北京。[37]

---

33 黃彰健：〈讀清世祖實錄〉，載大陸雜誌社編輯委員會編：《大陸雜誌語文叢書》（台
　　北：大陸雜誌社，1975 年），第 3 輯，第 3 冊，頁 181；顧誠：《南明史》（北京：
　　中國青年出版社，1997 年），第 5 章第 7 節，〈潞王朱常淓監國和降清〉，頁 204。
　　筆者按：考諸魯王朱以海（1618-1662）於明末清初的生平，他平生沒有降清，而
　　且自國變後一直流浪沿海地區（有關魯王朱以海的生平，參看繼佐：《魯春秋》，附
　　錄二，〈皇明監國魯王壙志〉，載《台灣文獻叢刊》[台北：台灣銀行，1961 年]，第
　　118 種，頁 99-100），根本沒有可能涉及在京師爆發的「私匿印信案」，因此黃彰健
　　與顧誠的推測可謂合理。
34 《南明史》，卷 27，列傳第三，〈諸王・一〉，頁 1431。
35 同上註，卷 28，列傳第四，〈諸王・二〉，頁 1486。
36 同上註，卷 27，列傳第三，〈諸王・一〉，頁 1433。
37 同上註，卷 28，列傳第四，〈諸王・二〉，頁 1488-1489。

二年五月，（衡王）與世子某、宗室等及潞王常淓、
荊王某謀起兵，遇害薨。[38]

從上述記載看來，這羣親王當於順治三年四月被人告發，至
五月即與弘光帝及潞王一起被處死。《南明史》所記的五位親王，
除了荊王及衡王同樣見於《清實錄》外，秦王、晉王、德王的名字
實際上沒曾出現，比如當時身任秦王的應為朱存樞，實非錢海岳
所記的存樞，而存樞當時也根本並非身在北京，更加不曾降清，[39]
相信此案實際上應不包括秦系子弟在內，或屬誤記。至於晉王求
桂，正如上文提及般他早在萬曆年間逝世，當時的晉王應為朱審
烜。審烜跟德王由櫟，或許由於被處死的時間跟弘光帝、潞王、
荊王及衡王等人一樣或相若，因此很容易讓人產生錯覺以為兩者
也是因為涉及「私匿印信案」而惹禍。誠然《清實錄》對於此案案
情或許有隱諱之處，也不便提及弘光帝被處死之事，但官方既然
記下荊王及衡王涉事，要是晉王及德王也真的涉及此案，實不用
忽略二人之名，這種寫法絕對讓人百思不解，唯一可嘗試解釋這
個現象，或許是因為他們在國變不久即已投誠：前者曾帶領山東
宗人投降，後者則協助多爾袞解決「北太子案」的危機，總算有
半點功勞，清廷遂因此而省去其名，為其保留一點顏面。至於衡
王朱由楲（？-1646），也是比較主動降清的例子，可是偏偏最後
被捲入「私匿印信案」中，還被視為其中一位重要主謀，看來必定

---

38 《南明史》，卷 27，列傳第三，〈諸王‧一〉，頁 1501。

39 有關秦系宗室於明末清初的世系問題以至歷任秦王生平，可參考：梁志勝、王浩
遠：〈明末秦藩世系考〉，載《陝西師範大學學報（哲學社會科學版）》，2010 年 5 期，
頁 120-126。

有箇中因由。由楰為明憲宗六世孫，曾於國變後組織宗人「復青州」，至崇禎十七年七月卻突然主動「降清」。隆武元年秋，他還主動要求「入覲」，[40] 兼「偕宗屬三百許人致北京」。[41] 從衡王角度看來，他於國變後因局勢還未明朗，因此曾組織武裝抗清活動，但後來或許曾在前線看到清人軍力，才突然改變對抗態度，自願投誠。至南京陷、弘光被俘，當時局勢顯然已經塵埃落定，清人大抵控制整個江山，而大明國祚看來已回天乏術。由楰既然決定主動入京，要是真的如《清實錄》所記般「謀起兵」，實屬不合情理。當然，如果硬要說由楰對清人有威脅，那麼與他入京的三百宗人，或許正是清廷忌憚之處。再者，相比起主動投誠的晉王、德王、衡王，荊王顯然較為被動。荊王姓名早已不可考，大抵上只肯定他是慈字輩的朱氏子弟，乃仁宗十世孫，於國變前居九江（今江西九江）。後來，清軍攻破九江，荊王被執，即使投降也屬迫不得已。[42] 如果「私匿印信案」真有其事，那麼嫌疑最大的始作俑者，當為不大願降的慈某無疑，因此在《南明史》的記載中，也只曾於荊王一條史料中明確記及他有「鑄印」策反的行動。

另外，此案事發經過、審訊過程如何，《清實錄》、《南明史》以至其他官私文獻，皆沒有任何詳細記載，讓此案變得撲朔迷離，只能旁敲側擊看出此案內情。正如清人給予這輩降清宗室的罪名，按照《清實錄》所記，當為「私匿印信，將謀不軌」，試看順治帝當時曉諭羣臣的聖旨：

---

40 《清東華錄全編》，冊 2，順治 4，順治二年正月己酉，頁 4 下，總頁 219。
41 《南明史》，卷 28，列傳第四，〈諸王‧二〉，頁 1501。
42 同上註，頁 1486。

> 本朝舉兵征伐，原非無故，因萬曆年間，數窘辱我
> 國，以致憤興師旅。今荷天麻，得膺大寶，不修舊怨，
> 禮葬崇禎，追加謚號。其陣獲諸王，盡加收養，乃不知
> 感恩圖報，反妄有推立魯（潞）王等，私匿印信，將謀不
> 軌。朕不得已，付之於法，其未與謀者，仍與恩養，因
> 諭爾等知之。[43]

在清廷的角度，他們自入主中原後，即以正統身份自居，還宣稱此為天道所歸，因此在「天無二日，民無二王」的傳統觀念下，南明當然是僭越而非法的政權。無可否認，這輩降清宗室或有貳心，可是單靠鑄造甚麼金印、銀印，或獲得弘光帝甚麼敕慰，始終不能得到任何實質的軍事力量，根本沒可能推翻清人所建立的政權。然而清人所忌憚的，或許就是他們「鑄印」背後的不良意圖，畢竟即使他們沒有任何軍事力量，但憑着其前朝宗室的特殊身份，相信必定能夠號召民眾反清，或多或少地動搖新政權的根本。為了防微杜漸，順治政府索性先下手為強，乾脆處理掉那些或有抗清念頭的投降宗室，寧可濫殺無辜，也不願給予可疑分子存活的機會。由此看來，這宗所謂的「私匿印信案」，對於滿清統治者而言，根本沒公開審訊的必要，也不用甚麼人證、物證，因為此案只是在形式上收拾故明上層宗室的藉口而已，其罪名中所謂的「將」字，已充分反映出這輩朱氏子弟實則上還未有任何具體的武裝反抗行動；也從側面反映出這個由外族建立的新政權，當初根本不講究甚麼司法機制，畢竟在傳統封建帝制下，皇

---

43 《清實錄》，卷 26，順治三年五月壬戌（1646 年 6 月 29 日），頁 221。

帝的說話就是權威和法律。

　　此案值得反思的地方還有兩點,那就是這羣涉事宗室的謀反誘因和關係。除了弘光帝被俘以外,潞王、荊王、晉王、德王、衡王皆主動投降,即使受到清廷監視,相信未必像前者般那麼嚴密,當然給予他們互通消息的機會。然而弔詭的地方是到底他們為何要反,且有何必要——比如晉王、德王很早便已經主動投清,而且一直過着頗為理想的生活,又曾得到滿人嘉許,實沒太大必要冒着個人以至全家大小的生命危險去謀反。同樣道理還適用於潞王身上,按照顧誠的考證和看法,這位號稱監國的親王,在順治二年被俘之後,即曾上奏清廷表示謝恩,不僅要「結草啣環」,還要「舉家焚頂」,以祝頌滿清統治者「聖壽無疆」,[44] 任何人看到他如此忠心耿耿,還有奴性十足的模樣,絕不敢相信他會斗膽跟其他宗室合謀反抗。另一方面,再三思考這羣宗室的關係,他們實際上似親非親,難以肯定是志同道合的人,畢竟在國變之前,明室並不准許宗親之間來往,不能想像其有深厚關係,更遑論可以跨出生死去跟別系素來互不聯繫的宗支策反。況且在京師清人監視之下,他們既要合謀,又要保證事不敗露,實有極大難度,有正常智慧的天潢相信都不會願意冒險。如此觀之,這宗牽涉 11 人或 17 人的疑案,或許只是源於荊王等少數宗室對清廷不滿。後來滿族統治者看到有部分親王圖謀不軌,加上天下局勢已比先前穩定,隨即乘機藉此口實消滅一眾耗費清廷資源而或有威脅力的宗室,包括潞王、晉王、德王、衡王等人,並索性順道處理被

44　顧誠:《南明史》(北京:中國青年出版社,1997 年),第 5 章第 7 節,〈潞王朱常
　　淓監國和降清〉,頁 203-204。

俘的弘光帝，終隨便以「私匿印信，將謀不軌」之罪名，冠冕堂皇地處決眾人，也意味着清廷優待前朝皇族成員的政策正式結束。

三、明宗室於「私匿印信案」以後的投降情況

「私匿印信案」爆發後，無疑直接影響其他明宗室的出處考慮。據《南明史》所載，自順治三年五至六月後投誠的明宗室，可謂寥寥無幾，上層宗室更只有瑞王朱常浩（1590–1644）的第三子某於紹興淪陷時被迫投降；而其後裔則逃至陝西城固及洋縣改姓隱居，總算能夠延續血脈。[45] 另有岷王朱禋澒在永曆元年（1647）於奉天府（今湖南武岡）被劉承胤挾持下投降，未幾與「郡王七十餘人」在武昌遇害，[46] 反映清人確實在「私匿印信案」後，改變原來優待故明宗室的政策。另外，值得注意的是禋澒屬於弘光時期才襲封的親王，在清人眼中當然沒名正言順的合法地位，加上他只是受人挾持方願投降，遂順理成章將其處決，以便收到殺一儆百之效。經歷「私匿印信案」及岷王遇害等事件後，當時仍然尚存兼有資格延續大明治統的親王，早已所餘無幾，故此後來即使願意降清的朱氏子弟，大多只是郡王及一眾下層宗室而已。

除了致力打擊具潛在威脅的故明親王及其世子外，清廷還開始進一步收緊當初優待降宗的政策，而最明顯的例子就是嚴加控制其人身自由，試看《清實錄》於順治三年六月所記：

---

45 《南明史》，卷 28，列傳第四，〈諸王・二〉，頁 1506。
46 同上註，卷 27，列傳第三，〈諸王・一〉，頁 1473。

> 諭兵部：「聞青州、大同，尚有故明親王、郡王，在
> 彼寄居，恐被流言誣害，致取罪戾。爾部可令各該督撫
> 即為查明，並其眷屬，委撥官兵，護送來京，勿致途次
> 疎虞，違者重治。他省地方，如有廢藩寄居者，俱令查
> 明奏聞。」[47]

　　諭旨中所謂的「流言」，相信正是民間關於「私匿印信案」的輿論。表面看來，這道上諭處處為居於近畿附近的明宗室設想，還要求地方官府必須派兵護送他們來京，確保其人身安全，但此舉實際上不過是滿清統治者希望將朱氏子弟一網打盡加以監管的謀略。隨着清廷一連串針對明宗室的行動，不少尚未降清又不打算殉身的朱氏天潢，逐漸認清現實——投誠不僅失去自由，也不一定能保全性命。有見及此，他們自順治三年開始，寧可投靠搖搖欲墜的南明政權，慷慨抗清，保留自己尊貴的身份；又或是寧可換個姓名，歸隱城鄉，化身齊民，從此過着安逸平淡的日子。

　　順治七年（1650），攝政王多爾袞去世，年僅十四歲的順治帝開始親政；[48] 而清廷對明宗室的政策，也因此出現相應變化，一改嚴厲之風，像翌年（1651）這位年輕皇帝便頒佈諭旨提及朱氏天潢道：

> 諭兵部：「朕聞前者青州府故明玉田王之子，聚眾發

---

47 《清實錄》，卷 26，順治三年五月壬戌（1646 年 6 月 29 日），頁 223。
48 《清史稿》，卷 4，〈世祖本紀・一・順治七年〉，頁 119。

旗，恣行不軌；又陝西叛將王元、馬德戕殺撫臣，議扶
慶王之孫招搖惑眾，因而故明諸王等多被誅戮，朕甚憫
焉。今朕親理萬幾，代天子民務，期四海萬姓，咸得其
所，豈故明子姓獨不在涵育之中乎？自今以後，凡各直
省有故明親王、郡王流落地方者，該督撫察其投誠實情，
有無功次，並將伊家口起送來京，分別畜養。其自鎮
國將軍以下，不必起送，各照原籍編氓樂業，令其一體
輸稅當差。爾明宗姓，亦宜悔禍革心，偕遊化日，勿
犯王章，仰體朝廷愛惜生全之意。如不信朕言，猶懷疑
畏，惑於奸宄，搆生事端，則國憲具存，朕雖欲赦之，
勿能也。」[49]

多爾袞主政期間，清廷自順治三年起，開始收緊寬待故明宗室的
政策——朱明子弟在投降以後，雖能保留身份，但在政治上及經
濟上受到嚴格限制，有時候甚至還會招來殺身之禍，促使他們寧
願反抗，也不願輕易來降，於是經常出現像順治帝提到的玉田王
子反叛的事件。為了改變這種現象，讓國家能減少戰亂，順治帝
於是公開宣佈清廷將重新寬待這輩前朝皇族，希望吸引有一定威
脅的親、郡王能放棄對抗，並主動來京投誠，甚至保證會加以「蓄
養」，避免他們繼續生事惹禍。至於鎮國將軍以下的朱氏宗人，顯
然因為號召力及政治魅力不足，遂不能獲得順治帝垂青，只許他
們就地為民，以免加添清廷財政負擔。

---

49 《清東華錄全編》，冊 2，順治十六，順治八年閏二月丁丑，頁 19 下-20 上，總頁
300。

　　清廷頒佈這道諭旨後，像寧系奉國將軍朱議泑和益系宗人朱由檔、朱由栖等下層小宗，較先響應滿族統治者的呼籲，於永曆六年（1652）分別自四川及雷州（廣東雷州）投降。[50] 稍後，楚系永安王朱華焜、蜀系德陽王朱至濬等上層宗人，也紛紛先後投誠：前者於永曆十年（1656）「與總兵、知府、士官一百五十餘人，自廣西降於清」；[51] 後者則眼見南明政權「勢益孤危」，遂於永曆十四年（1660）從安南（今越南）「出降」。[52] 此外，一些昔日被清廷視為不合法的南明後封宗室，像隆武元年才降清的楚系滎陽王朱蘊鈴等；[53] 又或是甚至親身參與武裝反抗活動的宗人，如曾經在江西山中起兵的寧系宗人朱議瀳等……[54] 順治政府也決定既往不咎。試看清廷如何發落蘊鈴：

　　　兵部奏：「故明楚藩滎陽王朱蘊鈴，與偽總兵李盛功等，向化投誠。朱蘊鈴應併家口起送來京，分別養贍。偽總兵李盛功，應授參將職銜。」從之。[55]

　　據《南明史》所記，朱蘊鈴當於隆武元年方襲封為王，按照多爾袞執政時的做法，這類後封王當為南明政府「偽封」之人，實屬不合法。可是，兵部竟在奏摺上稱蘊鈴為「故明楚藩滎陽王」，而非慣常使用的「偽王」，或多或少反映出清廷於順治帝親政後的氣

50　《南明史》，卷 27，列傳第三，〈諸王・一〉，頁 1472；卷 28，列傳第四，〈諸王・二〉，頁 1493。

51　同上註，卷 27，列傳第三，〈諸王・一〉，頁 1441。

52　同上註，頁 1462。

53　同上註，頁 1442。

54　同上註，頁 1471。

55　《清東華錄全編》，冊 2，順治二十八，順治十四年二月癸未，頁 5 上，總頁 397。

量。數月後，順治帝再下詔道：

> 故明崇陽王朱蘊鈐攜家投誠，命戶部從優收養，務
> 令得所。[56]

蘊鈐投誠後，順治帝沒因此而忘記這位前朝郡王，竟特意下
旨要為他找尋居所，雖說此舉或是便於加以監視，但總算給這輩
落難天潢一點人道幫助，充分展示出滿人在天下局勢逐漸穩定後
的包容態度。不難理解，清廷推出新一輪寬待朱氏子弟的政策，
同時意味着另一輪投降潮正式展開。

四、康熙時期最後一批降清的明宗室

順治十八年（1661），順治帝駕崩，由其三子愛新覺羅・玄燁
繼位，是為康熙帝。康熙帝繼位時，年僅六歲，只好像父親年幼
時般由他人輔政。[57] 在索尼（1601–1667）、蘇克薩哈（？–1667）、
遏必隆（？–1673）和鰲拜（約 1610–1669）四大臣輔政下，康熙
早年對待故明宗室的政策，基本上沿襲順治中葉後的寬大為懷方
針，讓不少朱氏子弟甘願投誠，結束雙方的武力對抗。

清人剛入關期間，曾短暫容許故明降宗出仕，但順治政府很
快便改變初衷，禁止他們繼續為清廷服務。康熙登基後，為了進
一步吸引下層朱氏天潢主動投誠，因此打算考慮再次放寬降宗出

---

56 《清東華錄全編》，順治三十一，順治十五年九月己亥，頁 6 上，總頁 417。
57 《清史稿》，卷 5，〈世祖本紀・二・順治十八年〉，頁 161–163。

仕的禁令，試看《東華錄》記蜀系內江王裔小宗朱奉鑭的例子：

> 兵部議奏：「故明蜀藩內江王下宗室朱奉鑭，應照原
> 籍編氓當差。」得旨：「朱奉鑭既經投誠，應照投誠人員
> 例議敍，不宜因明宗室輒議令為編氓，著另議具奏。」[58]

這道聖旨要求兵部考慮將主動投誠的奉鑭「議敍」，不宜將其
貶為平民兼「編氓當差」，字裏行間流露出優待這位前朝小宗的色
彩；但可以肯定的是，這道命令應不會是六歲小皇帝的手筆，相
信只是輔政大臣的意願，希望藉此吸引更多朱氏天潢主動來降。
據《南明史》所載，奉鑭於永曆十五年降清，[59] 平生實際上沒幹下
甚麼大事，更沒值得深入談論的地方，但竟換來康熙政府高度重
視，可見清廷當時渴求天下太平之心是何等熱切，才會優待這樣
一位本應微不足道的小宗室。在處理奉鑭個案同一時間，清廷索
性下令將他的例子宣佈為定例，《東華錄》續記道：

> 諭吏部、兵部：「向來故明宗室投誠者，王等以下，
> 起送來京，分別祿養；鎮國將軍以下，令照各籍編氓樂
> 業。今思投誠各項人員，俱加敍錄，惟故明宗室槩為編
> 氓，非一視同仁、鼓勵招徠之意，以後故明宗室投誠者，
> 王等以下，仍照前起送來京；其鎮國將軍以下，查照投
> 誠功績，酌量錄用。」[60]

---

58 《清東華錄全編》，冊 3，康熙一，順治十八年十月癸丑，頁 17 上，總頁 14。
59 《南明史》，卷 27，列傳第三，〈諸王‧一〉，頁 1453。
60 《清東華錄全編》，康熙一，順治十八年十月癸丑，頁 17 上，總頁 14。

　　按順治八年所頒佈的規定，投誠的故明親王及郡王得送北京供養，而鎮國將軍以下者則就地為民，故此奉鑭本來應照原籍編氓為民，但康熙政府最後決定改變順治年間的做法，改為准許他們有功績者能「酌量錄用」，這無疑在招撫朱氏天潢的政策上，起了重要的鼓勵作用，且對下層小宗可謂極具吸引力。

　　自康熙政府落實新一輪優待故明宗室的政策後，大大小小的朱氏天潢陸續來降，形成宗人第二輪降清潮。康熙元年四月，南明最後一位君主永曆帝於緬甸遇害，朱明繼統國祚正式宣佈滅亡，只餘下在台灣仍沿用永曆年號的鄭成功東寧政權。[61] 至永曆十八年（1664）五月，韓系長沙王朱璟溰宣佈歸降，[62] 意味着除了個別頑固宗人及棲身在台灣的朱氏天潢尚未投降以外，基本上當時身在中國境內的宗室，早已停止與清廷為敵，不是已經歸降，便是早已歸隱，清廷至此已大致完成向前朝皇族招安的工作，只餘下消滅東寧政權這項重要目標。

　　康熙二十一年（1682），清廷乘着東寧政權大將施琅（1621-1696）投誠的機會，弄清敵人虛實後，乃決定派他率領大軍收復台灣。[63] 東寧第五代君主鄭克塽於翌年（1683）決定投降，迫使一眾遷台的朱明宗室面對出處選擇。據施琅平定台灣後所上的奏疏，身在當地的故明天潢為數不少：

　　　　其故明監國魯王世子朱桓呈繳金冊一副，同瀘

61　《南明史》，冊 3，卷 4，〈昭宗本紀〉，頁 255。

62　同上註，卷 27，列傳第三，〈諸王・一〉，頁 1476。

63　有關東寧政權滅亡經過，可參考顧誠：《南明史》，第 14 章第 4 節，〈鄭、施交惡與施琅降清〉，頁 448-451。

瀘谿王朱慈爌、巴東王朱江、樂安王朱浚、舒城王朱鎬、奉新王朱熺、奉南王朱遙、益王宗室朱鎬等，亦赴軍前投見，詢稱寧靖王朱術桂聞大師克取澎湖，即全家自縊而死。臣就朱慈爌等追取各原受冊印，據稱流落多年，貧窘銷用，見各住草地耕種度活。茲朱桓等宗室數人，應載入內地，移交督撫，聽其主裁安插。[64]

從施琅的上報看來，當時除了寧靖王朱術桂決定殉身以外，其他宗人包括魯王世子朱桓、益系瀘谿王朱慈爌、遼系巴東王朱江（一說朱尊江）、寧系樂安王朱浚（一說朱議浚）、益系舒城王朱鎬、寧系奉新王朱熺、奉南王朱遙、益王宗室朱鎬等八人，皆決定投降。另據劉獻廷（1648–1695）《廣陽雜記》說，當時降清宗人的名單，當中名字也大同小異：

明宗室同鄭克塽降者九人，魯王第八子朱柏，舒城王孫朱慈煮，荊州府寧靜（靖）王子朱儼鉁，建昌府益王孫朱鎬，宗室朱熺，南昌府樂安王孫朱浚，荊州巴東王孫朱江，建昌府奉南王孫朱遙，原封建昌永曆改住廣東瀘溪王朱慈爌。[65]

64 施琅：〈舟師抵台灣（疏）〉，載施琅著，王鐸全校註：《靖海紀事》（福州：福建人民出版社，1983 年），卷下，頁 110。

65 劉獻廷：《廣陽雜記》（《叢書集成初編》本，北京：中華書局，1985 年），卷 1，頁 11–12。

比對施琅和劉獻廷的記載，魯王八子或名朱柏，另多了益系舒城王孫朱慈熺、荊州府遼系寧靖王子朱儼鈝兩個名字，而少了舒城王朱鎬的名字，合共九人，兩篇史料顯然有些微出入。要是進一步翻閱錢海岳在《南明史》的考證和記載，可知魯王八子應名朱弘桓（1653-？），於永曆七年（1653）才出生，後依寧靖王術桂，並娶鄭成功之女，[66] 實際上未曾親歷國變一刻。至於同樣在崇禎覆亡後才出生的，還有朱儼鈝，他原是益系宗人，後過繼給沒子嗣的遼系寧靖王術桂，降清時僅七歲。[67] 遼系巴東王則應名朱尊江；[68] 寧系樂安王朱浚則應名朱議浚；[69] 益系王孫朱鎬或名朱翊鎬；[70] 而益系舒城王應名朱慈熺，乃憲宗七世孫，[71] 而非施琅所記的朱鎬，且於台灣亡時投降，相信劉獻廷在《廣陽雜記》的記載較為可信。除了上述九人當施琅登台時立刻投誠外，往後棲身在當地的其他朱明天潢，如周系恭僖王裔朱朝㳟、淮王朱常清子朱由桂、鄭王子某等，稍後也決定降清。[72] 至此，所有故明宗室基本上不是歸隱，便是宣佈投降，也意味着清廷已完成統一中國的大業，而中原境內反清復明的聲音同樣暫告一段落。

當然，東寧降宗投降後，還得接受清人兩大條件：第一，必須交還故明冊封宗室時的印信，以示放棄前朝天潢身份。第二，遷回內地，聽候清廷安置屯田地方，畢竟他們並非像康熙初年的

66　《南明史》，卷 27，列傳第三，〈諸王‧一〉，頁 1428。
67　同上註，頁 1458-1459。
68　同上註，頁 1456。
69　同上註，頁 1462。
70　同上註，卷 28，列傳第四，〈諸王‧二〉，頁 1493。
71　同上註。
72　同上註，卷 27，列傳第三，〈諸王‧一〉，頁 1437；卷 28，〈諸王‧二〉，頁 1485、1487。

宗人般主動投誠，因此只得被「編氓當差」。早於順治三年二月，江西官員孫之獬已建議：

> 江西故明宗室數千人，聚居省城，不無可虞，請將守分者散居本省郡邑；好事者散處江北諸省。其不軌之徒，見投營伍者，並敕鎮將驅治之。[73]

《清實錄》雖沒記載清廷最終有沒有接納此案，但總算能反映出當世已有官員提出要悉心安置故明宗室，讓其有固定居處。因此，當東寧降宗遷回內地的時候，康熙政府終為他們屯田處所作出悉心安排。據《廣陽雜記》所載，「後朱江（朱尊江）、朱柏（朱弘桓）、朱逵、朱儼鈔安插河南墾荒」。[74] 據《南明史》所記，弘桓應「為農山西」，[75] 慈爌、議浚則「屯田山東」，[76] 而朱朝逵、朱尊江、朱熺「屯田河南」，[77] 慈爠更曾先後「屯田河南、山東」二地。[78] 至於由桂、翊鎬、和鄭王子某就下落不明，只知有記錄顯示由桂的弟弟良彥、良佐曾改姓後於紹興隱居。[79] 從清廷處置各人屯地的安排看來，滿族統治者對於這羣前朝宗室仍有少許戒心，因此顯然要像孫之獬昔日的建議般，刻意分散他們，還要盡量不讓其返回舊藩所在地，如封地在江西的益系、寧系宗人，像議浚、慈爠、朱熺等，就不獲安置回鄉屯田；而且原本同氣一聲的三人，還

73 《清實錄》，卷 24，順治三年二月丙申（1646 年 4 月 4 日），頁 208。
74 《廣陽雜記》，卷 1，頁 11–12。
75 《南明史》，卷 27，列傳第三，〈諸王・一〉，頁 1428。
76 同上註，卷 27，列傳第三，〈諸王・一〉，頁 1462；卷 28，列傳第四，〈諸王・二〉，頁 1495。
77 同上註，卷 27，列傳第三，〈諸王・一〉，頁 1437、1456、1472；
78 同上註，卷 28，列傳第四，〈諸王・二〉，頁 1493。
79 同上註，頁 1487。

被分別派至山東、河南兩地，務求他們沒機會共處，避免再一次掀起反抗運動。基於滿人極為小心處理從東寧投降的前朝宗室，天下局勢因此逐漸穩定下來，往後也鮮有借朱明天潢名義起事的武裝反抗活動出現，清廷終能宣佈招安政策獲得成功，並能圓滿作結。

五、餘　論

以降清一途作為出處的故明宗室，在道德價值及氣節層面上，或許及不上那些極少數願意殺身成仁、捨己取義的殉死宗人；唯在人類求生本性方面來考慮，他們降清之舉，實符合常理與人情，不應受到責難。

在國變以前，闖、獻蹂躪明室江山，還銳意追擊各地代表皇室的宗人，偏偏當這輩朱氏天潢走投無路之際，北方竟突然出現一支外族軍隊，聲稱可以為自己報仇，更開出優厚的投誠條件。對於不少久經戰火威脅的宗室而言，這無疑是雪中送炭，哪會想到一切只是清人入關後的政治策略、宣傳手段。可是，當他們將個人自由和生命交託到滿人之手後，即意味着禍福也由外族統治者代自己選擇，當中或許與其原來的主觀意願有很大落差，正如對宗祿待遇的過分期望，就是朱明天潢跟清廷出現分歧的最好例子。基於清人的政治考慮，當天下局勢逐漸穩定下來後，前朝宗人的政治價值逐步減少，他們反過來還成為朝廷的沉重經濟負擔，終於促使滿清統治者放棄原來積極招撫的政策，還開始計劃除掉那些擁有潛在威脅的上層宗室，務求一網打盡，以絕後患，遂為他們添上各種「莫須有」的罪名，終釀成順治三年的「私匿印信案」。

另外，值得留意的是被清廷致力針對的故明宗室，多是親王及世子，畢竟這輩最上層的宗室，基於自身最近帝系的血統，實最有機會另起爐灶，又或是獲得擁立，成為一個又一個的南明新君，繼而建立一個又一個的新政權，以續朱明國祚。就此，他們自然受到滿族統治者刻意打擊，甚至被無理打壓，因為清廷絕不希望戰火無了期繼續出現。可是，正因清廷於順治三年開始改變優待明宗室的方針，變相讓更多希望求生的宗人，僅餘下抗清及歸隱兩條道路，清廷倒是在短時間內製造出更多反清分子，而此現象直到順治帝親政後及清人收復台灣方有所轉變。

順治八年後，滿清統治者基於天下大局已定，而倖存的故明宗室愈來愈少，早已對政府不能構成任何重大威脅，遂逐漸消除戒心，即使不再推行優待他們的政策，也樂意改為以寬待態度接納其歸降，終展開清初第二輪朱氏子弟投誠潮。從此以後，像「私匿印信案」這類關於故明宗人被含糊地處決的「莫須有」案件，已罕見於史冊上，因為滿清統治者早已認定他們不能有所作為，也大大減低冤案出現的機會。再者，隨着清人江山逐漸穩固，也是時候體現「滿漢一家」的胸襟，遂展開新一輪寬待前朝宗人的措施，以實現社會和諧、各族共處的理想。至施琅收復台灣，並成功招撫最後一批公然抗清的明宗室以後，清廷終能宣佈前朝宗人問題基本上已圓滿解決，也正式代表滿人一統中國，準備迎接康、雍、乾百年盛世的蒞臨。

總的來說，經歷明末清初亂局的朱氏子弟，為了趨吉避凶，為了在「天崩地陷」的時代活得比較容易，因此最後選擇向外族投誠，一來可保存自己甚至家人珍貴的生命，二來可獲得比較安穩的生活。朱明天潢這種心態和這個決定，實出於現實考慮，絕

對是無可厚非，畢竟維持生命是人生最基本的條件；而任何人在本能上不僅應該有追求生存的權利，還有責任尋求美好的生活，讓自己的生命變得有意義，這絕對是人之常情，更是永恆不變的真理。

第四章
抗清的明宗室

　　從現存所見史料看來，可考姓名的朱氏天潢，大多在國變後選擇以抗清為個人路向，顯然跟其身份、世系、經歷、心態有莫大關係。崇禎帝在北京自盡以後，福王朱由崧即於南京稱帝，嘗試在南方延續明室國祚，並正式跟清人展開一連串抗爭。未幾，福王所建立的弘光政權不足一年而亡，後來繼承其志的還有唐王兄弟和桂王，他們先後建立隆武、紹武、永曆三個政權，為不少矢志復明的朱氏宗室及遺民帶來一絲希望。縱然滿人勢如破竹，但不少宗室依舊奮不顧身抗清，其心態、事跡都值得後世深思。誠然南明四朝歷時不久，且以失敗告終，可是當世曾經投效的朱氏子弟，卻不計其數，單是有史料記載的已有 200 多人，連同其他零星的抗清武裝活動，他們曾先後在抗清事業上掀起風浪，具有重要的歷史作用。歷來已有不少學術研究考察南明四帝的史跡，卻鮮有學人探討其他朱明宗室抗清痕跡。有見及此，本章以這羣選擇抗清而受學界忽略的大小宗人為研究中心，探討他們之所以甘願冒着生命危險而跟滿人為敵的動機，繼而評論其表現，歸納其下場，藉此考察這個特殊羣體在國變後的自處心態。至於在最上層的南明皇帝，由於學界早已對上述四人有充足討論，本

章因此不贅，僅作簡單說明、補充。

一、明宗室抗清的背景及原因

不少明宗室經歷國變前後那「天崩地陷」環境，都曾先後目睹農民軍及清人的屠刀，可是他們仍敢於站出來抗清，實必有其箇中原因。滿人入主中原並迅速建立政權，一度舉起為明室復仇的旗幟，但最關鍵的是清廷始終不承認由福王等人所建立的南明政權，終讓這輩朱氏天潢的矛頭，由李自成、張獻忠轉移至這輩外族。考諸現存可見的史料，每名宗室起來抗清的原因不盡相同，有人為了明室正統、國祚而戰，有人則為了後封的爵位名譽而戰，也有人是因為別人推舉而硬着頭皮作戰，更有人只是為了實現個人野心、謀取一己私利而戰。

（一）為光復明室而自發抗清

對於不少朱氏子弟來說，明室覆亡等同他們的家被連根拔起。他們長期缺乏營生能力，面對國變困境，因此有人甘願向清人投降，只求活命；另有少部分人認為已生無可戀，遂索性一死了之，慷慨殉身。可是，當中仍有少數天潢，始終積極相信明室還有起死回生的轉機，加上在人性上有拼命求全、在道義上有矢志復國的責任，因此選擇了義無反顧的抗清行動，盡顯個人對朱氏血統、身份的執着，也解釋了南明政權出現並維持一段時間的原因。

從《南明史》、《小腆紀傳》、《南天痕》、《明季南略》、《明季北略》等史書的記載看來，可考姓名的宗室，有近半選擇以抗清

為路途，而且當中不少人自發組織各種零星的武裝活動。

　　比如英宗七世孫谷城王朱由楥，在國亡不久即起兵，無奈最後於無功而還的情況下遇害，[1] 甚至不清楚他到底是如何敗亡、亡於何人之手，僅知道這位郡王敢於武力反抗，不甘於屈膝外族或農民軍前。像由楥不顧自身實力而慷慨抗清的例子，在當世可謂比比皆是，特別是在國變前已獲得名號品位的上層宗室，每每因為自身崇高的地位及優越感，而驅使他們跟滿人不共戴天，如果他們沒選擇殉身的話，那通常只有選擇抗清一途。正如淮王朱常清（1616–1649）、淮系高安王朱常淇、楚系武岡王朱華增等人，也曾於國變後自發組織抗清活動。常清，字霞新，仁宗八世孫，於萬曆四十四年（1616）襲封王位，有「性至孝，親賢樂善」的美名。淮系封地在江西饒州（今江西波陽）一帶，在明末未有受戰火嚴重波及，常清因此曾在國變前，有充足資本派人「齎金」助楊嗣昌（1588–1641）平地方亂事；當他目睹南京弘光政權被清人消滅後，即曾自發「起兵謀恢復」，可惜終以失敗作結。[2] 同樣來自淮系的高安王朱常淇，於萬曆三十四年（1606）襲封，相傳「好客，工詩文」。這名郡王像淮王常清一樣，於弘光政權被消滅後自發起兵，終與其四子在婺源（今江西婺源）遭清人擒獲並處斬。[3] 至於楚系武岡王華增，封地在湖南一帶，早在萬曆二十八年（1600）襲封，也是於「南京亡後，起兵徽州」，同樣寸功未立。[4]

1　錢海岳：《南明史》，卷 28，列傳第四，〈諸王・二〉，頁 1490。

2　徐鼒：《小腆紀傳》（台北：台灣學生書局，1977 年校點本），補遺，卷 1，列傳，〈宗藩〉，頁 756–757；《南明史》，卷 28，列傳第四，〈諸王・二〉，頁 1487。

3　《南明史》，卷 28，列傳第四，〈諸王・二〉，頁 1488。

4　同上註，卷 27，列傳第三，〈諸王・一〉，頁 1443。

　　相比起上層宗室的抗清行動，自發奮戰的下層宗人更值得嘉許，畢竟他們在國變前絕對不是社會上的既得利益者，在情感上理應對明室沒那麼大的歸屬感，可是仍有小宗不計較個人實力及自身安全，堅決跟滿人戰鬥，頗有中國傳統儒家殺身成仁的味道。

　　在芸芸下層宗室中，寧系朱議潤（？–1659）正是當中罕見的例子。他曾在抗清漩渦中曇花一現，嘗試用自身性命體現個人身為前朝天潢的尊嚴。議潤，寧王裔小宗，絕對可謂名不見經傳，也談不上有甚麼實力、名聲。自國變後，他一直隱伏在野，至永曆十三年（1659）七月，才「與舒瑛、張定之、李勇士、李贊美、譚武周、陳國輔、魏名觀、徐介、石詩起兵江西」。那時永曆帝早已展開流亡之旅，而南明政權也宣告名存實亡，大半河山更早已落入清人之手；但議潤等人竟於這個時刻，才突然決定起兵，在現實上無疑是一種螳臂擋車的行為，最後一干人等「被執皆死」，自然是意料中事。[5] 然而議潤的抗清行動，在後世人眼中或許不智；在他本人眼裏，卻應是當仁不讓的事——畢竟當時代表明室最後希望的永曆帝已戰敗逃亡，即使不自量力，身為前朝血脈，實有必要站出來並幹一點事，方能讓其釋懷；而自發組織武裝反抗，便是最直接而簡單的表現。

　　由此看來，身為小宗又沒任何重要影響力的議潤，在南明政權仍尚存的時間，或許沒有孕育出自行抗清的念頭，全因當時還有不少上層宗室可光復朱氏河山。無奈後來目睹事與願違的現實後，他本來可以選擇簡單地歸隱求生，卻毅然自願承擔身為前朝天潢義當復明的責任，充分體現出下層宗人同樣可以付出性命以

5　《南明史》，卷 27，列傳第三，〈諸王・一〉，頁 1471。

表現個人對故國擁有的歸屬感。

（二）為新襲名位而奮力抗戰

國變後不久，福王即於南京建立起弘光政權，希望仿效南宋偏安百餘年的歷史，以半壁江山跟外族對抗。為了鞏固實力、重振聲威，南明各朝除了積極招攬昔日為崇禎效力的官吏外，還刻意招攬一眾朱氏天潢來附，一方面可收監視之效，另一方面可借其名聲領兵抗清，實一舉兩得。就此，大量在國變前未曾正式獲封爵位以至成功請名的宗室，不論是上層大宗還是下層小宗，他們既不願降清，又缺乏政治籌碼，遂紛紛南下投靠，一來希望得到南明官方認證，提升個人地位；二來希望解決出處問題，確定抗清志向。這輩在國變後方獲正名的宗人，既要實現光復大明江山的理想，又要履行新晉爵位的義務，大部分人終不得不走上前線，跟滿人短兵相接。再者，還有少數曾因事被廢而囚於高牆的罪宗，不僅乘天崩地陷之際重獲自由，甚至獲南明諸帝所赦免，繼而重獲封號，自然也只得感恩圖報，為個人重新獲得的名位而跟外族戰鬥。

在認知心理學上，一個人的行為往往受到「內在動機」和「外在動機」所影響。[6] 假如宗室因為個人天潢身份而自發抗清，這當然源於自身的「內在動機」；但要一個人突然願意作出某種行為，「外在動機」往往起上關鍵作用，而對於這輩朱明子弟而言，不論是上層大宗還是下層小宗，獲得名位正是最佳的外來刺激物。

6　關於人類行為如何受到「內在動機」和「外在動機」所影響，參考 Stuart Sutherland, *Irrationality: the Enemy within*, London: Pinter & Martin, ch. 8, pp.75-84.

　　上層宗室方面，試以楚王朱華壁（？－1646）、崇王朱慈爚（？－1646）為例。華壁，乃太祖八世孫。其兄朱華奎（？－1643）為前任楚王，於崇禎十六年（1643）被張獻忠軍所殺，後來才由身為宣化王的華壁正式襲位，大抵其接任之時已在國變後。弘光稱帝以後，華壁既由郡王躍升為親王，地位突變尊崇，自然為其添上多一份抗清動力。就是這種新出現的「外在動機」，讓華壁先是主動向弘光帝上奏《中興議》，力陳南明中興之法；繼而聞訊靖江王朱亨嘉（？－1646）有謀反之意，即主動率兵至建寧（今雲南曲靖）討平之；終於隆武二年才於衢州（今浙江衢縣）城抗清失敗而遇害。[7] 至於慈爚，則為英宗八世孫。其父朱由樻（？－1642）為前任崇王，於崇禎十五年（1642）被李自成軍所俘，中途遇害，後來才由慈爚於弘光元年二月襲位。慈爚跟華壁一樣，適逢國變亂世才能登上親王之位，即向朝廷要求「遠徙福州」，又「命錢增敕奬」，務求「風厲各王」，希望憑藉個人敢於跟清人對抗的表現，鼓勵其他朱明子弟響應，達到以身作則之效。然而他的努力還未見成效前，已跟華壁一同於衢州城遇害。從二人的故事看來，要是沒有晉升為親王之機遇，他們對於抗清復國的責任感，未必會那麼沉重，也未必會自告奮勇走上最前線。由此看來，新襲名位背後所附帶的義務，正好是推動這輩上層宗室抗清最明顯的外來刺激力。

　　上述情況不僅出現於上層大宗，即使是下層小宗，同樣可以因為新獲得的名位而為南明效忠，以身抗清。像晉系慶成王裔小宗朱慎鏺（？－1649），乃太祖九世孫，在國變前沒任何名位可言。

7　《南明史》，卷 27，列傳第三，〈諸王・一〉，頁 1440。

至順治五年（1649），投清的明朝大將姜瓖（？－1649）再次變節，於大同起事，重歸南明懷抱；而慎鑕適逢此時獲授潞安（今山西長治）知府——由昔日備受忽略的小宗室，搖身一變成為身兼重任的地方官。是次突如其來獲得重用的經歷，足夠讓這名朱氏天潢燃起鬥志，明知山西已是清人勢力範圍，實好夢難成，卻仍誓要跟南明王朝共存亡，終與姜瓖一樣慷慨就義。[8] 又如岷王裔的小宗朱禋潯，於隆武二年獲舉於鄉，獲得出仕機會，遂為朱氏王朝鞠躬盡瘁，先投南明大臣張煌言（1620–1664）旗下效力；後又出任無為（今安徽無為）知州，遺憾後事不詳。[9] 無可否認，慎鑕、禋潯原本只是微不足道的朱明小宗，在國變前應當過着艱難生活，甚至從來沒獲朝廷禮遇、關注。國變以後，二人大可選擇歸隱，以保存最為重要的生命。可是基於南明政府急需人手，促使這些本已被人遺忘的小宗，重新獲得為明室效勞的機會。縱然不是獲得崇高的爵位，或許只是出任地方小官，但獲得別人肯定的外來滿足感，足以教這些昔日長期受國家忽略的小宗站起來，奮力為抗清事業出一份力。他們力量雖小，貢獻也未必大，唯這份心意已足以讓史冊記下其名字，記下這羣小宗為了名位、身份而甘願和清人周旋的事跡及歷史作用。

此外，南明朝廷為了盡快集結抗清力量，不惜對於昔日獲罪的宗人或其後裔從輕發落，希望他們能知恩圖報，成為抵抗外敵的重要成員。這些獲釋的宗室，往往未必因為個人犯事而被繫高牆，倒是由於先祖輩昔日曾犯錯而受到牽連。像翼王朱議汸（？－

8　《南明史》，卷 27，列傳第三，〈諸王‧一〉，頁 1434。

9　同上註，頁 1474。

1649），字治海，乃太祖十世孫，原本為寧系瑞昌王裔，其先祖朱拱栟（？–1520）在正德年間因與寧王朱宸濠（1479–1521）謀反而自盡，此系自然被除國，而拱栟的子孫也因此「罪繫高牆」。至弘光帝登基以後，屬此系血脈的議汧獲釋，並遷居蘇州。及後，隆武立國，他於翌年「謁福京」，先是成功襲封瑞昌王之位；未幾，又改「謁監國魯王紹興」，在沒有任何功勛的情況下，竟獲得「翼王」稱號，由二字郡王晉升為一字親王，實為當世奇葩。從宗室階下囚搖身一變為萬人景仰的親王，這個深刻的轉變，或許喚醒了議汧抗清的決心，讓他自永曆年間開始，屢次策劃起事。為了逃避清人耳目，他先是改姓換名為許天乙，裝成江湖術士謀生，與同伴羅光耀等人秘密活動；又曾跟同行徒弟月隱等人變作僧人，並結納僧侶宗岱（？–1649）等人，合謀抗清大計。後來，他跟同伴董國正（？–1649）等人，改投山東農民軍將領孫化庭旗下，並憑藉尊貴的親王身份發號施令；延至永曆三年正月，才被長清縣知縣呂朝輔所率的清兵擒獲，而議汧「昂然自述義師始末」後，終跟同伴宗岱、董國正等人被外族處決。[10] 他這種義無反顧的抗清態度，顯然跟其在國變後重獲自由並獲得南明政府肯定之事有關。

　　至於同樣跟議汧為瑞昌王裔的宗室，還有其弟朱議瀝（？–1646）。弘光元年，議瀝自高牆釋出並重新獲得合法天潢身份及封號後，即跟兄長分道揚鑣。兩兄弟行事作風迥然不同，兄長議汧傾向秘密組織抗清活動，而弟弟議瀝則喜歡公然起事——先於該年六月跟名將盧象觀（？–1645）「相與痛哭起兵」，還打算積極

10　同前註，卷 27，列傳第三，〈諸王・一〉，頁 1461。

收復被清人攻克的南京城；後來又跟吳任之（？–1646）、方明等人起事，可惜數次活動終究無功而還。為了逃難，他甚至像兄長般一度喬裝成僧侶，以掩人耳目。至隆武稱帝、魯王宣佈監國，由於議汸已晉升翼王，議瀝因此得以襲封瑞昌王。稱王後，他依舊在前線組織抗清軍事活動。至隆武二年十月，他才被清兵逮捕並處死。[11]

議汸、議瀝兄弟的出處選擇，不僅反映出他們沒有怨恨明室昔日曾長期囚禁自己，反而在關鍵時候仍身先士卒，一來流露出對朱明江山的深刻感情，彰顯天潢之義；二來能夠體現中國傳統那種「揚名顯親」的精神，務求能借自身功業，洗脫先祖惡名。

當然，並非所有獲釋的罪宗也能像議汸、議瀝兄弟般自願奮勇抗清，比如宜春王朱議汻（？–1649），其先祖朱拱樤（？–1520）也因協助朱宸濠謀反而自盡。議汻於弘光年間獲釋後，本打算逃禪為僧，有「大和尚」之號；但最後於永曆二年獲鄒華、丘選等人推舉為抗清領袖，攻打江西汀州（今福建長汀）山寨，最後遭滿清總兵官于永綬所執，終被處死。[12] 議汻或許原有遁入空門之意，畢竟他在國變前長期遭受囚禁，未必像議汸、議瀝兄弟般對明室仍有濃厚的歸屬感；可是他最後還是接受別人推舉參與抗清，突顯出天潢身份有時候反而成為朱明子弟選擇出處的羈絆。又如岷系南安王朱企鉽（？–1646），乃太祖九世孫，先祖朱彥泥於弘治十一年（1498 年）立國，至嘉靖五年（1526）因罪獲發高牆。企鉽於弘光時獲釋兼復郡王位後，並沒有像其他罪宗般上

---

11 《南明史》，卷 27，列傳第三，〈諸王・一〉，頁 1461–1462；《小腆紀傳》，補遺，卷 1，列傳，〈宗藩〉，頁 762–763。
12 《南明史》，卷 27，列傳第三，〈諸王・一〉，頁 1462。

戰場殺敵，只是留在帝王身邊，曾向隆武帝上《頌德詩》四章，終於廣州淪陷時遇害。[13] 再如徽王朱常㵂（？－1646），乃英宗六世孫，先祖朱載埨（1526–1556）於嘉靖三十五年（1556）因罪降為庶人，而子孫則被發配至高牆。常㵂至弘光朝獲釋，至隆武元年復位，基本上跟企鈺一樣，只是留在帝王身邊，並沒參與前線戰事；終至永曆六年，與襄陵郡主被降清將領孫可望（？－1660）所殺。[14] 從企鈺、常㵂的故事看來，某些獲釋的罪宗只求自保，因此選擇了苟且偷安之路，並沒有像議汌、議瀝兄弟或議洐般拿起武器跟清人抗戰，只是默默地留守在皇帝身邊，消極地觀察事態發展，既沒甚麼「揚名顯親」或「光復河山」的宏願，也沒任何實質的貢獻和作為，相信跟他們長期被囚所衍生出的另一種被動心理有關，更可印證出每位面對國變的宗室，即使有相似背景，最後仍可因應個人心態、性格、經歷而作出截然不同的選擇。

另外，在芸芸新襲名位的抗清宗室中，有一類宗室的身份最為可疑，因為他們的世系難以查考，往往只在史籍上留下「不知何所出」的含糊記載，像魯系鉅野王朱壽鏽（？－1646）、高密王朱弘椅（？－1646）、岷系南渭王某（？－1648）、唐系永興王某、徽系隆平王某、益系峽江王某等郡王，便通通身世不明。以鉅野王朱壽鏽為例，當為太祖九世孫，但此系自宣德二年（1427）立國後，一直傳至隆慶六年（1572）的朱觀熰（？－1572）終因「無

13　嵇璜（1711–1794）：《續文獻通考》（中國基本古籍庫據清文淵閣《四庫全書》本，增附清浙江書局本），卷 208，〈封建考〉，頁 3394；《南明史》，卷 27，列傳第三，〈諸王・一〉，頁 1474。

14　《續文獻通考》，卷 208，〈封建考〉，頁 3413；《南明史》，卷 28，列傳第四，〈諸王・二〉，頁 1490。

子」而「除國」，[15] 實難考證這位於隆武中葉才襲封的郡王在血統上
孰真孰偽。至於跟壽鏉同系的高密王弘椅，也是於隆武中葉才襲
封王位，可是此系自成化十九年 (1483) 立國後，至嘉靖三十二年
(1553) 傳至朱頤封 (1536–1553) 後因「無子」而「除國」，故此這
位至南明才重新立國的宗室，同樣在身世上讓人生疑。[16] 考諸上
述二人的名字，其中「壽」、「頤」二字，尚能依據太祖擬訂的世系
定名，[17] 相信他們確曾向官方請名，應是真正的天潢，只是不能確
定會否出現在亂世中冒充他人或濫襲別人世系的情況。至於南渭
王某、永興王某、隆平王某、峽江王某，他們報稱所屬的世系，
皆像鉅野、高密二系般早已「國除」；[18] 但四人身為郡王血脈，竟
然連名字也不能確定，難免讓人懷疑其身世真偽，甚至存在招搖
撞騙的問題。考諸他們的事跡，壽鏉、弘椅於廣州被清兵攻陷時
同遇害。[19] 至於南渭王某曾在全州 (今廣西全州) 起兵抗清，同樣
戰敗遇害。[20] 永興王某就曾依附鄭成功軍，但終事不詳。[21] 隆平王
某更延至康熙二十八年 (1689)，才「與張儀生起兵浦城 (今福建
浦城)」，[22] 在大局已定、清廷根基已穩的情況下起事，失敗遇害已
是預料到的結局。峽江王某則曾於江西起兵抗清，終「事敗」而

---

15 《續文獻通考》，卷 208，〈封建考〉，頁 3378。

16 同上註，頁 3380。

17 申時行 (1535–1614) 等修：《明會典》(萬曆朝重修本，北京：中華書局，2007 年)，
　　卷 1，宗人府，頁 1–2。

18 《南明史》，卷 27，列傳第三，〈諸王‧一〉，頁 1474、1478；卷 28，列傳第四，〈諸
　　王‧二〉，頁 1491、1495。

19 同上註，卷 27，列傳第三，〈諸王‧一〉，頁 1450–1451。

20 《南明史》，卷 27，列傳第三，〈諸王‧一〉，頁 1474。

21 同上註，頁 1478。

22 同上註，卷 28，列傳第四，〈諸王‧二〉，頁 1491。

「不知所終」。[23]

　　無可否認，上述這種濫恩問題很嚴重，一方面反映出明室玉
牒制度於國變前後急速衰敗之餘，另一方面則反映出南明新君急
於樹立威信而胡亂分封宗室爵位的問題，因此徐鼒才會在《小腆
紀傳》評論道：

　　　　然遼藩除於隆慶，西鄂除於正德，懸絕幾百年，何
　　　自有台州、宵國之命，豈登極之新恩，抑納賄之冒襲，
　　　王政不綱，濫恩錯出矣。[24]

　　姑勿論上述幾位郡王的血統如何，要是他們為貨真價實的太
祖子孫，至南明方獲正名襲位，自然心存報答之恩，非戮力抗清
不可。即使他們不過是冒充他人，或濫襲別人世系，但總算成功
地瞞天過海，換來別人一聲「郡王」稱呼，自然也得盡力報國，履
行新襲爵位的義務。由此看來，名位背後所包含的責任，正是這
羣「不知何所出」的抗清宗室最大的奮戰動力。要是沒有名位所
賦予的外在榮耀感，相信他們自身未必有足夠勇氣走上戰場，並
跟外族決一死戰。

（三）獲別人推舉而被動抗戰

　　不少礙於局勢混亂而沒依附南明朝廷的大小宗室，則憑着個
人特殊的朱氏天潢身份，常獲地方將士、鄉紳推舉為抗清領袖，
以便號召廣大民眾支持。特別是隆武王朝結束後，大量沒投奔永

23　《南明史》，卷 27，列傳第三，〈諸王・一〉，頁 1495。
24　《小腆紀傳》，卷 9，列傳第二，〈宗藩〉，頁 114。

曆政權或紹武政權的天潢，頓時獲四方民眾推舉起事，作為極具
象徵意義的精神支柱。他們或割據一方，或自行攻擊外族軍隊，
總之就要跟滿人劃清界線。他們縱然動機不一，但都不約而同地
希望延續收復大明江山的美夢。

　　大多數獲推舉為抗清領袖的宗室，絕大部分於隆武王朝結束
後的亂世才出現，很少像徽系新昌王朱載墭（？–1645）般在隆武
帝尚存時便起事。載墭為英宗四世孫，於萬曆中襲封。隆武元年
九月，他獲王翹林、繆鼎吉（？–1645）等地方鄉紳奉之起兵於海
州雲台山（今江蘇連雲港）。他是名正言順的前明郡王，自然有不
俗的號召力。然而，載墭跟鼎吉的起事，沒其他反清力量援助，
最後在物資軍備短缺下，只能以失敗告終，一干人等同於淮南遇
害。[25] 據《南疆繹史》所載，推舉載墭為領袖的繆鼎吉，跟其兄弟
繆鼎言（？–1645），實為當世勇悍無比的英雄：

> 繆鼎吉、鼎言，兄弟也；俱絕有力。淮人王翹林等奉
> 宗室新昌王克鹽城、興化，鼎吉以其徒應之，劫殺官弁，
> 鋒銳不可當。官兵至，鼎言持長矛掠陣，奮力擊刺；叢箭
> 而死。鼎吉仍糾眾攻城，屢有斬獲；沖其營，不為動，轉
> 戰不息。以飢不得食，被擒⋯⋯事皆在乙酉秋間也。[26]

　　載墭在國變前早以郡王身份享盡榮華富貴，唯於「天崩地解」
之際，眼見有豪傑願意推舉自己作為反清復明的精神支柱，自然

---

25 《南明史》，卷 28，列傳第四，〈諸王・二〉，頁 1490–1491。

26 溫睿臨、李瑤：《南疆繹史勘本》（《台灣文獻叢刊》本，台北：台灣銀行，1959 年），
　　卷 25，〈鄉兵集義諸臣列傳〉，頁 370。

義不容辭，接受羣眾所請，這固然源於其對明室的歸屬感，還有那份以光復大明江山為己任的使命感，這樣才不枉為朱元璋的血脈。

像載塎般於隆武朝結束前便已獲別人推舉而起事的例子絕不多，也不是主流做法，畢竟大多數宗室都將復明希望寄託在弘光帝及隆武帝上。可是，自南京及福京先後被清人攻克以後，紹武及永曆政權雖差不多同時建立，但前者不足一月旋即被滅，後者又實力不足，所能控制的地區狹小。在兩者聲勢不足情況下，各處大小宗支遂紛紛獲舉自行抗清，此舉或許是要避免受其他宗親指揮，能隨心所欲行事。其中較具代表性的例子，依年分起事排列計有：

第一，益系德化王朱慈爆（？–1649），乃前任郡王朱由樇之子，不知何年襲封王位，於永曆元年二月獲曾慶推舉起事，一度收復漳州（今福建漳州）；但未幾兵敗逃入平和（今福建平和）山中，至七月再次起兵，軍容達數萬人，正式跟清人展開長期對峙。至永曆三年四月，慈爆軍改守延平（今福建延平），還跟自行起事的石城王合兵，希望收復順昌（今福建將樂）等地，無奈未竟全功，只能退守據高險地利的延平山寨。至同年十一月，清廷派遣浙閩總督陳錦以「對山疊土」的方式攻打慈爆堅守的延平山寨，慈爆及石城王終被處死，寨中一眾宗室同樣「皆盡」。[27]

第二，跟慈爆般在永曆建元不久即起事的朱明宗室，還有周系原武王朱肅洴（？–1648）。他是太祖十世孫，不知何年襲封郡王位。弘光政權滅亡後，他本來選擇了逃禪為僧作為出處；但至

---

27 《南明史》，卷28，列傳第四，〈諸王‧二〉，頁1494。

永曆元年（1647）春，獲屬豫、張華山推舉為抗清領袖，繼續「以隆武為號」，還「有眾千人，舟百」，甚至一度攻克廟灣（今江蘇阜寧）；可惜後來無以為繼，終於翌年（1648）正月在泰州（今江蘇泰州）被執，「遇害薨」。[28]

第三，代系山陰王朱鼎濟（？−1649）則於永曆二年起事，先於四月獲南明大將武大定推舉為抗清領袖，並用單一涵為元帥，率先在漢中（今陝西漢中）發難，還進佔毛壩關；可是後來在兵力懸殊的情況下，終被滿將張天福（？−1667）的大軍打敗，也逃不過「被執遇害薨」的命運。[29]

第四，至於跟鼎濟同屬代系的定安王四子某（？−1648），乃前任郡王朱聰㳆的後裔，也於永曆二年八月由忻州（今山西忻州）人王師第推舉起事，可是未見功業已身亡。[30]

第五，益系豐城王裔護國將軍朱由植（？−1649），於永曆三年六月獲江西民眾番天王、閻王總等支持下起兵。永曆帝聞訊後，即賜予由植尚方劍，嘗試將地方自發起事的軍隊，收歸南明政府節制。未幾，清廷派遣江南、江西、河南總督馬國柱率兵討平由植軍，這位朱氏天潢也在戰事中犧牲。[31] 從由植的故事看來，南明政權為了擴大軍事勢力，曾嘗試主動聯絡一些由地方推舉的抗清宗室，希望將各地零星的宗室軍隊力量集結在一起，共同抵抗外族大軍。然而，永曆帝此舉僅限於象徵意義，賜予「尚方劍」實際上意味着將皇權下放給獲民眾推舉的天潢，並由領兵宗室自

28　《南明史》，卷 27，列傳第三，〈諸王‧一〉，頁 1436。

29　《南明史》，卷 27，列傳第三，〈諸王‧一〉，頁 1454；《清史稿》，卷 248，列傳第三十五，〈張天福傳〉，頁 9665。

30　《南明史》，卷 27，列傳第三，〈諸王‧一〉，頁 1454。

31　同上註，卷 28，列傳第四，〈諸王‧二〉，頁 1494。

行斷事，南明朝廷實則達不到協調各方軍事力量的效果，最多只能將地方自發組織的軍隊，添上擁護永曆朝的色彩而已。

第六，徽系宗室朱翊鐼（？–1651）則於永曆五年（1651）在平陽（今山西平陽）獲當地民眾張武推舉起事，並嘗試攻打聞喜（今山西聞喜）一地，但最終戰敗陣亡。[32] 翊鐼身為下層宗室，沒任何爵位，無論在國變前或後，都難以沾上明室恩典，理應較易隱姓埋名。可是他最後仍願意接受推舉，還換來戰敗身歿的下場，相信此選擇與其對自身天潢的優越感有莫大關係，也印證個人昔日的身份和地位，未必是這輩朱氏子弟在選擇出處時的最大考慮，反而有更重要的原因——比如個人心態、信念、經歷等，甚至是羣眾的影響、壓力，方是左右其決定的最重要考慮。

第七，楚系江夏王朱蘊鈇（？–1659）則早於萬曆三十九年（1611）襲封郡王位，延至永曆朝朱氏宗室殆盡之際，方獲南明將領陳奇策「奉之起兵海上」，顯然就是要延續明室復國的希望。至永曆十三年（1659），蘊鈇軍一度進犯雲南上思（今雲南上思），無奈最後還是被身任兩廣總督的漢軍鑲紅旗人李棲鳳（？–1664）率兵打敗，終見執遇害。[33]

在上述獲別人推舉的七位天潢中，其故事反映出尊貴的宗室身份和地位，往往成為這輩特殊階層決定出處時的羈絆——當有將領、鄉紳或民眾推舉自己之時，他們即使本無抗清之意，也只得跟從別人起事，因為這輩宗室根本沒有可以抽身而退的選擇權利。

32　《南明史》，卷 28，列傳第四，〈諸王・二〉，頁 1491。
33　同上註，卷 27，列傳第三，〈諸王・一〉，頁 1443。

（四）為個人野心才打着抗清旗號的卑劣宗室

　　抗清宗室這個羣體，來自一個複雜的特殊階層——他們血脈雖然相同，但每人畢竟擁有不同品位和身份，也受各處藩封地域文化所影響，加上本身背景、遭遇、知識水平存在差異，故此在近 200 名可考姓名的抗清宗人裏頭，必定是各懷異心。在眾多宗室奮勇抵抗外族鐵騎之際，有少數朱氏天潢卻只為個人野心，才打着起義旗號，甚至出現宗人內訌情況，注定他們的反清復明行動，只能以失敗告終。

　　對於不少在國變前未曾獲任何朝廷福利的下層宗室而言，憑着個人宗室身份，投奔跟滿人敵對的南明王朝，正好讓他們有機會成為新的獲益者，甚至可以搖身一變成為統治階層，最重要的是給予其由底層往上爬的良機。正如寧系宗室朱統𨮩，本是建安鎮國中尉，於弘光朝建立後，即「以恩貢謁吏部候考」，獲得昔日沒有的參政機會。然而此人居心不良，只渴望仕途平步青雲，並非真心真意協助南明政府抗清，終成為馬士英（約 1591–1646）、阮大鋮（1587–1646）攻擊東林黨的鷹犬，曾多次上奏彈劾馬、阮政敵姜曰廣（1584–1649），斷言姜氏當初「定策時有異志」，並非真正希望擁立福王朱由崧為帝。統𨮩首次上奏後，跟東林黨人關係密切的內閣首輔高弘圖（1583–1645），票擬追究統𨮩這名天潢妄言；但此奏畢竟正好刺中弘光帝的要害，因此這位南明皇帝即召高氏入宮，厲聲責備云：「統𨮩，天潢，何重擬也？」充分反映出由崧顯然傾向相信宗親統𨮩的說話。未幾，統𨮩再次上奏彈劾姜氏有「把持朝政」、「沮遏章奏」、「廣植私人」、「謀劫遷別戴」、「庇從賊諸臣」、「納賄」、「奸媳」等罪名，終迫使對方連同心腹劉宗周（1578–1645）等人去位，讓馬、阮得以掌權。事後，統𨮩獲

升官為「行人」作為報酬，但他對此甚為不滿，更表示起碼應該獲升遷為「總憲」，即都察院都御史，終讓弘光帝對其生厭；而阮大鋮則開始尋找其他宗室，如朱統鐶等人，作為新的鷹犬。及後，弘光朝迅速覆亡，而隆武帝立國後，即將臭名遠揚的統鐶削籍；而這位投靠南明卻只知攻訐又毫無建樹的天潢，即消失於史冊之中，後來也不曾見到他有任何抗清的痕跡，充分反映出少數宗人在天崩地解之際，絕非誠心抗清，實只為個人福祉及利益而假意投靠南明，盡顯人性醜陋的一面。[34]

少數下層宗室投靠南明，僅貪圖升官發財，實非有甚麼復明宏願。另有下層宗室則希望憑藉自己的尊貴身份，割地擁兵成為山寨王，以滿足個人虛榮感，也談不上有甚麼偉大志向。以寧系石城王裔朱統錡為例，他於南昌被攻陷後，本來打算依靠英山（今湖北英山）變民張福寰，後來因沒辦法跟對方見面，遂「授徒自給」。未幾，他終託人聯繫上張氏，並表明自己乃朱氏宗支身份，至永曆二年（1648）終獲對方庇護，兼且「迎入潛山（今安徽潛山）」；翌年（1649）還獲變民奉為「石城王」，並「造作符印」，頗有割據一方之勢，且曾成功擋住清兵來犯。然而統錡建號割據後，始終沒有跟南明王朝有任何聯繫，也談不上跟其他抗清宗支有甚麼合作，白白喪失了壯大朱氏宗親勢力的機會，終至永曆四年在寡不敵眾情況下，遭清人成功誘捕，終「被執遇害」。[35]從統錡的故事看來，他一心只為擁眾建號，一償個人為王的夙願，根本沒有復明的長遠視野和完整藍圖，以失敗告終實不足為奇。

---

34 《南明史》，卷 27，列傳第三，〈諸王‧一〉，頁 1464-1465。
35 同上註，頁 1465-1466。

　　再者，不少中下層宗室在國變前沒獲朝廷禮待，自然衍生出渴望稱王的心理。至於少數中上層宗室，有的則希望由郡王變成親王，有的甚至妄想稱帝。比如遼系遠安王朱儼鈖（？−1645），乃太祖九世孫。遠安一脈傳至太祖孫朱貴燮（1399−1466）時，曾因不孝罪名而被除國，因此儼鈖的爵位不知何年襲封。弘光元年（1645），他「招臨武砂兵及東鄉淨室庵僧等萬人據郴州（今湖南郴州）」，並從此自號遼王，卻被地方團練所拒，顯然不獲南明官方承認。不論儼鈖還是統錡，他們這種妄自稱號、迷惑公眾的行為，實屬擾亂綱紀，不僅對於朱氏宗室抗清事業沒貢獻，還為南明朝廷添煩添亂。儼鈖稱王不足四月，即被明將曹志建（？−1650）的士兵所殺，而擁護這位僭號宗室的士兵則「死過半」，白白浪費了雙方軍力，也直接影響南明的抗清力量。[36]

　　至於曾試圖乘亂登頂的親王，則有榮王朱由楨（？−1647）。他是憲宗六世孫，於天啟六年（1626）獲封肇慶王；至於後來獲襲封榮王一事，則不可考。永曆元年八月，永曆帝為避清兵追擊，逃難至湖廣一帶，後來失去蹤影，南明大臣堵胤錫（1601−1649）遂乘機建議由楨稱帝，並「建號於辰州（今湖南省沅陵）」，以續南明國祚。後來，由於前大學士熊開元加以反對，加上未能確定永曆帝下落，堵氏和由楨才無奈地打消自立念頭，頗有懸崖勒馬的味道。兩個月後，清軍攻破由楨身處的辰州，迫使這名無緣稱帝的天潢向貴州苗峒方向逃亡，但終究還是「被獲死之」，喪命於外族之手。[37] 由楨在史冊上沒留下英勇奮戰形象，姑勿論他是否真

---

36 《南明史》，卷 27，列傳第三，〈諸王・一〉，頁 1456。
37 《小腆紀傳》，卷 9，列傳第二，〈宗藩〉，頁 103。

的有野心稱帝，但這位在國亡後才襲封親王的天潢，還是給人有覬覦帝位的印象，絕非一心一意參與反清復明事業。

　　除了榮王由楨外，益宣王裔的宗人朱由𣚴（？–1647），也曾試圖乘亂登頂。由𣚴於隆武朝被清人消滅後，即流寓於廣東潮州（今廣東潮州），並有復國之心。至永曆元年九月，他抵達揭陽（今廣東揭陽），得海兵許元烈、劉有、潘俊、吳元、程纓、吳英、呂耀、林夢祥、林西疇等人支持，先於當地發難，復據都城，並順勢自稱監國，進而有收復潮州之意。可是，由𣚴這種高調起事，很快便吸引到清廷關注。十月，滿人成功誘降揭陽城內將領吳元。吳氏打開城門，讓清廷派遣的總兵車任重成功擒殺朱由𣚴、許元烈等人。[38] 或許因為由𣚴急於向外宣布自己的監國身份，不僅容易觸動清兵政治神經，更難以號召其他擁護南明政權的宗室或將領支援，畢竟其正統地位必受質疑，終功敗垂成。由此看來，少數天潢私心自用，實只為個人野心或名位而打起反滿旗幟，倒將大義置於一旁。

　　另外，芸芸宗室中必定良莠不齊，像楚王裔宗室朱容藩可算是惡名昭彰的無賴。容藩，字石渠，太祖十一世孫，於國變後，因「不恥於王府」，遂「逃入左良玉（1599–1645）軍」，還乘亂「冒稱郡王」，讓軍中「諸將惡之」。未幾，他聞訊弘光朝建立，即竄至南京，並成功賄賂權臣馬士英，「以鎮國將軍之名監督楚營」，卻令軍士、宗人感到不滿，「幾激變」。稍後，這名喜歡招搖撞騙的宗室，或許感到繼續身在南明王朝也難以發展，遂又冒名為楚王世子，遷至楚地投靠李自成餘眾，希望獲農民軍擁立為王，

---

38 《南明史》，卷 28，列傳第四，〈諸王・二〉，頁 1498。

可是眾人「疑其詐也」，終不成事。延至永曆帝建國，容藩迅即投奔，並且因為「言兵中情形甚悉」，竟獲得名士丁魁楚（？-1647）舉薦，終獲任命「掌宗人府事」。為了滿足領兵私慾，他後來又上奏永曆帝請求督軍抗清，竟獲遷為兵部右侍郎、僉都御史，總督川東兵馬。然而此人尚未知足，受命後不僅沒親上戰場，不久後還覬覦入閣，實際上根本沒領兵抗清，終激起永曆帝怒火，並打算「削其職」。有見及此，狡猾的容藩即故技重施，這次則賄賂太后親信，希望她能代為求情，終讓其獲得永曆帝赦免，還能「復其官」。容藩復職後，為了表示自己領兵作戰的決心，即率軍入川，但不久即故態復萌，再一次自稱「楚王世子」，且妄稱自己為「天下兵馬副元帥」。碰巧南明將領王光興所率領的軍隊，被清人所敗而「無所歸」，王氏在未有考證容藩名號真偽的情況下，竟聯同李占春、王大海等人投靠，終讓這名利慾薰心的天潢擁兵十萬，遂變本加厲，先是自稱「楚王監國」；後來或許害怕成為眾矢之的，又改稱「吳王」，並私鑄「副元帥金印佩之」，還胡亂封賞官員，更開始「盡殺宗室之流寓者」，生怕有宗人揭穿其詭計，可謂惡毒之至，充分反映出此人居心叵測，實非一心一意「反清復明」。容藩這些無法無天的行為，終究遭人揭穿——朝臣錢邦芑（？-1673）率先彈劾這名僭號宗室，並「傳檄各大鎮」，提醒南明諸將及軍士不要受騙，終令「川東文武始知容藩名號之偽」，遂紛紛解散，早前受騙的李占春也決定撥亂反正。[39] 試看邵廷采在《西南紀事》所記云：

---

39 《南明史》，卷 27，列傳第三，〈諸王・一〉，頁 1447-1449。

> 朱容藩在夔，自以宗室冒稱楚世子、監國、招討副
> 元帥，諸將皆賀，（李）乾德為之不平。未幾，舊相呂大
> 器自黔入蜀，過占春營，具言王無恙，容藩乘機僭竊，
> 不宜輒受其爵號。占春信之，亦不復事容藩。乾德遂傳
> 檄聲容藩罪。容藩益窘，乃北依三譚，以兵攻石柱司。
> 占春救之。容藩敗走，為追者所殺。[40]

從馮氏記載看來，容藩之所以獲得正法，除了歸功於李占春
迷途知返外，還有賴於前大學士呂大器（1586–1649）、朝臣李乾
德的奔走。容藩冒名行騙、貪圖私利的故事，本身已有傳奇色彩。
究其成因，或許出於他的自卑心理，遂讓其一錯再錯。

二、明宗室抗清的表現

選擇抗清的明宗室，不僅動機有別，其表現和行徑也因人而
異——有人為了復國不惜肝腦塗地，或屢敗屢戰，或嘗試運用各
種方法起事，甚至為求成功不擇手段；有人則只是紙上談兵，
嘴巴說要殺敵，雙腿卻在逃命；更甚者是有人表面上打着反滿旗
幟，實際上只是為了一己私慾，草菅人命，只求宣泄亡國之憤。
歷史正是由人類各種不同表現和行徑所組成，而明宗室的抗清事
跡，以及當中所展示的戰略，正體現出他們在特定時空中的歷史
作用。

40　邵廷采：《西南紀事》（台北：大通書局，1987 年，《台灣文獻叢刊》本），卷 6，〈李
　　乾德〉，頁 58。

（一）明宗室在抗清戰爭中的行為

在芸芸抗清宗室裏頭，不少朱氏子弟繼承了明太祖剛毅不屈的好戰性格，面對外族鐵騎時仍無懼色，一心要當血性男兒，將生死置之度外。要數當中壯烈之輩，不得不提周系遂平王朱紹焜（鯤）（？－1647）。紹焜，太祖十二世孫，不知何年襲封，唯崇禎末民變四起之際，已率先自發組織軍隊，跟李自成軍接戰，更曾「身中流矢，負重傷」，但仍堅持抗敵，實乃宗室中少數敢於冒死參戰的豪傑。北京失陷後，他隨別的親王南下，待機復國。弘光初立，他即向弘光帝建議在河南招集義軍抗清，無奈未獲准許。及後，弘光政權覆亡，這名勇猛郡王，即在嵩江（今浙江嵩江）一地，跟南明將領吳志葵起兵，可惜以事敗告終，遂逃至佘山（今上海佘山），改姓名為程隱生，再依另一位南明官員吳易（？－1646）於太湖一帶活動。未幾，吳易軍同樣兵敗，紹焜至隆武元年又改投另一位南明將領呂國興。然而，呂氏後來毅然決定降清，迫使堅貞的紹焜先後改投王店、宋元調等營，可惜依舊沒方寸之功。就在此時，貳臣洪承疇（1593–1665）從部下錢甫處聞知紹焜下落，遂派人將其立刻逮捕。[41] 試看洪氏本人於順治四年所上的奏章，當中就詳細提到紹焜如何被緝捕的經過：

> 竊惟我大清御宇，率土賓從，凡前朝宗支，各宜識
> 命臣服，不圖有周藩分封遂平王、名朱紹鯤（焜）者，於

---

41 《南明史》，卷 27，列傳第三，〈諸王・一〉，頁 1435。

順治二年六月內王師渡江之後，護眾萬餘，盤踞松江西
倉城，與叛師吳志葵同謀肆虐。八月內大兵破松，志葵
被擒，紹鯤逃至佘山，遂為偽職方楊模──即楊鼎式，
擁下太湖，與偽長興伯吳日生、偽總兵周瑞，合營抗拒。
三年五月內，日生就縛。旋又周瑞來降。於八月內，赴
偽總兵昌國興營中。未幾國興歸順，隨逸走嘉興王店地
方。此後出沒無定。臣多方蹤之不得。近聞唐王被獲，
思欲之閩、之粵，自行僭竊。先將伊女下嫁偽官蔡橋為
媳。橋見現助黃斌卿，周踞舟山。復有甲戌科進士陳素、
偽監紀推官楊焜等，左右輔弼，擁戴搆亂。先約湖中賊
眾起手，即欲間道出海，勾連斌卿，為外合內為之舉。
於是連朝海上砲聲不絕，湖中蠢蠢欲萌。幸臣覺察之早，
密飭沿海將備刻刻防閒。臣思若不速擒，變將不測。臣
隨差鄉民並官改易衣裝，分投物色。無奈其行蹤詭秘，
兼有此中奸徒為之護藏，於今十一月二十五日申刻，據
原差人錢甫及巡緝官康名世、宋慶傳等報稱：訪得遂平
王見窩於上海縣地方宋元調家，甫等認識門徑，飛報前
來。臣恐水路稽遲，立刻傳中軍副將詹世勳……引帶馬
兵夜襲，遂平王一見兵馬，即從後牆奔逃，官兵復追至
二十餘里始獲，並妃高氏、陳氏、女大姐、三姐、使女
賜鳳等共五口……其遂平王鍍金銀印一顆，據稱在魏康
侯家，即差守備吳進功等督押康侯，追取前印，乃在上
海縣知縣孫鵬衙內起出。此役仰藉皇上、皇叔父攝政王
之威靈，暨總督內院撫按道府之計畫，不亡一鏃，即爾

擒王。中外交構之隱憂既消，湖海不軌之異志亦絕。[42]

從洪氏記載看來，清廷顯然頗為忌憚紹焜的號召力，甚至害怕這位郡王將會像唐王般稱帝，因此特意派員偵查其下落，也解釋了他在嵩江戰敗後何以必須改名換姓。可是，無論紹焜如何隱藏行蹤，最後還是逃不過清廷神通廣大的耳目，終被順治帝下旨「就彼正法」。[43] 清廷之所以急於收拾這位朱氏子弟，或跟其剛毅行徑不無關係。據《南明史》所載，紹焜「志氣果敢，言及國難，輒悲憤流涕。其薨也，人咸惜之」。[44] 無可否認，相比起那些只顧耽樂或變節降清的朱明天潢，紹焜自國變前已建立起勇猛堅強的正面名聲，加上在國變後仍屢敗屢戰，又不願意隨同呂國興等人向外族投降，充分展示出前朝宗室應有的氣節，進一步鞏固其忠貞形象之餘，更深得擁戴明室的臣民支持，成為當時重要的抗清精神領袖，自然成為順治政府銳意鏟除的目標。

除了紹焜以外，曾在抗清事業上有積極行為、良好態度、轟烈事跡的明宗室，還有同是來自益系的雙雄——昌王朱由櫨（？-1645）及羅川王朱由柊（？-1645）。由櫨，字冠寰，憲宗六世孫，早於萬曆三十九年襲封益系永寧郡王位，後來因領兵有功，獲隆武帝破格擢為昌王；而其世子朱慈炎（？-1645），得以襲永寧郡

---

42 洪承疇：〈叛藩勾亂設計擒弭事揭帖〉，載氏著：《洪承疇章奏文冊彙輯》，冊 1，載台灣銀行經濟研究室編輯：《台灣文獻叢刊》（台北：台灣銀行，1968 年），第 261 種，頁 9–11。

43 同上註，頁 11。

44 《南明史》，卷 27，列傳第三，〈諸王・一〉，頁 1435。

王位。[45] 由梜，則於萬曆三十一年襲封益系羅川郡王位。[46] 二人作為國變前已確立名位的宗室，長期獲朝廷眷顧，對明室的歸屬感不言而喻。國變後，由梜眼見弘光政權迅速覆亡，遂決定跟從當地最大宗室、憲宗七世孫益王朱慈炲（？–1646）起兵，獲由櫨父子響應。試看李天根在《爝火錄》記道：

> 兩都繼末，郡紳勸（益）王舉兵，儀賓鄧思銘首建犀兵之議，以贍財者助餉，負才者參謀，有勇者出戰。王大感動。然王年少柔弱，不習武事，乃悉以戰守機宜委永寧王慈炎及羅川王由梠（梜）主之。於是羅川王與東鄉艾命新、艾南英因以盡約諸紳士同仇共義，募集劉琦、楊獨龍、僧丹竹等三十六人，就南英家歃血誓盟，得義勇七八千人，諸紳各捐資助餉，兵勢稍振。王命思銘參內幕。由梠，瑞王六世孫。慈炎，瑞王七世孫。[47]

益王慈炲、羅川王由梜的義舉，本是一呼百應，大有收復江西南昌之勢。然而就在此時，身為領袖的慈炲，或因「年少柔弱，不習武事」，竟誤信臣下之言，有「監國」之念，更重用私通清人

---

45 《南明史》，卷 28，列傳第四，〈諸王・二〉，頁 1499–1500。

46 同上註，頁 1493。

47 李天根著，倉修良、魏得良校點：《爝火錄》（杭州：浙江古籍出版社，1986 年），卷 11，乙酉（1645），頁 480。筆者按：據吳之村的見解，羅川王由梜與艾命新、艾南英等人「歃血誓盟」的舉措，正是後來反清復明秘密組織「洪門」的宣誓儀式。就此，吳氏提出了「洪門」正是朱明益系宗室所創立的新看法（參考：吳之村：〈「洪門」考源〉，載《安徽史學》，2003 年 1 期，頁 10–25。）。假如吳氏的研究無誤，那麼由梜當是「洪門」其中一位奠基者。

的保寧王朱紹炬（？–1645），為日後戰敗埋下伏筆。早於紹炬來
投之際，由炇已「策其人叵測」，無奈益王「年少仁柔」，「而未敢
以諫」，只好「謀別義舉」。[48] 由炇此舉實值得商榷，畢竟他為免
宗室出現猜疑，因此未有斷然打壓紹炬，但另一方面則錯過了防
患未然的先機。及後，紹炬沒顧念自己乃朱氏血統的光榮，為求
自保，果真出賣同宗親屬，不僅「密款清將王體忠」，泄漏南明軍
情；還在兩軍對戰時，「從陣後箭傷」慈炤軍，終致天潢義師大敗，
根據地建昌也因此失守。紹炬賣國後，隨即降清，但未幾即遇害，
可謂天理昭彰，反映出當時這類無恥之徒不僅沒氣節可言，實際
上也不一定獲得清廷一方欣賞。[49] 建昌陷落後，由炇東山再起，與
鄉紳艾命新等再次於江西一帶招得義兵二萬人，打算從金谿（今
江西金谿）出發，直指撫州（今江西撫州）。是次進軍期間，由炇
約束兵士甚嚴，加上軍隊訓練有素，遂達至「秋毫無犯」之效，讓
當地人民「大悅」，絕不像其他軍隊般擾民，體現這位天潢的治軍
才能。後來，義師在由炇領導下，一度收復撫州。唯清人迅速增
援，再次迫使由炇退回金谿，並只能以「民車數百塞山險」，讓清
兵不能追及，顯示這位天潢有勇有謀的一面。就在由炇進退失據
之際，竟聞訊昌王由橓前來協助。由橓於建昌陷落後，在另一邊
廂跟諸郡王及家人逃亡至寧都（今江西寧都），後來獲當地蕭姓鄉
人大力資助，得以「厚資裝橐」，又招得蕭陛、羅榮、張安、謝志
良、張家玉等將援助，加上招得外族侗人支持，得義兵六萬人，
終在兵糧器械皆備的情況下，才發師跟清人對抗，迅即收復不少

48　《南明史》，卷 28，列傳第四，〈諸王・二〉，頁 1491–1494。
49　同上註，卷 27，列傳第三，〈諸王・一〉，頁 1437。

江西都城，包括建昌、撫州等地，因此獲隆武帝封為昌王，體現其一時功業。由楥、由櫹合兵後，一度勢如破竹，再次進攻南昌；期間由櫹麾下的侗兵在中途「以爭舍鬮」，素來奉行軍紀嚴明的由楥即來制止，竟「中流矢斃」。此事頓時影響二師氣勢，「諸軍皆散」，也反映出借用外族兵主動抗清，或許不是理想之法，畢竟某些少數族裔往往思想簡易，容易見利忘義，實非一心反清復明，終導致接下來的戰事，南明一方由勝轉敗——先是由楥子朱慈瑩（？–1645）「一門死」；繼而由櫹有感由楥的死自己應負上責任，遂「大慟」不已，加上隆武政府接濟不力，甚至對其加以懷疑，在「軍無後繼，又乏見糧」的情況下，只能退回撫州，後來更節節敗退，還被降清闖將王得仁（？–1649）圍捕。就在四面楚歌之際，由櫹不僅沒有放棄，還毅然嘗試「躬冒矢石」突圍，又「登陴死守」，實是勇氣可嘉，無奈最終還是「糧盡」，遂生棄城欲還建昌之念，卻碰巧「病痺不能行」，終被清兵俘虜，稍後與兒子朱慈炎、朱慈美（？–1645）被押往北京，至蘆溝橋遇害。[50]

　　從由櫹、由楥的故事看來，朱明天潢中實不乏勇武、幹練之將才。唯南明朝廷未能有效地組織各路義師，加上統治者每每忌憚其他宗親會功高蓋主，縱然是血緣相同的親戚，也不願真心支持有實績的宗王，終白白浪費一次又一次反攻清人的良機，實屬可惜。至於由櫹、由楥那份情同親兄弟的手足情，在「天崩地解」的國變時世，更可謂格外難得，值得後人緬懷。另外，後來民間興起的反清復明組織，如洪門等，有說是發跡於江西，且以益藩為宗，[51] 相信某

50　《南明史》，卷 28，列傳第四，〈諸王・二〉，頁 1493-1500。
51　〈「洪門」考源〉，頁 10-25。

程度上或許正是受到由梿、由栝那義無反顧的行事態度所感染，實際上絕不可低估這輩明宗室對後世反滿事業的影響力。

益系雙雄由梿、由栝的事跡，讓人津津樂道之餘，該系人才輩出，著名例子還有新建王朱由模（？–1650）和輔國將軍朱由枘。二人都曾在抗清事業上出過一份力，值得後世認識。由模，不知何年襲新建王位。至永曆元年八月，南明幾近覆亡之際，他才毅然與林士、陳泰、梁欽等人自發於永安（今廣西蒙山）起兵，經三個月奮戰，到十一月成功斬殺知縣高咸臨（？–1647），可謂名噪一時。乘着這個勢頭，由模於永曆三年四月，又與劉逖（？–1650）聯同德化王朱慈燁的軍隊合兵，成功收復尤溪（今福建尤溪）、大田（今福建大田）等地。同年九月，他再復延平（今福建南平）高峯諸寨。後來，清將楊名高率大軍反攻，由模軍節節敗退，至永曆四年二月，大田、延平等地先後失守。[52] 同年三月，他與弟由梜（？–1650）終在尤溪被清將陳錦所執，終被判處斬首之刑。[53] 至於由枘，乃益系小宗，雖不能像同系宗親般「護眾萬餘」、「謀別義舉」、「躬冒矢石」、「斬殺知縣」，但仍能在戰事中擔任輔助角色，於隆武朝以職方主事身份監軍定江營，而且負責「協理軍器」。[54]

由此看來，朱明天潢即使未必人人可以像紹焜、由梿、由栝、由模般，敢於上戰場刺殺外敵，也可像由枘般打點各種軍務，又或是肩負起安定地方的使命，實際上同樣可為抗清事業作貢獻。

在選擇抗清的宗室輩中，確有不少奮勇禦敵、循規蹈矩的正

---

52 《南明史》，卷 28，列傳第四，〈諸王・二〉，頁 1496。
53 《清東華錄全編》，冊 2，順治十四，順治七年三月丁丑，頁 2 下，總頁 286。
54 《南明史》，卷 28，列傳第四，〈諸王・二〉，頁 1497。

人君子，像上文提及的紹焜、由櫃、由核；但正所謂良莠不齊，
當中難免也有行為不當的朱氏子弟，正如上述曾出賣同宗、不顧
自身光榮的紹炡。除紹炡外，讓人髮指的卑劣宗人，還有淮系德
興王朱由枌、靖江王裔宗人朱履祧等。

由枌，不知何年襲封，於弘光元年夏清兵攻克江西之際，曾
以郡王身份起兵。然而他所追殺的對象，竟不是南下的滿人，又
或是那些變幻莫測的亂民，倒是那些決定薙髮降清的當地百姓，
可謂濫殺無辜，終迫使當時已登基的隆武帝向其下詔告誡道：

> 江西苦兵，甘為敵用，情罪可原。赦過之條，已云
> 有髮為義民，無髮為難民，王其曲加矜恤焉。[55]

在下位者縱然不智，猶幸在上位者尚算開明，方讓江西人民
不至於活在水深火熱之中。後來，史書上再沒關於由枌的記載，
也不曾看到他曾奮勇抗清的事跡，只餘下「濫殺」的惡名。這名
郡王不分青紅皂白、不明事理、不愛民如子的行為，不僅表現出
此人不智而殘忍，也或多或少地反映其不敢殺敵卻只敢遷怒平民
的變態心理，絕對值得鞭撻。

像由枌般不敢奮勇抗敵而只求尋找各種方法洩憤的明宗室，
還有靖江王裔的宗人朱履祧（？–1648）。他於永曆二年四月因
「訛言倡亂」，遭清人擒獲，終被判處死刑，[56] 實可謂咎由自取。試
思履祧之心理，他長期沒獲得明室以至南明朝廷的眷顧，沒有名

---

55 《南明史》，卷 28，列傳第四，〈諸王・二〉，頁 1488。
56 《南明史》，卷 27，列傳第三，〈諸王・一〉，頁 1480。

位，也沒實權，空有一個無用的宗室身份，自然難以在抗清事業上有何作為，頂多只能大吹牛皮，未必真心希望起事。可是，清廷顯然不會姑息其大言，終讓這位小宗白白斷送寶貴性命。

相比由枌、履祧那些不智又對抗清事業沒任何意義的行為，楚系通山王裔宗室朱盛濃（？–1655）其行雖令人不齒，可是終究只為了推翻清人統治而胡作非為，想法和成效顯然跟前兩者不同。據《（嘉慶）湖北通志檢存稿》所載，盛濃，字楊亭（一說揚廷），於國變前爵位至「中尉」，曾以換授方式獲官，任池州（今安徽池州）知府，面對易代時曾與身邊親友道：「吾分當死，爾輩各自為計。」結果親友皆說：「君死，我輩安避？」然後眾人闔室自焚。[57] 可是，據《南明史》所載，盛濃後來不但沒在國變後立刻死去，還投奔了南明政府出仕。弘光初立之時，他先跟南明將領周維幾，為權臣馬士英攻訐政敵黃澍，導致黃氏嗾使左良玉以「清君側」為名傳檄討伐馬氏，間接造成南明內戰，給予清兵漁人之利。盛濃不顧朝中政爭，為了討好權臣而胡亂攻訐政敵，終引起軒然大波，間接消耗南明政府的軍力，此為其首項不當之處。後來，盛濃總算將功補過，先於隆武元年七月，跟吳應箕（1594–1645）分兵，短暫光復建德（今安徽東至）、東流（今安徽貴池）等地；至十月才因兵力不足失守，遂逃亡至浙東一帶，但仍獲隆武帝任命為浙江道御史，巡按廣、饒，還兼學政。盛濃獲升遷後，即疏請隆武帝訓練兵卒，又要求入覲，皆獲准許。後來，隆武政權被清人瓦解，盛濃於永曆元年春獲永曆帝擢升為兵部右侍郎，

---

57 章學誠著，郭康松點註：《湖北通志檢存稿》（武漢：湖北教育出版社，2002 年），卷 2，〈明季寇難傳〉，頁 136。

總督兩廣，協助瞿式耜（1590–1651）守備桂林。稍後，清兵將至，
盛濃身為兵部要員，原應在前線調兵遣將，可是他竟託言請兵，
逃走至靈川（今廣西靈川），終迫使永曆帝陣前易帥，改以于元
燁代其職務，並將其遷為刑部官員，暴露這位宗室貪生怕死又詭
詐的面貌，還突顯其欠缺責任感，難當大任，實為其另一不當之
處。翌年，原已投降清人的李自成部下李成棟（？–1649）反正，
改投南明旗下。當時永曆朝政由擁立皇帝有功的權臣馬吉翔（？–
1661）、權宦龐天壽（1588–1657）主理，終引起李成棟不滿。李
氏還因此上疏「論廠衛不得干機務」，大有展開另一次南明政爭的
勢頭。有見及此，盛濃不單沒制止之意，還故態復萌，煽風點火，
這次則「揣合成棟意」，要求永曆帝「奪天壽所掌勇衛營」，以歸
李氏養子李元胤所掌。然而，永曆帝沒接受盛濃之議，還加以切
責這位好事宗室，總算避免了另一次內亂的出現。盛濃未能認清
眼前局勢，再度嘗試製造事端，此為其第三項不當之處。至永曆
四年十一月，永曆軍節節敗退，盛濃隨駕至潯州（今廣西桂平），
沒方寸戰功，卻仍獲遷為兵部尚書，總督京營戎政，充分反映出
此人必有高超的政治手腕，方能獲永曆帝信任。不久，南明叛臣
陳邦傅（？–1652）率兵前來圍捕，盛濃再次走為上策，是次則逃
至瑤山（今廣西瑤山），「據險練兵」，以「圖恢復」。盛濃在瑤山
固守差不多五年，相信早已跟永曆帝失去聯絡，甚有割地稱雄之
意。至永曆九年九月，他終與其弟朱盛添（？–1655）、部下蔣乾
相（？–1655）等人，在富川（今廣西富川）起兵，至十月被清兵
所執。[58] 關於盛濃被擒的原因和罪名，洪承疇於順治十二年十二

---

58 《南明史》，卷 27，列傳第三，〈諸王・一〉，頁 1446。

月十九日曾上奏記道：

> 為照富川一隅，久為賊孽盤踞，又有偽逆朱盛濃等
> 煽惑，瑤疃負固狂逞，毒流楚粵，久擬發兵征剿，而偽
> 逆朱盛濃等又以投誠詭計餌緩我兵。本院與提督伯慮兵
> 威所至，玉石俱焚，仰體皇仁好生德意，先差官童欽等
> 前往招撫。而偽孽朱盛濃、賊首王心鐘、守禦偽典史蔣
> 乾相等，日遣黨賊焚劫銅盆、洞心等寨，殺人擄牛，不
> 可勝紀。而朱盛濃藉口伊弟朱勝（盛）添往長沙經略軍
> 前投誠，不日出山就撫，推挨緩哄，以遂劫搶之謀……
> 富川猺（瑤）多民少，兼有偽部院朱盛濃、偽副將萬總、
> 王心等，各恃險寨，作祟多年。蒙授方略，擒賊必須
> 擒頭。[59]

從上述記載看來，盛濃的罪名不僅是投靠南明對抗滿人，更
重要是他長年累月煽動瑤族人民作亂，正好干犯清廷忌諱，迫使
當地官吏有所行動，且須擒賊擒王，終讓這名宗室被捕。至於盛
濃的下場，洪氏續記道：

> 廣西所屬富川縣，與湖南道州、永明接界，山勢險
> 峻，民猺（瑤）雜處，為土寇潛伏淵藪。兼有偽部院朱盛
> 濃竊踞於中，妄稱楚藩遺孽，號召黨羽，以通孫（孫可

---

59 洪承疇：〈富川地方瑤族與朱盛濃聯通孫可望抗清及清軍合兵剿撫情形〉，載中國人
民大學歷史系、中國第一歷史檔案館編：《清代農民戰爭史資料選編》（北京：中國
人民大學出版社，1984年），冊1上，頁305-307。

望）、李（李成棟）二逆聲勢，致粵西、湖南兩省交界地
方，受其擾害。廣西撫臣于時躍，先據富川縣塘報，賊
眾肆逞，即會提督伯臣幾（錢）國安、右翼鎮全節……商
酌發兵剿蕩。……乃粵西撫標、提標……及湖南道州參
將、永州道守備各官兵，俱涉歷山險，依期會合，直搗
賊巢，散脅擒渠，將富川一帶險寨克復，悉行歸順……
其見獲偽部院朱盛濃同弟朱盛添，初借投誠以緩兵，及
職等知其詭計，即立行會兵以剿逆，先經廣西撫臣會疏
請旨正法，近報盛濃已經監故，足征天網不漏。[60]

可見盛濃在順治帝下旨前，早已於牢獄中身故。無可否認，
盛濃平生言行確有不當之處，不僅挑起南明政爭，還曾臨陣脫
逃；即使是臨終前，又嘗試以詐降方法逃命，顯然不是光明磊落
之輩。唯考其動機，他不過是為了延續朱氏血脈、明室國祚而保
存性命，一心光復朱明江山；所以縱然這位天潢行事具爭議，但
其矢志抗清的動機、敢於上戰場的勇氣、嘗試拉攏苗族人民起事
的機智，還是值得嘉許，其行也總比由桄的濫殺無辜、履祧的無
所作為，來得有意義和價值。

（二）明宗室的抗清戰略

亡國的明宗室，要光復朱氏江山，在客觀條件上，不單需要
強大的武力作後盾，還需要有長遠戰略，方能成事。無可否認，

60　洪承疇：〈富川地方瑤族與朱盛濃聯通孫可望抗清及清軍合兵剿撫情形〉，載中國人民大學歷史系、中國第一歷史檔案館編：《清代農民戰爭史資料選編》（北京：中國人民大學出版社，1984 年），冊 1 上，頁 309。

在宗室所發動的各場抗清戰事裏頭，當中雖不乏有勇無謀之輩，但也有部分朱氏子弟智勇兼備，希望透過各種謀略打勝仗。

要談起朱明宗室中滿腹經綸之輩，首選遼系嵩滋王朱儼鋘（？－1646）。儼鋘，不知何年襲封，於隆武元年十二月朝福京，即上疏提出六大抗清綱領：第一，「練鄉兵」，即訓練地方軍士，以組織勁旅。第二，「廣積貯」，即重視經濟儲備，以充實軍需物資。第三，「收豪俠」，招攬地方豪傑參軍，以加強將領實力。第四，「慎轉遷」，留心各路軍隊的調配、將領的升遷，以便互相協助，對抗清人。第五，「閔勞吏」，體察部下的需要，以便他們冒死效勞。第六，「守關用土著」，要求外族幫忙協防，以壯大己方聲威。這六項主張雖然簡單，但正好切中戰事要害，因此獲得隆武帝「嘉納」。然而，儼鋘提出個人看法以後，在未有方寸之功前，其棲身的福京已迅速滅亡，而他本人也在城陷之時遇害，只餘下上述口號，供其他抗清宗室及將領所依行。[61]

要打勝仗，誠然必須像儼鋘所說般先練兵，其次是準備軍備，而身體力行做到首兩項戰略的宗人，計有益系和順王朱慈燉，以至前文提及的由樞、由桵、盛濃等人。其中盛濃雖行為不當，兩次掀起政爭，唯其奏請隆武帝練兵之議，則反映出此人重視軍旅實力，隨後他又獲得御詔回答道：

> 兵宜練膽、練力、練氣、練忠義，方成勁旅，不可放礮吶喊，如兒戲故態。[62]

---

61 《南明史》，卷 27，列傳第三，〈諸王・一〉，頁 1456。
62 同上註，頁 1446。

從隆武帝的詔書看來，這位南明第二任君主也深明練兵有多重要，更提出「膽」、「力」、「氣」、「忠義」四大訓練方針；又告誡宗親在訓練軍士時，必須要認真。由此看來，南明朝廷上下，皆知練兵成效對抗清事業舉足輕重，特別是在敵眾我寡之際，對陣軍士的膽量、戰力、氣魄、信念，正好就是勝負的微妙關鍵，至於能否真正做到以上四點，則有賴領兵宗室自我約束，就好像前文提及的益系雙雄由𣚦、由𣚦，他們之所以能打勝清人數遍，同樣源於訓練有素及裝備充足所致。至於襲年不詳的慈燃，則深明發展經濟才能保民而王的道理。他雖然不像盛濃、由𣚦、由𣚦等人般，親上戰場殺敵，且欠缺實戰經驗，但仍明白到南明大軍擾民的問題，因此曾於隆武朝上言：「百姓因王師久屯，溪山漁樵久絕。」後得隆武帝體察，終下令士兵不得入城擾民，以便確保民間經濟不受戰事影響，南明政府方能通過稅收籌措軍費。[63]

除了士兵素質、軍備多寡外，「收豪俠」、「慎轉遷」、「閱勞吏」絕對是南明成功抗清與否的重要方略。在「收豪俠」方面，儼錞當初建議南明政府招攬「豪俠」抗清；而他所指的「豪俠」，實可解作豪放勇敢而有義氣的人士。這些人士或許是各地有抗清志願的俠客，也可以是在明末起事的農民軍，總之只要有抵禦外族之意，南明政權都應慷慨接納，以加強原來薄弱的軍事力量。毫無疑問，儼錞的建議，先後獲幾位南明君主身體力行所採用。不少昔日的農民軍將領，如上文提及的孫可望、李成棟等，正好先後

---

63 邵廷采著，中國歷史研究社編：《東南紀事》(1951 年神州國光社本，上海：上海書店，1982 年)，卷 1，頁 147–171。

曾改投朱氏旗下，並於抗清事業上起過一定的歷史作用。[64] 誠然
南明君主有廣闊胸襟，接納在國變前曾以朱氏天潢為捕殺對象的
農民軍將領，但絕大多數選擇抗清的宗室，縱然能捐棄成見，跟
孫、李等將領盡釋前嫌，仍難以跟這類曾傷害自己親屬的仇人共
事，只有極少數像朱容藩般的無恥宗人，方能跟他們合作。就此，
在抗清宗室的層面上，他們能招的「豪俠」，最後只有地方上一些
有志抗清的鄉紳或英傑。比如前文提及的益系雙雄由櫍、由核，
正是憑藉江西地方豪傑的力量，方能一度收復失地，跟清人爭一
時之雄。

又如寧系小宗朱議漇（？–1646），字潤生，於國變前曾出任
地方知縣，先在安縣（今四川安縣）任職，後調句容（今江蘇句
容）。國變後，這位朱氏小宗於弘光元年六月跟鄉紳周鑕起兵。
至閏六月，又跟同系瑞昌裔的議瀝合兵攻打南京一帶，後來竟然
以三百人收復句容一地，實為當世美談，因此先後獲隆武帝及明
遺民劉城的褒揚。隆武帝曾賜其璽書道：

> 朕自許忠孝，為法受過，百折千磨，今為祖宗復仇，
> 有進無退。宗鄉朕猶子行，其克悉朕心，出險屯亨，助
> 朕以助祖宗。嗚呼欽哉！高廟亦孚佑爾於無窮。[65]

劉城則賦詩肯定議漇的抗清心志：

---

64 孫可望、李成棟的生平，參考清國史館原編，王鍾翰點校：《清史列傳》（北京：中
　華書局，1987 年），卷 79，〈孫可望傳〉，頁 6624–6627；卷 80，〈李成棟傳〉，頁
　6689–6691。
65 《南明史》，卷 27，列傳第三，〈諸王・一〉，頁 1469。

> 君侯高帝之子孫，隆準修髯鴻寶存。夜觀象緯愁熒
> 惑，曾愛郵筒入汶源。十年豺虎中原滿，至尊勤瘁羣工
> 懶。忼慷悲歌走帝都，武烈纘一朝白日。[66]

不難想像，議㳹單憑區區三百人之力，竟能收復江蘇一城，除了天時、地利之助，更重要的是這數百將士必願為其效死，方得尺寸之功，終獲時人高度評價，也側面展示了「收豪俠」確實對抗清事業有舉足輕重作用。然而議㳹以少勝多、以弱勝強的故事，始終罕見於史。後來，這位曾帶領地方豪傑一度收復朱明失地的宗室，始終不敵清人大軍，先於隆武元年十一月，跟楚系通城王裔盛㵒合兵攻打南京失利；翌年正月，再跟議㳿第二次合兵又敗。誠如劉城所言般，無緣收復朱元璋當初建立明朝時的首個帝都，直接打擊南明軍士氣。至隆武二年六月，曾獲隆武帝任命為僉都御史兼巡撫衢、嚴的議㳹，終於衢州（今浙江衢州）失陷時身亡。[67]

朱氏宗室或明遺民借「豪俠」抗清之風，由清初一直流行至康熙中葉——那時滿人已入關七十餘年，兼江山已穩，可是民間仍有人以前朝宗室之名，招攬地方羣雄從事徒勞無功的謀反活動。康熙五十七年（1718），有人在河南一地聲稱自己是明室周王裔後人，連同鄉紳李山義（？–1718）和白蓮教中人李雪臣（？–1718）、李興邦（？–1718）父子等，意圖謀反，被當地官員偵破，眾人終因此遭清廷處死，史稱「李雪臣案」。歷來談論此

66　劉城：《嶧桐詩集》（「明清史料彙編」本，台北：文海出版社，1972年），卷5，〈忠孝詩為王孫潤生（議㳹）明府賦〉，頁1403–1404。

67　《南明史》，卷27，列傳第三，〈諸王·一〉，頁1469–1470。

案的學人，大多只注意事件跟「白蓮教」相關，又將它評論為清廷以「邪教」名義消除反滿勢力的例子。事實上，此案誠如日本學者野口鐵郎在其〈論河南李雪臣教案〉一文所言般，存有不少疑點：

> 從結果上看，大致可以把握一些基本點，即河南蘭陽縣生員李雪臣被官方判定為山東曹州袁進所傳白蓮教教首，包括其親屬在內的一干同黨俱遭誅滅。至今尚無法斷言與這一事件有關的人們是否真與秘密宗教有所關聯，也沒有任何史料說明該宗教的傳承與教義。從袁進改名朱復業等事實上看，它極有可能是一個反清復明的團體，只是尚無令人信服的確證。[68]

現存史料對於此案的紀錄可謂甚少，值得注意的是其中一位涉案的關鍵人物袁進。據黃鴻壽所編的《清史紀事本末》，袁氏乃前明周王之孫：

> 五十七年夏四月，磔河南民袁進即朱復業等於市。初蘭陽縣有郭英者，自稱前明勳裔，以同邑幼童朱復業，為明周王之孫，撫養家中，詭名袁進，欲效郭子興撫太祖故事，勾結白蓮教首李雪臣、興邦父子匿邑諸生李山義家，潛謀舉事，為縣令偵知捕獲，撫臣張聖佐以聞。

68　野口鐵郎：〈論河南李雪臣教案〉，載《清史研究》，1995 年 4 期，頁 26。「李雪臣案」的詳細始末及研究，參考野口鐵郎：〈論河南李雪臣教案〉，載《清史研究》，1995 年 4 期，頁 20–27。

命尚書張廷樞察審論如法。[69]

　　黃氏提到這位自稱周王孫的宗室，或許是為了逃避他人追捕而改名換姓，並由自稱前明勳臣後裔的郭英所養大，期望效法昔日明太祖投身白蓮教成功反元的典故。後來，錢海岳在《南明史》也採用了這種見解，將朱復業視作正統宗室看待，並置此人於〈諸王列傳〉中。[70] 無可否認，考諸現存史料，實難以判定袁進是否明宗室，更難考證黃鴻壽、錢海岳的記載在史源上有何根據；但對於曾着力研究此案的野口鐵郎而言，他顯然認為是「袁進改名朱復業」，而非「朱復業改名袁進」，暗示袁氏沒可能為天潢。再者，按照《明會典》所記的宗室擬名規則，周系當無「復」字輩，[71] 相信即使此人真的是宗室，也當沒有正式向前明或南明政府請名。姑勿論袁進到底是否貨真價實的周裔宗室，另一個可以肯定的事實，則是清廷當時根本沒有發現其所謂的朱氏天潢身份，試看《東華錄》的兩則記載：

　　　　蘭陽縣奸民李雪臣等一案，將白蓮教賊首朱復業，即袁進論凌遲。案內養袁進為子之郭英論斬，秋後處決。上諭大學士等：郭英係養朱復業之人，即是伊父，理應照謀叛人之祖父例，即行處斬。部議秋後處決誤矣，發還再議。[72]

69　黃鴻壽著：《清史紀事本末》（上海：上海書店，1986 年），卷 12，〈康熙勤政〉，頁 93-105。

70　《南明史》，卷 27，列傳第三，〈諸王·一〉，頁 1440。

71　《明會典》，卷 1，宗人府，頁 1-2。

72　《清東華錄全編》，冊 4，康熙一百一，康熙五十七年二月乙巳，頁 9 上-9 下，總頁 356。

另一則云：

> 河南蘭陽縣白蓮教賊首李雪臣等，眾謀為不軌一案，除李雪臣已經蘭陽縣拏獲杖斃外；為首之袁進，即朱復業，應照謀反律，凌遲處死；郭英撫袁進為子，應照謀反之祖父律，擬斬立決。為從之李興邦等二十二人，俱照謀反律，擬斬立決。孫丙等十四人，俱擬斬監候。洪知所等俱發三姓等處給披甲人為奴。其各處白蓮等邪教之人，行令地方官，嚴查治罪。從之。[73]

　　按照常理及清人慣例推斷，要是袁進真的是前朝宗室，官方必定加以記錄，且大書特書，唯清廷當時僅將此人視作跟白蓮教相關的平民看待，也看不到其他官員談及其宗人身份，無疑加深了此案的懸疑色彩。況且如果從年齡上作推斷，此人即使果真是末代周王朱恭枵之孫，大抵在國變前後出生的話，由清初活至康熙中葉，理應起碼已是七、八十歲的老叟，其養父郭英則應更年長；唯從現存史料看來，這名被清廷凌遲處死的罪犯，以至其養父郭氏，顯然仍在壯年，且活躍於組織宗教及反清活動，絕不像垂垂老矣的長者，幾可肯定野口氏認為此人改名兼有冒濫嫌疑的見解實非失據。簡而要之，袁進要是真的如《清史紀事本末》、《南明史》所言，乃朱氏血裔，自然有其抗清義務，結果才決定以天潢名義，招「豪俠」加入，並以白蓮教名義掩人耳目，以組織反政府的秘密行動。唯清廷對其身世渾然不知，才沒有深究。假使此

---

73 《清東華錄全編》，冊4，康熙一百一，康熙五十七年二月乙巳，頁9上–9下，總頁356。

人只是冒充周王血脈，兼改名為朱復業，也正好體現至清中葉時的反滿活動，不僅需要依賴宗教之名作掩飾，還需要前朝天潢作為秘密組織的精神支柱，方能成功吸引地方鄉紳、英傑加入，反映朱元璋後嗣之名，在當世仍有深遠的象徵意義和影響力。

　　至於在「慎轉遷」、「閔勞吏」方面，南明政府的表現顯然未如理想，不僅未有好好協調各路抗清軍旅，也未有好好對宗室、將領、官吏有效地論功行賞，白白喪失了光復河山之機。在上位者雖未能有效實踐儼錚當初建議的方略，但不少在下位的宗室即使自行起事，往往嘗試活用各種協調戰略，又或是擬定別出心裁的計謀，務求以微小力量抗清。像秦系永壽王朱存梧（？－1656），於永曆三年才襲封郡王位，即致力投身反滿事業，先於永曆五年，跟自稱韓王的宗室朱璟溧（？－1662）聯絡，希望一同合力對抗清兵；後來又跟同系鎮國將軍朱敬鈜合作，在陝西三邊之地作軍事部署，初步展示這位天潢清楚「慎轉遷」之理。至永曆十年，存梧移師河南，「散布劄付」，打算於正月十五日元宵節，以「看燈為名」，在雒陽（今河南洛陽）起兵，可見這位天潢每次所擬定的軍事行動，必有仔細而周密的部署，進一步展示其謀略。無奈這次部署多時的計劃，卻以失敗告終，而存梧在此役最後跟其麾下的豪傑韓標（？－1662）、萬有（？－1662）、郭從信（？－1662）、傅永庫（？－1662）、孫永太（？－1662）、王廣新（？－1662）、張秀宇（？－1662）、李維翰（？－1662）、司鳳樓（？－1662）、雷可秋（？－1662）、亢從業（？－1662）、張鳳（？－1662）、張維（？－1662）、郭自俊（？－1662）、林順（？－1662）、王國才（？－1662）、陳獻方（？－1662）、王襄（？－1662）、蕭吳才（？－1662）、褚海（？－1662）、甄家璧（？－1662）等人「同死」，

可謂悲壯。[74]

除存梧外，周系安昌王朱恭㮗、朱甲（？–1665）父子，也是深明「慎轉遷」的一分子，且能做到「閔勞吏」，以吸引部下為其效死。恭㮗，於隆武二年襲封郡王，即提拔身邊的英傑蘇兆人、衞淇園、周鉉升、陳秉生等為長史，輔助自己處理日常事務，深明「閔勞吏」能收人心之理。及後，恭㮗聞訊武裝集團首領鄭芝龍打算降清，即與周鶴芝前往「流涕極諫」，無奈鄭氏堅持向滿人投誠，讓南明政權喪失重要戰力。恭㮗勸諫鄭氏失敗後，即跟周鶴芝義子林皋前往日本徵兵，希望獲得別國戰力協助抗清，唯同樣「不得要領而還」。恭㮗兩次向別人求援之舉，已展示他明白到行軍作戰必須「慎轉遷」之理。後來，這位郡王雖多番奔走，無奈始終未能集結強援抗清，終於海口（今海南海口）一地失陷後「不知所終」。

至於恭㮗長子朱甲，於舟山（今浙江舟山）一地失陷後，本有跟母妃逃禪於杭州之志，但其挾印而走的行為，則反映其仍難以

---

74 《南明史》，卷 27，列傳第三，〈諸王・一〉，頁 1431–1432。筆者按：學界對於到底是韓宗室朱璟溧還是另一宗室朱本鉉所建立的「定武政權」眾說紛紜：比如孟森在〈後明韓主〉一作主要根據查繼佐於《罪惟錄》的記載，主張野史提到朱本鉉所建立的定武政權，實應由太祖十二世孫朱璽塅所建立。（參考孟森：〈後明韓主〉，載氏著：《明清史論著集刊》[北京：中華書局，1959 年]，頁 69–84。）然而孟氏的說法，缺乏充足史據，加上他應該沒有看到《南明史》記璽塅於崇禎十七年於山西遇害的記載（參考《南明史》，卷 27，列傳第三，〈諸王・一〉，頁 1475–1476。），所以受到後世質疑，正如顧誠就在其《南明史》一作中，清楚指出韓系根本無「本」字輩，因而質疑朱本鉉的地位，加上查繼佐撰《罪惟錄》時「疏於查考」，因此得出「必須剔除所謂以『韓主』為首的『定武』朝廷的謬說」的結論。至於朱璟溧的宗室地位，顧氏主張他出自韓王宗室，但非明朝冊封，也不認為他曾如《南明史》所記般建立定武政權。（參考顧誠：《南明史》[北京：光明日報出版社，2011 年]，冊下，第 32 章，第 2 節，〈關於「韓主定武」政權的考辨〉，頁 1099–1106。）比較上述兩家主流看法，筆者傾向採用顧誠之說，故此將不會探討存疑的朱璟溧、朱本鉉以至定武政權。

丟下宗室身份。至永曆初年，藥商嚴君甫，商人錢佩蘭，鄉紳單恂、蔣曜等人，跟自稱明宗室的朱栱（拱）楣和朱光輔（？–1665）等人，在直、浙等地，創立大乘、圓敷諸教，表面以宗教名義集結，實則秘密從事反清活動；而朱甲也在這時開始，跟這輩紳商有接觸。至永曆十三年，眾人跟黃安（？–1665）、邵台臣（？–1665）、王君蘭、張迎仙、徐大生、趙同庵、吳先生等豪俠，打算奉朱甲起兵，遂秘密展開反清計劃。至永曆十九年四月，朱甲跟朱光輔等人抵達上海，開始「造旗印」，並「招兵散劄」。為了獲取人心，這位郡王之後也像其父般採用「閱勞吏」之法，以金仲美（？–1665）、宗韓（？–1665）為總兵，陳山（？–1665）為游擊，邵台臣為糧道，陳爵（？–1665）為練兵官，胡文閣（？–1665）為中書舍人，打算有所作為。就在眾人大張旗鼓之際，清廷已察覺異樣，隨即捕獲一眾人等，而朱甲、朱光輔、金仲美、黃安、邵台臣、宗韓、胡文閣等 80 餘人全被處死，只有朱栱楣、嚴君甫等人能「先事脫去」。[75] 據《南明史》所載，是次大獄的主角當為周系宗室朱甲，唯考之董含所撰的《三岡識略》，主角則是自稱明宗室的朱光輔：

> 四月。江南巡撫韓世琦奏為明遺孽朱光輔與朱拱（栱）楣，潛住松江泗涇龍珠庵，結黨謀叛。知府張羽明發覺，獲得周王偽寶、偽箚、號旗，並同謀各犯姓名。其栱楣知事露，將偽太子光輔託僧六如擁護，挺身而逃。於是偽總兵金仲美、宗翰、偽游擊陳山、偽糧道邵台

75　《南明史》，卷 27，列傳第三，〈諸王・一〉，頁 1438–1439。

臣、偽練兵官陳爵、偽書記胡文闊、偽儀賓趙文良等，
共八十餘人，皆凌遲，餘株連者不計其數。其實所謂將
軍等，悉市井賣菜傭，而光輔、拱樞果否有無未可知，
嚴緝竟未獲。羽明欲圖超遷，力興大獄，哀哉！未幾革
職去。[76]

　　董氏筆下所記，實不見錢海岳所謂的朱甲，且朱光輔還被視
作崇禎偽太子看待，無疑讓此案更添上耐人尋味色彩，也是清初
另一宗涉及朱明宗室而又欠缺充足史料作研究的疑案。[77] 姑勿論
朱甲、朱光輔、朱拱樞孰真孰假，可以肯定清廷對於這些懷有異
心又打着反滿旗幟的「朱明宗室」，必定是寧枉勿縱。再者，松江
知府張羽明的舉動，反映出當世清朝官吏，每每以捕捉反滿的前
朝宗室為功；也從側面反映出朱明子弟何以必須要謹慎行事，甚
至解釋了他們很多時需要改姓換名的箇中因由。對於這次事變，
美國歷史學家魏裴德（Frederic Wakeman Jr., 1937–2006）還有另
一番體味：

　　　　清廷發現自稱是明室後裔的朱光輔和朱拱樞一直在
　　平湖（嘉興府）和常熟（蘇州府）封拜明朝的官爵。起初，
　　這些精心封織和空話連篇的「偽札」，使巡撫衙門想起了

76　董含撰，致之校點：《三岡識略》（瀋陽：遼寧教育出版社，2000 年），卷 5，〈松郡
　　大獄〉，頁 108。
77　翻查《明清史料》丁編，內存〈明季後裔朱光輔謀反殘件〉。這份原始史料不曾提到
　　朱甲之名，只提到自稱明宗室的朱光輔及朱拱樞。唯由於這份資料為殘本，難以斷
　　定後來的文件有否涉及周系宗人朱甲，也難以辨別錢海岳在《南明史》的記載是否
　　如實可信（參考：中國科學院編：《明清史料丁編》[北京：商務印書館，1951 年]，
　　第 8 本，頁 728–731。）。

鄭成功北伐之前到處頒發的那種委任狀。但是，就連對
有關明朝殘餘勢力的陰謀的流言都高度敏感的清朝當局
也很快意識到，這與其說是政治陰謀，不如說是一場騙
局。二朱實際上是在通過以嚴君甫為首的一羣學醫的人
和煉丹家去出賣委任狀，「布散偽札偽旗」（答應復明以
後授以高官厚爵），而嚴君甫則專門以其煉丹術行騙為
生……簡而言之，他們的復明陰謀不過是一場鬧劇，既
是針對空想家的欺騙，又是迎合不識時務者的空想。[78]

　　魏氏的說法雖有過分推敲之嫌，也有過於貶低明宗室及明遺
民之處，唯光輔、栱樋一眾人等確實有「造旗印」、「招兵散劄」
之舉；但到底他們是要從事像魏氏所說的商業詐騙，還是要藉此
「廣積貯」兼「閔勞吏」，則顯然是歷史觀點與角度之別——要是相
信光輔等人真的是朱姓天潢，那麼他們自然心存光復明室之念；
而他們的抗清活動，當然是正面和有價值。反之，要是相信他們
只是冒濫宗室之名，那麼自然有不良的負面動機，實難以讓人肯
定他們的價值。

　　能夠「閔勞吏」的反清宗室，不僅有來自上層天潢，即使是
下層從軍的小宗，同樣能體恤部下，達到上下一心之效。比如衡
系新樂王裔小宗朱翊鑬（？-1645），早於國變前已獲朝廷特用，
素以「善馭將士」為名，曾跟高斗樞（？-1670）於鄖陽（今湖北鄖
陽）派部下劉源泗冒死以離間計力拒李自成軍，可謂智勇雙全；

78　魏斐德（Frederic Wakeman）著，陳蘇鎮等譯：《洪業：清朝開國史》（南京：江蘇
　　人民出版社，2008 年），第 15 章，頁 696。

而下屬願意為其效死，正是他能「閔勞吏」的最好證據。國變後，原本守備郎陽的官員徐起元（？–1659）降清，翊辯遂與士紳吳雕龍（？–1659）、藍甲（？–1659）、吳緒揚（？–1659）十餘人起兵，但終在敵眾我寡的情況下戰死。[79] 要是翊辯不能好好管治、體恤部下，相信絕無可能驅使他們跟自己同生共死，足證能夠「閔勞吏」的反清宗室，不限於在上位者，即使是小宗也能做到。

儼鏤最後一項抗清方略為「守關用土著」，值得注意是他原意只要求由地方少數族裔協助南明軍隊協防，不要求這些外援協助進攻。究其原因，一來或跟少數族裔其實跟滿人心態相若，就是因為覬覦漢人的經濟利益，才會戮力作戰，要是他們參與進攻，必容易受敵方財富所誘惑。正如由柉之所以功敗垂成，正因旗下伺兵在進軍中途「以爭舍鬩」，充分印證了儼鏤的主張實非無的放矢。再如寧系弋陽王朱議澳（？–1650），雖身世不明，仍於隆武時襲封郡王位，至永曆元年三月，曾與廖文英逃至連山（今廣東連山）、陽山（今廣東陽山）中，獲當地土人擁戴。由於當地「皆深林峭壁」，加上土人善於「用礮」，不僅能「以背負之」，還「發輒命中」，讓清兵「屢攻不克」，再證儼鏤「守關用土著」的見解確實恰當。議澳後來跟土人移師懷集（今廣東懷集），可惜當中原來擁戴他的村夫，在馮天保影響下，竟突然聲稱陽山來了位天啟太子，迫使這位郡王以妖言惑眾之名「執誅」對方。議澳後來終因此事，被當地總兵李友梅所殺，終激起懷集人的怨憤，紛紛前來為其報仇，白白破壞了反清陣營的和諧，可見土人一旦涉及利益衝突，或離開原居地，每每難以駕馭，誠如儼鏤所言般，他們絕

79　《南明史》，卷 28，列傳第四，〈諸王‧二〉，頁 1502。

非進攻好材料，只適用於守關。[80]

其次，南明政府以至大大小小的抗清宗室，皆沒深思儼鋅心意，更沒好好吸收由栣失敗教訓，往往為了迅速加強軍力，壯大聲威，每每要求願助戰出力的外族參與進攻，反過來更容易觸動清人的政治神經，必導致慘痛效果——畢竟他們本身正是通過戰爭之機，而得以入主中土。像榮系貴溪王朱常澎（？-1648），乃憲宗五世孫，不知何年襲封郡王位，於永曆元年冬跟明末將領向登位（？-1648）在永寧（今雲南永寧）山寨藉助苗族力量起兵，一度圍堵沅州（今湖南芷江）。[81] 然而清廷在翌年二月迅速由大將線縉平定亂局，試看《東華錄》記載：

> 偏沅巡撫線縉奏：「偽貴溪王朱常彪、偽恢武伯向登位，句通苗賊，結連張光璧等，分兵二路寇沅州。臣同護軍統領線國安梅勒、章京許爾顯等，合兵進勦，攻下永宵，斬首三千餘級。獲常彪、登位及偽將二十餘人，俱伏法。」[82]

常澎之所以迅速敗亡並遇害，主因正是被清廷視作「句通苗賊」。再如蜀系石泉王朱奉銛（銌）（？-1662），乃太祖九世孫，於弘光元年襲封郡王位；至永曆十六年，才借四川土夷之力起兵，一度攻陷敍州（今四川宜賓）、馬湖（今四川屏山）等地。[83] 奉

80　《南明史》，卷 27，列傳第三，〈諸王‧一〉，頁 1462-1463。

81　同上註，卷 28，列傳第四，〈諸王‧二〉，頁 1503。

82　《清東華錄全編》，冊 2，順治十，順治五年二月壬辰，頁 3 上，總頁 262。

83　《南明史》，卷 27，列傳第三，〈諸王‧一〉，頁 1452。

銛此舉終招致清廷關注，再看《東華錄》記載：

> 四川總督李國英奏：「偽石泉王朱奉銛，煽惑土夷，
> 糾集逆黨，突犯敍州、馬湖二府，提督鄭蛟麟發兵撲剿，
> 擒獲朱奉銛，恢復兩郡。」下部知。[84]

常澂之所以迅速敗亡並遇害，主因正是被清廷視作「煽惑土夷，糾集逆黨」。不難想像，對清廷來說，常澂、奉銛等人煽動外族力量反清，正是破壞其民族政策的死穴，必須盡快將他們平定，以重新穩定那些本無異心的外族，故此涉事一眾人等，實絕無輕貸之理。

從由㮒、議澳、常澂、奉銛四人的例子看來，藉助少數族裔或土著之力，雖能大大加強抗清聲威及軍力，唯這些土人大多桀驁不馴，且計較利益，猶如一把雙刃劍；確實誠如儼鋅所言，只宜用於守關，實不適宜驅使他們進攻，否則必定容易招致清人忌諱，反而加速了該股反清力量的滅亡。

儼鋅提出的六大抗清綱領，要是能確實執行，相信可有效地延續南明政權的國祚，無奈最終能身體力行的一方，不僅不是普遍的朱氏宗室，倒是他們最大的敵人，即滿族統治者。正如滿人入關後，不僅「練鄉兵」、「廣積貯」，始終這是兵家必懂之理。他們還能「收豪俠」，兼廣納貳臣，壯大勢力，三藩吳三桂（1612–1678）、耿仲明（1604–1649）、尚可喜（1604–1676）等正是當中表表者，其胸襟絕非害怕其他宗親奪權的南明君主所比。後來清

---

84 《清東華錄全編》，冊 3，康熙二，康熙元年三月丁巳，頁 4 上，總頁 18。

廷還「慎轉遷」、「閔勞吏」，能留心用人及吏治問題，且信賞必罰，軍隊紀律佳。最後這羣外族更能如實地「守關用土著」，畢竟對滿人而言，土著即是漢人，重用漢將、漢兵，自然能夠事半功倍。由此看來，抗清宗室在軍事上不僅輸了數量及質量，技不如人、策不如人皆是致命傷。或許，他們的失敗，已是命中注定的事，即使少數優秀宗室如何賣力，始終也扭轉不了整個南明王朝的衰頹。

三、明宗室抗清的下場

　　隨着戰事及南明四朝先後覆亡，每次戰敗以至國都被滅，都總有一大羣宗室死亡。他們要是不幸被滿人逮捕後，除了益系嘉祥王朱慈爀於崇禎十七年因清將佟岱為其成功以「衰殘」之由求情獲赦外，[85] 基本上任何被執的戰敗天潢，都會被處死，貫徹清廷不姑息任何對抗者的方針。北京被李自成軍攻陷後，清廷迅速入關，而南京弘光政權迅速建立，標誌南明政權成功延續朱氏國祚外，還得將矛頭由農民軍轉向滿族軍隊。南京的弘光朝、福京的隆武朝，先後立國不足一年而亡，後來所建立的廣州紹武、肇慶永曆政權，也同樣瞬間覆敗。至永曆十五年，咒水之禍在緬甸爆發，南明才正式宣告滅亡。每一位朱明宗室抗清的原因不盡相同，抗清經歷也各自曲折離奇，唯其下場則大多一致——都以不自然的死亡作為結局，某程度上可謂求仁得仁。或許從另一個角度看來，他們是以另一種形式自殺，以另一種方式殉明。

---

85 《南明史》，卷 28，列傳第四，〈諸王・二〉，頁 1496。

　　要總結他們的下場，除了一個「死」字，以至絕大部分人亡於清人之手外，值得注意是他們的死，還可歸納出其他不同的死因和態度：有人死於叛變，有人死於南明內訌；有人則慷慨就義，有人卻含恨而終；另有人最後下落不明，不知所終。

（一）被清人殺害的明宗室

　　除了上文提及因曾參戰而被滿人殺死的宗室外，有更多宗室在抗清事業上，雖沒任何值得掛齒的行為或具代表性的事跡，但他們每每在南明國都、據點陷落時，成為敵人屠刀下的犧牲者，其名字往往仍可見於史冊上。

　　比如在弘光南京亡時遇害的宗室，有跟隨弘光帝被捕的唐系安陽王朱器埈（？–1644）等人。[86] 至於在隆武福京亡時，遇害的宗室則有晉系西河王朱敏淓（？–1646）、[87] 魯系翼城王朱弘櫚（？–1646）等人。[88] 弘光、隆武兩朝，明宗室遇害人數不多，或因在南京、福京陷落之前，不少宗人早已風聞清兵來勢洶洶，甚至弘光、隆武二帝皆先行逃亡，吸引敵軍主力追擊，讓其他朱氏子弟有逃難的機會，從而大大減少傷亡的數字。

　　在紹武廣州亡時遇害的宗室，則人數漸多，或因清兵偷襲成功所致，據《東華錄》所載，單是犧牲的親、郡王已有十多人：

　　　乙未，征南大將軍多羅貝勒博洛奏：「廣州府僞唐王朱聿釗，弟聿鐼，僭號紹武。署兩廣總督佟養甲，署提

86　《南明史》，卷 27，列傳第三，〈諸王・一〉，頁 1478。
87　同上註，頁 1433。
88　同上註，頁 1451。

督李成棟，帥師進勦，斬聿鐭，竝偽周王肅罘，益王思臭（慈炲），遼王術雅，鄧王器堛，鉅野王壽銄（鉤），通山王蘊越（鉞），高密王宏椅，仁化王慈鈉（炳），鄢陵王肅汭（炳），南安王企壠（鈺），周王世子恭探，遼王世子儼鐐，宗姓由梧、慈剽（熛），獲偽王及文武官員印記共三百九十顆，廣郡悉平。」命敍有功將士，其祭告、詔赦事宜，令所司擇吉以聞。[89]

根據清廷一方記錄，除了紹武帝遇害外，當時被殺的還有四名親王、六名郡王，還有兩名親王世子及兩名宗室。要是比對《南明史》的記載，各人除了名字在寫法上有少許出入外，就只有周王、周王世子二人有商榷餘地。據錢海岳所記，周王朱恭枵當於崇禎十七年逝世，在廣州城陷時遇害的周系宗親，當為其孫朱倫奎（？–1646）及其世子。[90] 此外，遇害的親王應還有鄭王朱常澂（？–1646）、[91] 惠王朱常潤（？–1646）、常潤世子朱由梁（？–1646）等人。[92] 由此看來，《東華錄》所載的「偽周王」，或許正是周系東會王父子，實非原來的周王孫及其世子。

至於跟紹武帝同時立國的永曆帝，其國祚表面上雖有十五年之久，唯長期且戰且退，因此國都肇慶當初失陷時，也沒有造成大規模傷亡，倒是在往後出現的零星戰役上，有不少宗室如周系

89 《清東華錄全編》，冊 2，順治八，順治四年二月乙未，頁 3 上，總頁 250。
90 《南明史》，卷 27，列傳第三，〈諸王・一〉，頁 1434–1435。
91 同上註，卷 28，列傳第四，〈諸王・二〉，頁 1485。
92 同上註，頁 1506–1507。

義陽王朱朝𡊟（？-1658）、[93] 周系宗人朱恭枔（？-1655）、[94] 楚王朱華廛（？-1649）、[95] 楚系東安王朱盛蒗（？-1661）、[96] 楚系宗人朱華埼（？-1649）、[97] 楚宗朱蘊金巖（？-1649）、[98] 蜀系華陽王朱至㵧（？-1647）、魯系樂陵王朱以泛（？-1649）、[99] 吉系長沙王朱常㵆（？-1648）、[100] 吉系福清王朱由杞（？-1653）、[101] 徽系懷慶王朱常濯（？-1648）、[102] 益系筠溪王某（？-1648）、[103] 益系瀘溪王某（？-1651）、[104] 益系郎西王朱常潮（？-1648）和其弟朱常清（？-1647）等，[105] 皆相繼被清人緝捕殺害；而最後能從帝入緬的宗室，則屈指可數，計有楚宗朱蘊金（？-1659）、[106] 遼系嵩滋王朱儼鍆（？-1659）、[107] 遼系光澤王朱儼鐵（？-1659）、[108] 寧系宗人朱議漆（？-1659）等人，[109] 但這輩天潢終究還是難逃一劫，客死異鄉，殺死他們的表面上是緬人，唯在背後策動的始終是滿清一方。

　　永曆帝駕崩以後，中國基本上已是滿人天下，可是至康熙盛世年間，境內仍偶爾出現跟朱氏子弟相關的反清行動：他們或從

---

93 《南明史》，卷 27，列傳第三，〈諸王・一〉，頁 1436。
94 同上註，頁 1440。
95 同上註，頁 1441。
96 同上註，頁 1443。
97 同上註，頁 1443。
98 同上註，頁 1444。
99 同上註，頁 1450。
100 同上註，卷 28，列傳第四，〈諸王・二〉，頁 1490。
101 同上註。
102 同上註，頁 1491。
103 同上註，頁 1493。
104 同上註，頁 1494。
105 同上註，頁 1494-1495。
106 同上註，卷 27，列傳第三，〈諸王・一〉，頁 1444。
107 同上註，頁 1456-1457。
108 同上註，頁 1458。
109 同上註，頁 1471。

東寧鄭氏起事，或自行發難，並繼續沿用永曆年號，以示明室國祚不滅。像楚系宗人朱盛治（？–1662），未有依永曆帝入緬，並在國君死後，依鄭成功從事反清活動，一度希望偽裝成僧侶於太湖一帶起事；至永曆十六年（1662）事敗被捕，終被清廷凌遲處死，[110] 顯然是第一類之例。至於第二類在康熙朝自行起事的宗人，則有身份、世系不明的朱二鬍子、朱纘（？–1690），前者於永曆二十八年（1674）於嘉興（今浙江嘉興）、湖州（今浙江湖州）一帶起事，終戰敗被執，相信遇害機會很高；後者則於康熙二十九年（1690）於廣東一帶起事，同樣迅速戰敗，終被執處死。[111] 從這幾位宗室的例子看來，清人在南明四朝陸續滅亡後，早已控制整個中國近 40 年，唯反清復明之義，始終在部分生還朱氏宗室的心頭縈繞。他們縱然知道事不可為，縱然知道以卵擊石，縱然知道徒勞無功，但仍堅決在和平的康熙朝毅然起事，以盡個人身為明太祖血脈的最後責任。

　　簡而要之，上述遇害的宗人，誠然在抗清事業上貢獻不多，

110 筆者按：據現存的《清初鄭成功家族滿文檔案譯編》，朱盛治曾遭人夾訊時，聲稱叔父為唐王朱華誠，又宣稱自己獲鄭成功禮遇，似是暗示自己乃唐系宗人。然而，涉案其他證人則供稱盛治曾自稱楚王，顯然是楚系子弟（參考陳支平主編：《台灣文獻彙刊》[廈門：廈門大學出版社，2004 年]，第一輯，鄭氏家族與清初南明相關史料專輯，冊 7，《清初鄭成功家族滿文檔案譯編》，〈雅布蘭等題為審擬附鄭之明宗室朱盛治等事本〉，頁 373–391）。考諸《南明史》，朱盛治當為楚系宗人，且乃楚王華堞之世孫，而書中未曾朱華誠一名（參考《南明史》，卷 27，列傳第三，〈諸王‧一〉，頁 1441。）；再按《明會典》之載，唐系當無「華」字輩，此乃楚系字輩（參《明會典》，卷 1，〈宗人府〉，頁 1。）就此，盛治應當為楚系宗人，加上他既已被捕，也自忖九死一生，實沒有理由需要說謊，相信《清初鄭成功家族滿文檔案譯編》一書或有譯文之誤：「唐」或應為「楚」，「叔父」或應為「祖父」，而「華誠」或應為「華堞」。另外，要是盛治並非楚王華堞之後，相信鄭成功也不會貿然禮遇一位身世不明的小宗。由此看來，《南明史》記盛治為楚王世孫之文，雖史源不明，但在情理上頗為可信，姑從其說。

111 《南明史》，卷 28，列傳第四，〈諸王‧二〉，頁 1511。

可是他們由始至終皆沒投降、歸隱之念，且深信朱明江山總有光復的一天，才會堅持跟隨南明君主行動，或響應朝廷呼籲行事。這份執着、這份信念、這份熱誠，已值得後世史書記下。

（二）死於叛變的明宗室

在抗清義軍陣營中，有不少人在生死存亡之際，為了求全，往往不惜道義而叛明降清；而這些貪生怕死之徒，往往會以明宗室的人命作為招降籌碼，終導致一部分選擇抗清的宗室死於叛將之手，讓人惋惜。

在芸芸降清將領中，劉承胤、李士璉皆曾以明宗室的人命作為投降籌碼。比如明將劉承胤於永曆元年八月降清，即以岷王朱禋淴（？–1647）為其投降籌碼。禋淴，字文水，太祖十世孫，「工詩草，禮文士」，於國變前得明將劉承胤支持，助平湖南武岡（今湖南武岡）袁有志之亂，後來還娶劉氏女為妻，反映出朱、劉二人不止關係良好，且是女婿跟岳父之關係。禋淴於弘光元年六月襲封岷王，並從此跟岳父投奔南明政權。至永曆元年八月，他被岳父挾持降清，終與一眾朱氏子弟合共 70 人於武昌遇害。[112] 劉承胤不顧跟女婿的情誼，也不顧女兒幸福，堅決將禋淴作為自己的投降籌碼，其行卑劣；而相信禋淴也意想不到，個人性命竟操縱在岳父之手，且在未建寸功前，已遭親人送至敵人處遇害，反映戰亂之世那醜陋而真實的人性黑暗面。

再如李士璉，跟劉承胤一樣為明將，於永曆四年降清，[113] 即

112《南明史》，卷 27，列傳第三，〈諸王・一〉，頁 1473。
113《小腆紀傳》，補遺，卷 1，列傳，〈宗藩〉，頁 755–756。

以魯系陽信王朱弘榏（福）（？–1650）、淮系永豐王朱由桐（？–1650）、吉系德化王朱常汶（？–1650）、益系銅陵王朱由椉（？–1650）、仁化王朱慈炳（？–1650）等人為投降籌碼。試看錢澄之在《所知錄》的見聞，以觀察李士璉降清端倪：

> 平南王尚可喜、靖南王耿仲明二王久頓江西吉安府未發，惠潮道李士璉（本田仰中軍，吉安人）與潮州鎮將郝尚久密往投誠，自陳迫脅；繳勅印，受北官。惠、潮兩郡謂：「北有士璉，悉以國情輸之，督兩郡餉，接應北兵，導之入關。」凡江右宗室依士璉寓惠州者，盡殺之，沒其家；執郡王十三人以獻，北兵遂長驅而進。[114]

從上述文字看來，李士璉很早已有降清之心，唯苦無籌碼，最後竟以流寓江右的一眾朱明子弟作為投降資本，還殘忍到趕盡殺絕，差不多要朱元璋的後人滅絕方罷休，其喪盡天良的行徑，遠比劉承胤更為卑劣。再看《南明史》以下五則關於李士璉屠戮明宗室情況的史料：

> 陽信王弘榏，陽信王以澍子，萬曆四十三年襲封。亦薨於士璉之畔。[115]
>
> 永豐王由桐，永豐王常灂子，仁宗九世孫，萬曆

---

114 錢澄之著，諸偉奇等輯校：《錢澄之全集》（合肥：黃山書社，2006 年），卷 7，《所知錄》，頁 110。

115《南明史》，卷 27，列傳第三，〈諸王・一〉，頁 1451。

三十五年襲封。李士璉降，誘執遇害薨。[116]

德化王常汶，吉宣王翊鑾子，萬曆二十四襲封。李士璉畔，誘執遇害薨。妃龐，數士璉、黃應傑罪數百言，與縣主自經。諸王宮眷同時死者三百餘人。[117]

銅陵王由樌，銅陵王常派子，萬曆二十九年襲封。李士璉降，誘執遇害薨。同死者滋陽十三王，王子在襁褓、郡主縣主已嫁者，不免，凡江右宗室俱盡。[118]

仁化王慈炳，仁化王由梀子，天啟二年襲封。李士璉誘執，遇害薨。[119]

　　從上述記載看來，這羣被李士璉當作投降籌碼的宗室，不僅迅速遇害，以便作為李氏自己向清人投誠後的重要軍功及資本；而他還殘忍到連朱姓婦孺也不放過，受牽連的人命多達 300 條，終導致「凡江右宗室俱盡」的慘況，讓人痛心疾首。要數清初消滅明宗室最落力之人，相信叛將李士璉必屬禍首。

　　除上層將領叛變外，抗清陣營中也有下層官吏、士卒、家臣謀反，終讓一部分明宗室受到波及。落難的明宗室縱然受到南明政府或民間鄉紳支持抗清，唯他們的權力，實際上建基於他人，因此當初推動其起事的人士，一旦改變政治立場，並斷絕實質支持，那麼這羣天潢將由義軍的精神支柱，頓時淪為別人的政治籌碼，甚至是人家降清、媚清的重要本錢。比如楚系宗室朱盛濃

116《南明史》，卷 28，列傳第四，〈諸王・二〉，頁 1487。
117 同上註，頁 1490。
118 同上註，頁 1493。
119 同上註，頁 1496。

（？–1653），於國變前曾出仕為宿遷（今江蘇宿遷）知縣，並跟王
之仁在崇禎十六年力拒清兵，後來在逃難時曾「中矢」，仍堅持聯
繫其他宗室，力圖收復失地，勇氣可嘉。國變後，他跟家人避難
於鎮江（今江蘇鎮江），曾秘密地與妻子弟弟覃夫為等人「刻印散
劄」，期望籌措資本組織義軍起事。後來此事遭其家人李興向清
廷告發，涉事人等一律被捕，而這位天潢終於永曆七年死亡。[120]
李興告發盛濂的行為，或出於明哲保身的考慮，也反映此人或多
或少認為當時大局已定，才不惜親情揭發家人的反清計劃，終讓
這名楚系血脈難逃一死。相類似的例子還見於永曆七年，當時
有朱由極（？–1653）者，自稱是明光宗三子，試看《東華錄》的
記載：

> 丙戌，先是叛民朱由極自稱為故明泰昌第三子。
> 逆黨楊得先等推以為主，造偽札、偽印，煽惑鄉民，妄
> 授官職，招集黨羽，潛謀不軌。至是為宛平縣民甯忠弼
> 等所首，命王大臣等會鞫得貢碟為首者七人，斬附從者
> 二十二人。[121]

　　姑勿論這名獲楊得先（？–1653）支持而在宛平（今屬北京）
起兵的朱由極是否真正天潢，但幾可肯定告發他的鄉民甯忠弼，
必認為滿人大抵上已平定天下，才會向清廷揭破事件，終讓涉事
29 人被處死。此事或多或少反映部分老百姓熱切渴望天下太平，

120《南明史》，卷 27，列傳第三，〈諸王‧一〉，頁 1445。
121《清東華錄全編》，順治二十一，順治十年十月丙戌，頁 8 上，總頁 347。

並甘願接受外族統治，同時反映朱明宗室的號召力，開始在北方逐漸失去效用，再難以收到一呼百應的作用。

至於死於部將手下的宗室，則有寧系宗人朱議㳬。他於永曆二年閏三月因金聲桓（？–1649）在南昌反正，遂獲明將鄧雲龍在武寧（今江西武寧）山中「奉之起兵」，以便響應金氏的軍事行動；然而鄧氏後來決定投降清人，終讓這位天潢淪為犧牲者，變相成為別人投誠的本錢。[122]

再如荊系宗室朱常巢（？–1648），也是死於部下手。他於國變後即獲安徽英、霍、舒、潛間諸山寨支持拒清，自稱荊王；後來還收復太湖，「屢敗清兵」，又曾驅逐清廷官吏饒崇秩。至永曆二年三月，這位屢獲勝仗的天潢被部將余垣「誘執」，成為余氏投降清人的資本，終遇害收場。

從議㳬、常巢的故事看來，只要部下心存降清之意，即使昔日如何為明宗室賣命，但在生死關頭，還是會出賣主子，頓將這羣朱氏天潢作為自己的政治資本、求全工具，甚至是保命符，展現出亂世中真實而殘酷的人性陰暗面。

（三）死於內訌的明宗室

相信不少死於清人或降清叛徒的明宗室，都會有含恨而終之歎。可是，一些死於南明朝內訌的明宗室，實則是咎由自取。在本應同舟共濟之時，某些宗室為了爭權，竟跟其他朱氏子弟或南明將領決裂，又有些宗室因鋒芒太露而招致別人殺機，更有宗室因個人野心而遭羣起攻之。林林總總的例子說明，這羣宗室往往

122《南明史》，卷 27，列傳第三，〈諸王・一〉，頁 1470。

因利益問題而未能聯合起來，無緣光復明室之餘，也注定只能以悲劇收場。

　　新政權剛建立，統治者每每需要小心處理舊有既得利益者與新興利益者雙方的矛盾。正如孫可望原是張獻忠部下，又是張氏義子，於義父死後繼承了張軍的領導者角色。他曾跟南明政權合作抗清，唯因權力問題，常跟統治階層有爭端。關係若即若離，時好時壞，終讓不少朱氏子弟成為犧牲者。[123]

　　孫可望於永曆五年宣布跟南明政權合作前，一直獨力抵抗南明軍及滿清軍，並繼承其義父血洗明宗室的行軍方法，曾於永曆元年二月在平壩（今貴州平壩）一地，屠殺明宗室，犧牲者包括以「清正愛民」而聞名於世的榮系宗室朱由榔（？-1646）一門50人。[124] 至永曆三年，孫可望又出兵攻打貴陽，收拾太祖十一世孫、自稱蜀王的蜀系富順王朱平樕（？-1649）。[125] 同年稍後時間，孫可望主動致書南明永曆政權，表示願意跟朱氏子弟合作，「聯合恢剿」滿人，雙方於是締結和約，合力抗清，孫軍還護送被清人追擊的永曆帝至安隆（今貴州安龍）。誠然永曆帝曾屢受清人追趕，難得有孫可望表示願意護駕，當然沒有錯過之理，遂以安隆為安龍府。可是縱然永曆帝能慷慨接納孫可望——這名曾屠殺朱氏天潢的農民軍將領，然而不少明宗室難以跟其合作，還認定此人不過是要「挾天子以令諸侯」。未幾，以寧系宗室朱議㳆（？-1654）等人為首的天潢，聯同內閣首輔吳貞毓（1618-1654）等，

---

123 有關孫可望的生平，參考顧誠：《李巖質疑：明清易代史事探微》（北京：光明日報出版社，2012年），〈孫可望評傳〉，頁322-360。
124《南明史》，卷28，列傳第四，〈諸王‧二〉，頁1503。
125 同上註，卷27，列傳第三，〈諸王‧一〉，頁1453。

暗中建議永曆帝以密詔方式，急召另一農民軍將領李定國前來護
駕，密謀反客為主，消滅有不軌企圖兼有稱王意思的孫可望。據
《西南紀事》所載，李定國接獲永曆帝的密詔後，曾表示願協助：

> 臣定國一日未死，寧令陛下久蒙幽辱，幸稍忍待之。
> 臣兄事可望有年，寧負友必不負君。[126]

　　是次由議泹、吳貞毓等人計劃發動的政變，雖獲關鍵人物李
定國應允協助，但最後由於孫可望從武臣馬吉翔（？–1661）處得
悉此事，孫氏即決定先發制人，試看《明通鑒》記載：

> 明桂王親行考選，先是馬吉翔奉命祭陵，聞有密敕。
> 至李定國營，遣人偵之。主事劉議新者，道遇吉翔，意
> 其必預密謀也，告以兩使齎敕狀。吉翔驚駭，啟報孫可
> 望。王見吉翔黨與布列，孤立自危，乃臨軒親策從臣，
> 授蔣乾昌、李元開簡討，張鑴給事中，李頎、胡士瑞御
> 史；蔡續、徐極、朱東旦及御史林鍾，以久次皆予加秩。
> 於是龐天壽及吉翔弟都督雄飛忌甚，與其黨方謀陷之，
> 而鍾、續、極、鑴、士瑞等亦知事泄，倉皇劾吉翔、天
> 壽表裏為奸。王見事急，下廷臣議罪。天壽懼，與雄飛
> 馳赴貴陽告可望，而十八人之獄起矣。[127]

126《西南紀事》，卷 10，〈李定國〉，頁 98。
127 夏變：《明通鑒》（長沙：岳麓書社，1999 年），附記 6，順治十年十二月，頁
　　2707。

　　孫可望得悉事情後，即擁兵以武力威脅永曆帝處死涉事的謀臣共 18 人。最終，吳貞毓跟議混等人承擔政治責任，史稱「十八人之獄」。再看《小腆紀傳》記述朱氏宗室議混的下場：

> 議混官廣西道，御史孫可望之請王封也。給事中金堡七疏爭之。舉朝方畏五虎，勢莫敢異同。議混獨劾堡把持誤國後與於密敕之獄，安龍十八先生之一也。[128]

　　議混不畏強權，參與密敕一事，其犧牲實乃明宗室之光榮。同一時間，孫可望也許因此事畏懼大小宗室會對自己不利，也開始在這段時期反過來消滅一些行跡可疑的天潢，岷系宗室黎山王朱禋洿（？–1652）、善化王朱禋潭（？–1652）皆因此於永曆六年八月被殺。[129] 無可否認，永曆帝靠攏孫可望，在形勢緊迫情況下，可謂迫不得已；但他身為一國之君，未能成功平衡各方利益，也未有考慮宗室、朝臣與農民軍長年累月的積怨，最後促成「十八人之獄」，嚴重損害南明一方的抗清資本及實力，實難辭其咎。

　　孫可望之禍外，明宗室跟其他南明將領相處不善的情況，在史書中俯拾皆是，比如於弘光朝亡後改依隆武帝的桂王朱由㭿（？–1646），本為神宗之孫，史稱「英明」，且「有知人鑒」；崇禎九年獲封為安仁王，國變前曾為了避張獻忠亂而逃至廣西。弘光朝滅亡後，明將陳子壯（1596–1647）曾向由㭿建議監國，但這

128《小腆紀傳》，卷 9，列傳第二，〈宗藩〉，頁 110。
129《南明史》，卷 28，列傳第四，〈諸王・二〉，頁 1474。

位「實質樸，無喜事心」的天潢，得悉隆武朝建立後，即在名臣湯來賀（1607–1688）反對下而擱置此議，可是仍為隆武帝所忌。後來，由楥雖襲封桂王位，卻被隆武帝命令移居肇慶，遭受大將丁魁楚（？–1647）監視，雙方關係逐漸變差；而朱、丁二人更可謂水火不容，幾近劍拔弩張。未幾，靖江王朱亨嘉（？–1646）謀反事敗，隆武帝對一眾宗室更為猜忌，而丁氏也希望乘此機會攻訐由楥。至隆武二年三月，由楥因病逝世，但相傳其死實「魁楚為之也」。[130] 姑勿論由楥到底如何離世，幾可肯定在隆武帝猜忌、丁魁楚脅迫下，這位藩王終難實踐報國理想，最後或飲恨而終，或遭人施下毒手，皆不為奇，白白浪費了宗室裏頭的人才，也嚴重削弱了南明本身的抗清力量。由此觀之，隆武帝對宗室的猜疑，君臣、大臣、宗室間互不信任，通通都是明室無望光復的重要原因。

另外，南明政權更迭迅速，少數宗室要是投機錯誤，誤判當前局勢，很容易便會賠上性命。像榮系宗人朱常㳅（？–約1646），字次梅，於國變前已經出仕，歷任峽江（今江西峽江）、新淦（今江西新干）知縣。弘光政權覆亡後，他在對立的唐王朱聿鍵及魯王朱以海（1618–1662）間，選擇了後者。後來，唐王稱帝，建立隆武王朝，並以福建一帶為基地；而魯王則在浙江一帶以監國自居，不僅未有接受隆武帝詔命，也不奉隆武年號，更不惜以高官厚爵收買人心，形成嚴重內訌問題，試看黃宗羲在《海外慟哭記》的記載：

130《南明史》，卷 28，列傳第四，〈諸王・二〉，頁 1507–1508。

> 時遠近章奏，武臣則自稱將軍、都督，文臣自稱都
> 御史、侍郎，三品以下不計。[131]

　　魯王借官爵收買人心，常溁在此時獲封御史，巡按台州，後來更陞官為戶部尚書。未幾，福建及浙江相繼分別被清人攻下，常溁隨魯王逃至舟山（今浙江舟山），終被親隆武政權的將領黃斌卿（？–1649）所殺。[132] 從常溁的故事看來，後世實可看到唐、魯內鬥的禍害——不僅讓朱氏子弟以至親明將領手足相殘，還消耗南明一方抵禦清兵的力量，反映統治階層只求私利，導致宗室、遺民終不能聯手抗敵，自然難以一心復明，失敗已是預料中事。

　　除了跟其他南明將帥有衝突外，宗室有時候也會跟部下出現矛盾，招致以下犯上的殺機。比如周系下層宗室朱在鎮（？–1654），弘光時曾跟江陰鄉紳黃毓祺（1579–1648）守江陰（今江蘇江陰），兵敗後改投明將吳勝兆軍中。永曆五年，監國魯王拜在鎮為兵部尚書、東閣大學士，督師江北，又賜予這位天潢尚方劍，准其「便宜行事」。未幾，在鎮又獲陳德等鄉紳支持，起兵於通州（今江蘇通州）、泰州（今江蘇泰州）一帶。既得民眾支持，又獲監國魯王賞識，或讓在鎮衝昏頭腦，竟自稱為東平王，後來即「為下所首」。[133] 由此看來，在鎮之所以被部下所殺，或因不滿其私自稱王的舉措所致。在將兵沒共同理念前提下，南明各路雄師自然

---

131 黃宗羲：《黃宗羲全集》（杭州：浙江古籍出版社，1986 年），冊 2，《海外慟哭記》，頁 209–242。

132《南明史》，卷 28，列傳第四，〈諸王‧二〉，頁 1503。

133 同上註，卷 27，列傳第三，〈諸王‧一〉，頁 1439–1440。

難有作為，也不費滿人一兵一卒而自行滅亡。

從上述故事看來，南明政爭頻仍，宗室跟將領不能和衷共濟，尤以永曆一朝在存亡之際，反倒內鬥最為慘烈，實屬諷刺，也難以寄望這輩朱氏天潢能有所作為，更遑論要光復大明江山。南明朝的內訌，源自宗室與南明將士的糾紛外，更嚴重的問題，還有宗親間的鬥爭。其中遼系益陽王某（？－1646）、靖江王朱亨嘉、益王朱慈炲，先後有覬覦帝位之心，自然難免招來別人攻擊，直接促成南明一方的大內鬥。

益陽王某，史稱其「武勇絕人」，不知何年襲；弘光覆亡後便於嚴州（今浙江嚴州）起兵，曾跟後來降清的明將方國安合作，唯這位郡王未幾竟擅自使用「監國印」，並「署置官吏」，稱帝的野心昭然若揭。直至隆武朝立，名臣黃道周（1585－1646）馳書向這位天潢「曉以大義」，但益陽王仍冥頑不靈，直至方國安臣服魯王後，才自覺勢孤力弱，遂勉強以監國自號奉表入賀隆武帝，結果反被隆武帝規諷：

> 近日表奏雖來，公然用監國之寶，不知此寶授自何人？勳鎮國安等疏王本末甚明。朕不忍顯戮，王其戒之哉！[134]

他接獲隆武帝詔書後，雖稍為收斂，但仍喜歡挑起宗室間鬥爭——如屢次向隆武帝攻訐同樣曾自稱監國的魯王，又曾派

134《南明史》，卷27，列傳第三，〈諸王・一〉，頁1457。

遣刺客行刺魯王於朝堂上。益陽王這類小動作，終惹起魯王不滿，迫使對方派兵前來攻打。益陽王跟魯王相互廝殺，實可謂鷸蚌相爭，但可惜獲利的漁人，實際上不是南明的隆武帝，倒是滿清一方的順治帝。後來，益陽王終於紹武朝廣州城陷落一役遇害，白白斷送了個人性命之餘，也浪費了自己「武勇絕人」的天賦。[135]

　　至於本身不是朱元璋帝統血脈的靖江王朱亨嘉，其叛逆行徑比益陽王可謂有過之而無不及。嘉亨，乃太祖兄南昌王朱興隆（？－1344）十一世孫，國變前曾以庶子襲封，後遭嫡宗揭發其冒襲事件，遂以厚賂朝貴而得直，而攻訐其者反倒被判入獄。弘光朝建立後，他又劾奏永、全、連三州為土寇所據，但由於撫按「匿不聞狀」，亨嘉竟借勢「竊據三州」，並「駐桂林」。南京陷落後，其「睥睨神器」的野心逐漸暴露出來，他先是向其黨羽私封官爵；至隆武元年八月，索性像益陽王、魯王般自稱「監國」，更將桂林改名西京，甚至改元興業，又不受隆武帝詔，儼然視自己為南明國君。後來，亨嘉開始組織個人軍隊，特別選了「宗室五百人為親軍」，又拘禁廣西巡撫瞿式耜，更傳檄要求峒人助戰，直指廣東，顯然預備要跟其他宗室政權爭逐南明正統地位。未幾，亨嘉因自己的軍隊受挫於兩廣總督丁魁楚大軍，只得退返桂林，終被陳邦傅（傳）（？－1652）擒獲，遭隆武帝廢為庶人，後來還被處死。誠然亨嘉身為太祖兄的子孫，本來就沒資格入繼大統，唯他在亂世中仍生覬覦野心，還打算攻打其他朱氏子弟，直接動搖南明抗清根基，其行實屬無恥，被處死也是理所當然之事，毋庸

135《南明史》，卷27，列傳第三，〈諸王‧一〉，頁1457。

置疑。[136]

　　從上述宗室故事看來，南明政權承襲了晚明黨爭不良風氣。後世除了可以一窺南明朝政如何敗壞、內鬥如何熾熱外，也解釋了清人入關後何以能勢如破竹，幾近百戰百勝——全因這輩外族能夠先公後私，即使統治階層也有爭權、內鬥問題，但終算能夠一致將槍頭指向南明，成就大業。相反，南明宗室不斷內訌，只是愚蠢地不斷削弱自己的實力而已，當然難以跟較為團結齊心的清人爭一日長短。

（四）不屈而死的明宗室

　　一般來說，中國歷史可謂成王敗寇，明宗室中像寧系宗人朱統鎬、朱慈鯛等人戰死沙場固然光榮，[137] 但要是失手被敵人擒獲者，便只得成為階下囚，任由宰割；而清初被捕的朱氏宗人裏頭，實不乏具骨氣之輩，不僅不願投降於清人或叛將旗下，直到被處死前還依舊堅毅不屈，將個人志氣、榮耀一併帶進黃泉，實為鬼雄。

　　要數明宗室中犧牲得較為從容的例子，不能不提魯系宗室朱壽鋪（琳）（？-1647）。壽鋪，字桂林，於國變前曾任雲南通判，史載「有聲績」；於國變後即主動募兵，期望可以為南明政府出一份力。永曆建元，他獲永曆帝擢升為右僉都御史，募兵雲南。未幾，孫可望率領農民軍進襲曲靖（今雲南曲靖），試看《（光緒）湖南通志》記載壽鋪最終如何反應：

136《南明史》，卷 27，列傳第三，〈諸王・一〉，頁 1479-1480。
137 同上註，頁 1465。

> 桂王由榔在廣西以為右僉都御史使，募兵雲南，值
> 沙定州亂兵不能集，孫可望兵至，壽琳知不免，張麾蓋
> 往見之，行三揖禮曰：謝將軍不殺不掠之恩。可望脅之
> 降，不從。繫他所，使人誘以官，終不從，從容題詩於
> 壁，遂遇害。[138]

　　壽鈇自忖難以倖免，反過來主動拜訪孫可望，希望對方能「不殺不掠」曲靖百姓。對壽鈇來說，清軍與農民軍皆是亡明仇人。唯當面對生死抉擇時，他仍是毫無畏懼地捨生取義，如此灑脫，往往需要有無比之浩然正氣，方能達到豁然開朗、從容面對死亡的境界。

　　又如周系邵陵王朱在鉞（？–1652），字西炤，不知何年襲封郡王位，曾於國變前被李自成俘虜，但後來竟僥倖逃脫，可謂萬中無一。南京弘光政權被滅後，他曾獲別人推舉起兵，「數仆數起」，可謂不屈不撓。至永曆六年，當時棲身於湖州（今浙江湖州）的在鉞，接受了永曆帝命令，打算與福建義師相應，但最終兵敗被執，終在「從容談笑」又「不屈」的情況下遇害。[139]

　　有明宗室於臨終時神態自若，也有一些朱氏子弟在遇害前仍感到憤慨，甚至不惜一切非指罵仇敵不可。像魯系滋陽王朱弘懋（？–1650），乃太祖十一世孫，不知何年襲封郡王位，於永曆二年乘李成棟反正之機，於惠州（今廣東惠州）山寨起兵，甚至自稱

---

138 曾國荃撰：《光緒湖南通志》（中國基本古籍庫收清光緒十一年刻本），卷 287，藝文志 43，頁 9462。
139 查繼佐：《罪惟錄》（杭州：浙江古籍出版社，1986 年校點本），列傳卷 4，〈宗室未詳封派・時寰〉，頁 1296；《南明史》，卷 27，列傳第三，〈諸王・一〉，頁 1436。

為「翊運大將軍」，擁眾數萬，聲勢浩大。弘懋本希望乘勢北伐，但遭李成棟副將杜永和反對，遂僅派部下馮明高「率三千人助守南雄（今廣東南雄）」。至永曆四年，李士璉於惠州發動政變，「誘執諸王」。弘懋聞變後，「衣冠出」，且「面無懼色」，只「大罵士璉逆臣」，終「遇害薨」。[140] 正如前文提及，李氏不單止叛明，還將明宗室當成變節籌碼，弘懋豁出去的一罵，正好為一眾被出賣而致死的宗室出了一口怨氣。相類似的例子，還有寧裔宗室朱統鈒（？–1647），他於永曆元年在南昌被捕後，不僅沒屈膝於清人官吏腳下，還厲聲曰：「我帝室藩王，至為若辱！」竟一度震懾對方，「竟釋不殺」；但後來還是遭南明叛將鄧雲龍擒獲，終究「大罵遇害」。[141] 又如遼系遠安王裔宗室朱尊㙔（？–1651），他於永曆五年在海寧（今浙江海寧）起事失敗被捕後，憤慨地留下遺言道：「忠不成忠，孝不成孝，無顏見二祖列宗。」繼之大罵清人而死。[142] 上述例子皆可證明，不少宗室臨難時仍能大義凜然，或因心知不能僥倖而以憤慨壓抑恐懼，方能有如此氣魄。

　　另外，有些宗室雖不是光榮戰死、不屈遇害，但仍抱着亡國憂憤而致死，像翼系瑞昌王朱議瀝之子（？–1661）便是一例。他於永曆元年十二月襲封，至永曆十四年「從扈緬甸」，史稱其「為人鯁直」，常與奸臣馬吉翔等「面叱廷爭」，又曾力勸李定國出兵救駕，但遭受馬氏反對，因此曾仰天歎曰：「死無葬身所矣！」終「嘔血斗許」，翌年即離世。[143] 再如益王裔宗室朱常沖

140《南明史》，卷 27，列傳第三，〈諸王·一〉，頁 1450。
141 同上註，頁 1465。
142 同上註，頁 1460。
143 同上註，頁 1462。

（？–1659），字俊生，也像議瀝之子般從永曆帝入緬，而且同樣因為馬吉翔反對自己力邀李定國出兵救駕之計，終於永曆十三年「憤死」。[144]

由此看來，明宗室裏頭，或許不是有很多人能光榮戰死、不屈遇害，但相信因憂心國事而憤死的天潢，理應同樣是大有人在，奈何只是史冊往往未能將他們的名字一一記下，畢竟其事跡當然沒前兩類宗人般轟烈，值得史家大書特書，可是第三類朱氏子弟的忠誠心態以至歷史作用，實不宜也不可遺忘。

（五）不知所終的明宗室

如果宗室以非正常死亡被視作悲劇結局的話，那「不知所終」或「後事不傳」的宗室，其下場則充滿懸疑，值得深思、討論。這批不知所終的宗室，不論是曾參戰而不知所終，還是僅依南明而未曾參戰，皆無從稽考其結局，只能作出合理推敲。

依南明又無參戰而最後「不知所終」的宗室，最具代表的例子有楚系通山王朱蘊釾。他於永曆二年二月襲其兄朱蘊鉞之位，即參與朝政。時權臣劉承胤有降清之意，被蘊釾洞悉，終讓二人交惡，試看《南明史》記載：

> ……上在奉天，清兵陷永州，兩道並進，劉承胤密款，朝臣皆不知。蘊釾急請召對，言：「虜騎逼，猝至，當如車駕何？」上懼，召承胤問之。承胤大怒，固詰言者，語不遜。上不得已，良久曰：「宗臣蘊釾。」承胤洶

144《南明史》，卷 28，列傳第四，〈諸王・二〉，頁 1497。

洶出，遇蘊鉥宮門，毆之墮齒。蘊鉥遜去，從瞿式耜桂
林，獨先勸輸。[145]

蘊鉥陰揭劉承胤的陰謀，遭惱羞成怒的劉氏「毆之墮齒」，也
許有感朝政紛亂，遂改依名臣瞿式耜於桂林。後來，李自成餘部
郝永忠（？−1663）挾永曆帝往柳州（今廣西柳州），蘊鉥又「親冒
鋒鏑，調停主客」，終瓦解兵變危機。至永曆三年，瞿式耜與名臣
何騰蛟（1592−1649），皆疏薦忠心耿耿的蘊鉥晉封楚王，唯永曆
帝僅敷衍回答道：

覽卿奏，通山王蘊鉥疆場勞瘁，矢志同讎，以功晉
襲，用酬久勛，朕知道了。第藩封大典，譜系攸關，著
宗人府同禮部會議，妥確具奏。[146]

就在瞿式耜、何騰蛟交章舉薦蘊鉥不果後的一年，清兵來勢
洶洶，時「諸將皆潰」，唯獨蘊鉥沒氣餒，也沒介懷封王不果，仍
涕泣苦勸式耜出兵勤王道：

先生受命督師，全軍未虧，盍入柳為恢復計？社稷
存亡，繫先生去留，不可緩也！[147]

145《南明史》，卷 27，列傳第三，〈諸王·一〉，頁 1435。
146 瞿式耜：《瞿忠宣公集》（華東師範大學圖書館藏清道光十五年 [1835] 蔣因培許廷誥
　　刻本），卷 5〈賢王宜優異疏〉，頁 20 上−20 下，載《續修四庫全書》，冊 1375，集
　　部別集類，總頁 236。
147《南明史》，卷 27，列傳第三，〈諸王·一〉，頁 1442。

　　式耜最終未有聽從蘊鈺之請，也教這名多年來疲於奔命的天潢無可奈何，終決定逃走，後跟同系通城王朱英焲「皆不知所終」，相信二人或許有感復明大業無望，遂決定退一步海闊天空，放下郡王身段，走入尋常百姓家，甚至改名換姓，跟家人從此平靜地度過餘生。當然，蘊鈺及其家人也有早已遇害的可能，但必須考慮，他身為南明郡王，要是被人捕獲，對於清將或南明叛臣而言，絕對是一大戰功，後來又豈會不曾見其姓名於史冊上。由此觀之，蘊鈺及英焲當有很大機會選擇了歸隱一途，作為他們最終出處。從蘊鈺的故事及心態看來，其他最終失去消息的明宗室，不論是未曾參戰的襄王朱常澄、[148] 還是曾參戰的周王恭枵、[149] 楚系宗人朱華均、[150] 楚王裔朱盛蒗、[151] 蜀系慶符王朱宣嫛、[152] 代系宗室朱廷墫、[153] 寧系宗室朱謀頸、[154] 楚王裔朱統鉡、[155] 徽系宗室朱常次、[156] 徽系延津王朱常湏、[157]、益系安義王朱由枻、[158] 益系宗人朱由柿、[159] 益系鎮國將軍朱由枌、[160] 益系恩貢生朱慈煌、[161] 益王裔朱慈昚等，[162] 他們最終的出處選擇以至歸隱心態，相信或與蘊鈺無異。

148《南明史》，卷 28，列傳第四，〈諸王・二〉，頁 1486。
149 同上註，卷 27，列傳第三，〈諸王・一〉，頁 1434–1435。
150 同上註，頁 1443。
151 同上註，頁 1447。
152 同上註，頁 1452。
153 同上註，頁 1454。
154 同上註，頁 1463。
155 同上註，頁 1468。
156 同上註，卷 28，列傳第四，〈諸王・二〉，頁 1491。
157 同上註。
158 同上註，頁 1495。
159 同上註，頁 1497。
160 同上註。
161 同上註，頁 1499。
162 同上註。

四、餘　論

現存可知的百多名抗清宗室，絕大部分皆來自上層親王、郡王及出仕小宗，這類宗室佔總宗口人數實際不多，畢竟他們都是金字塔頂端。換句話說，他們可謂千中無一的例子，故此面對清人入關，當其固有或新有的利益受到威脅時，自然積極反抗，以便維護個人財產、地位，甚至有些人乘亂追逐更多權益，實乃必然之理，也是人之常情。

當然，除利害問題以外，也不能抹殺他們有身為朱氏天潢而負起光復明室責任的考慮，唯孰輕孰重，孰多孰少，就因人而異，不能一概而論——純粹按照個別宗人的性格、心態所決定。從本章提到的親王、郡王經歷看來，如由檲、常清、常淓、華增等人，便或許因為沒受到張獻忠、李自成農民軍追擊，相信積存了一定財產，作為武裝抗清的資本。這些人縱然沒有跟南明政府聯繫，可是仍憑着個人力量，嘗試向滿人作出武力反抗，希望力挽狂瀾。誠然這種零星而沒有組織的軍事行動，在現實環境上猶如以卵擊石，也頗為魯莽，根本對滿清大軍沒太大威脅，可是他們仍擇善固執，這份勇氣無疑跟其天潢身份有直接關係。或許在其心目中，只有傾盡全力向滿人作出反抗，方能對得起列祖列宗，無愧成為朱元璋的後人。特別是昔日曾接受明室厚恩的最上層宗室，實際上因與生俱來的身份及尊貴特殊的地位，必然擁有抵抗外族政權的義務，甚有「知其不可而為之」的精神，也突顯這個特殊階層的宿命。再者，大部分被推舉抗清的宗室，大多缺乏充裕物資，又跟其他同志欠缺交流，沒全盤計劃，常出現孤軍作戰情況，失敗其實早已是預料中事。至於那些只顧個人利益

和野心才打出抗清旗號的自私宗室，包括統鋺、統錡、儼鋙、由楨、由榛、容藩者流，這些人的行徑相反不單止有辱朱氏天潢尊貴身份，還印證了抗清宗室裏頭，實有無賴充斥的問題，也從側面剖析了南明王朝何以經常出現內訌繼而自損實力的原因——全因少數宗人不能放下私心，並團結起來，終弄至一盤散沙，難以成事。

此外，昔日經歷也是明宗室選擇抗清與否的重要因素。像以西北、華中、華北地區為家的朱氏天潢，早於國變前已飽受農民軍戰火摧殘，加上曾目睹張獻忠、李自成軍如何殺害宗人，故此棲身於這一帶的宗室子弟，在清人入關之初，不是忙於逃命，就是忙於跟張、李周旋，又或是索性投降清人；至於經重重險阻逃至南京並投入反清陣營的例子，則相對較少。相反，寧系及益系宗室長期以江西為家，他們所棲身的地方，大多未有受到農民軍戰火波及，故此能保存實力；也因地緣關係，較易跟南明朝廷取得聯繫，起來抗清的宗室自然特別多。

綜合上論，上述選擇自發抗清的明宗室，或來自不同世系，或擁有不同品位，卻只為同一理由作戰——那就是忘不了自身血統的光榮，遂毅然組織各種武力鬥爭活動，也不計較個人實力和眼前勝算，甚至早已置生死於度外，僅一心一意希望光復朱氏河山。其動機顯然單純而正面，因此最後各人即使壯烈成仁，也能彰顯他們對自身身份、道義責任的認同感，毋負身為前朝政權的正統後人。至於倖存於難的明宗室，大多因久經戰禍，又親眼目睹生靈塗炭兼同姓宗親先後被殺的慘況，隨着時間流逝，漸感到復明大業無望；而最重要的是，可依靠的南明政權先後被清人瓦解，在別無太多選擇下，他們最後自然再次需要面對出處分

岔口──要麼殉國，要麼降清，要麼繼續反抗⋯⋯可是當中不少曾依附南明抗清的宗室，其名字往後不再見於史冊之上，實際上或許已默默地選擇了歸隱一途，以便平靜度過餘生，總算可苟存於世。

第五章
歸隱的明宗室

　　除了殉、戰、降外，歸隱或許是明宗室忘卻國仇家恨、放下天潢身段的最好途徑，也是他們最後可以選擇的道路。當然，退路不一定易走，畢竟宗室要避開別人耳目，一方面為免被鄉紳推舉為起事領袖，方能全身而隱；一方面又要逃過清廷追捕，方能歸於平淡；另一方面則要解決生計及精神寄託問題，方能活得有意義。

　　俗諺有云：「小隱隱陵藪，大隱隱朝市。」不少宗室或小隱於山，或大隱於市，有時候甚至連他們的事跡也幾乎隱沒於史書中。前章曾提到明末宗室見存人口最少約二十萬，而這個特殊羣體的階層比例，幾可肯定呈現出一個金字塔式的結構，即下層宗室必定佔大多數。這羣下層宗室大多未經請名、請封，其身份不獲肯定，因此於國變後較易躲起來歸隱，過着尋常百姓生活。他們歸隱後，不僅放下前朝血脈身份，甚至有人隱姓埋名，矢志跟前朝劃清界線，以求今後能安身立命。不難想像，關於這類宗人的史料確實不多，有些人的事跡更可謂無從稽考，偶爾有一鱗半爪文墨，已是管中窺豹之重要資料。有見及此，本章網羅可考的歸隱宗室史料，觀察其生計、交遊圈外，還深入探究其精神寄託，

考察他們在宗教思想、文藝創作等方面的成就，以勾勒其退隱後
在心態及生活方式上的變化，從而分析其出處選擇到底有何歷史
價值。

一、歸隱宗室的生計

對選擇歸隱的宗室來說，不論品位、世系，如何謀生皆是一
大難題，畢竟他們在國變前，縱然不獲明室厚待，但也或多或少
地受到朝廷供養；國亡後即需要解決衣、食、住、行等現實問題。
本節正以其生計為探討焦點，觀察無論是大隱還是小隱的宗室，
如何在國變後自力更生活下來。

（一）選擇為師的宗室

對一般宗室來說，自晚明復興宗學教育後，曾用功求學的朱
氏子弟，皆以「讀書人」、「諸生」自居。他們在國變前不僅有出
仕機會，其知識在國變後更成為謀生工具。前章曾提及清廷對降
宗出仕甚有顧忌，因此歸隱後出任館師，或許正是這類宗室知識
分子最佳生計選擇。當然，在明遺民知識分子眼中，有論者如張
履祥（1611-1674）等，仍堅信「學而優則仕」的道理，對讀書人
為館師餬口之舉深表詬病，不僅形容此乃「嗟蹴之食」，甚至曾致
書友人勸其三思是否為師：

> 至於流俗之士，其於書館主人，其事實有同於吮癰
> 舐痔之事，其心實有同於弒父與君之心，故前札感憤及
> 之。且先儒特舉其兩端而括其餘耳，中間無限情態，

尚有不可悉舉者。中夜以思，其為污惡不相泣者幾希
矣。弟所以自比此事於傭作之人，主人使其挑糞，則亦
不得已而為之。又自比於守門之丐，與之酒食，則亦欣
然受之。兄得毋疑弟賤此，而復為之乎？出處之際，古
人立身大業所係！[1]

誠然不少明遺民視館師為屈辱之職，但對走投無路的故明宗
室而言，能在這亂世中自食其力，沒背叛明室、出賣自我之餘，
還能安身保命，或許已是很了不起的事。故此，以授徒為生的宗
室，在史冊上仍然輕易找到他們的名字，畢竟此乃知識分子最易
謀生的一條途徑。

像秦王裔宗人朱敬聚，字質楚，史稱其「天資穎異，沉酣經
籍」，曾「補宗生」，於國變後，因感世事「滄桑變作」，「遂隱居崆
峒以詩文自娛」，甚至「一時文壇詩社咸奉為宗工主盟焉」。成為
名士後，敬聚藉着名聲，晚年還「教授生徒」，先後培養的學生張
壽峒、王裒等皆考獲清廷功名，足證其能。[2] 敬聚作為故明宗室，
理應像伯夷、叔齊般「義不食周粟」，因此沒有主動向清人獻媚；
但其徒未必曾受明室恩惠，於是身為老師的他，並沒有反對學生
投考新朝科舉，也沒有向下一代宣傳反滿思想，才能培養其弟子
出仕。由此看來，這名朱氏子弟應已融入外族所建立的新社會，
繼續其人生旅程，並沒有因國變而意志消沉，倒是積極為新朝培

1　張履祥著，陳祖武點校：《楊園先生全集》（北京：中華書局，2002 年），卷 8，書 7，
　　〈答姚林友一〉，頁 212–213。
2　黃毅、張連舉、張懷寧主編：《崆峒山新志》（蘭州：甘肅文化出版社，2008），附錄，
　　〈隱逸〉，頁 507。

育人才，實值得後世記下其積極事跡。誠然要是敬聚在教育上沒取得任何成績，或許在史冊上早已被遺忘，相信這類選擇為人師表的朱明宗室，應大有人在。

再看於永曆三年「預義師」兵敗而易名李廷的代裔宗人尺蠖生，其原名已不可考，只知其字華海，「通經史百氏」，且國變後「詩有哀郢遺音」，頗具思念故國的情懷。尺蠖生為了解決生計，於河南歸德授徒。[3] 河南名儒田蘭芳（1627–1701）曾記尺蠖生的生平為人道：

> 尺蠖生者，不言其名姓里居，同作客於梁苑，相與往來，聞其音晉，因知其為晉人。久之，得見其詩，詩多言蒲中事，因知其為晉之蒲人。常以尺蠖生自號，人亦以尺蠖生稱之，於是又知其為尺蠖生也。生大抵有厭世絕俗之志，而非出於奉佛求仙之為。由生之詩，以逆生之志，依稀得之，詩之所不言者，不可得而考矣。然所言者，類少和平之音，蓋皆甲申以後，世亂家亡，妻死子夭，埋親異域，羈跡他鄉之所作也。[4]

從田氏記載看來，可知尺蠖生因國變而喪失親人，失去大部分生存意義，遂寄情詩文創作，並以教子讀書為樂：

> 生性愛花，復愛讀書。卜一區於宋之野，蒔花數本，

3　錢海岳：《南明史》，卷 27，列傳第三，〈諸王・一〉1，頁 1455。

4　田蘭芳：〈尺蠖生傳〉，載吳翌鳳編：《清朝文徵》，載任繼愈主編：《中華傳世文選》（長春：吉林人民出版社，1998 年），冊上，頁 582。

日夕讀書其中,以自娛樂。晚年雙目皆廢,猶捫花嗅之,課其幼子讀書而聽焉。生好友,寧為人所欺,而不忍待人以不誠。生尚往來,寧受人之侮,而不敢處己以失禮。親人而介自存,處困而樂不改。未嘗以物為累。而其憂若有不可釋者,所懷不以告人,而人亦不能知也。嘗自為題旌之詞曰:「黃農虞夏之代,東西南北之鄉,亦士亦農之業,呼牛呼馬之人。」嗚呼,可以想其人矣![5]

尺蠖生為了解決生計,平日除教書授業外,還應如其題詞所言般「亦士亦農」,以解決生計問題。至於他生平一直鬱鬱不樂,實源於國變後的傷痛;但為免惹上不必要的麻煩,他不能對別人暢所欲言,甚至坦白承認自己就是前朝天潢。對於尺蠖生的情操與其安貧樂道的態度,田蘭芳還給予高度評價:

讚曰:生生於晉而終老於宋,居於山而復出乎山。屈信委蛇,生死間關。詩得三閭中壘之意,人在幼安、靖節之間。人見其春風鼓瑟,陋巷屢空,遂指為浴沂之點,簞瓢之顏。人見其豐年采薇,聖世散髮,又疑為西山之義,東洛之頑。不知其無入不自得者,乃天機之發;而一飯不能忘者,則時命之艱。嗚呼!曠然不淬之志,浩然長伸之氣,直與日月爭光,豈區區金閨之彥,蘭闈之英?擺詞鏤藻,則古稱先者,斯可得而攀也耶?[6]

5　田蘭芳:〈尺蠖生傳〉,載吳翌鳳編:《清朝文徵》,載任繼愈主編:《中華傳世文選》(長春:吉林人民出版社,1998 年),冊上,頁 582–583。
6　同上註,頁 583。

　　尺蠖生以館師為業，閒時又以務農、讀書為樂，其教育成就或比不上敬聚，也未必能培育學生出仕，但他在日常生活中所展示的身教風範，絕對讓他配得上為人師表之名，更能體現傳統儒士高風亮節的氣質。

　　至於其餘可考以館師為業的明宗室，還有益王裔宗人朱常㵂。他字槎庵，號槎菴，又號雪裘，「嘗居荊州」，「匿其姓名里居，隱於緇流」；閒時與友人郭都賢唱和，「詩成納布袋」，常「出遊名山」，「閒詩多警拔字」，「後授徒山東」以為生計。[7]

　　綜合上述數名宗室的往事，不難發現由古至今，儒生皆不諱言「退而休則教」的主張，即使不能為世所用並一展長才，也可春風化雨，一來可通過教育培養下一代知識分子，二來可解決生計問題。基於這種傳統考慮，為人師表或許正是歸隱宗室其中一項最好出處。

（二）選擇為醫的宗室

　　除了教書，行醫也是中國古代知識分子常賴以為生的專業。明遺民代表王夫之曾在其〈傳家十四戒〉中有一條提到：「能士則士，次則醫，次則農工商賈，各惟其力與其時。」[8] 可見在其角度，即使不能從事跟「士」相關的職業，其次便應以「醫」為業——既可為生，又可救人濟世。不過，當世也有明遺民跟王氏持相反意

7　《南明史》，卷 28，列傳第四，〈諸王・二〉，頁 1497；曾國荃等撰：《湖南通志》（清光緒十一年 [1855] 重刊本，台北：京華書局，1967 年），冊 9，卷 210，流寓，頁 33 上，總頁 4378。

8　王之春編：《船山公（王夫之）年譜》，康熙二十五年，載熊治祁編：《湖南人物年譜》（長沙：湖南人民出版社，2013 年），頁 314。

見，比如張履祥就不諱言道：「醫不可不知，但不可行，行醫即近利，漸熟世法，人品心術遂壞。」[9]姑勿論誰是誰非，行醫確實對明宗室而言，是一項可行而有意義的謀生方式，而他們在國變後自力更生的處世態度，也值得後世留意。

在行醫宗室裏頭，當中不乏上層大宗，像荊系樊山王朱常澂，乃仁宗八世孫，萬曆三十三年襲封。國亡後，他「流落蘄東」，並「改姓名樊孝山」，「為醫自給」。[10]堂堂一名郡王，既不抗清，也不殉國，卻保留最重要的生命，並選擇歸隱以後濟世為醫，一方面藉此謀生，另一方面拯救更多生命，其志氣實不比其他或戰或殉的宗室遜色。

上層宗室以醫為業，下層宗室踏入杏林的例子同樣不少。像國變後改姓名為王九式的潘系宗人，原名已不可考，只知其字抑之，居河南省鄭州以南的新鄭，清代《新鄭縣誌》曾記其生平道：

> 王九式，字抑之，山西高都人。本朱姓，明之宗室也。遭亂無家，來寓於鄭。素精秦越人術，為人療病輒觸手愈，然多不取值。饔飧不給，宴如也。篤嗜吟詠，舉所遭身世流離之感，皆於聲律法之，故雖不必盡合體格，而沉深有思，致讀者多悲其志焉。著有《晚窗詩集》數卷，藏於家。[11]

9　《楊園先生全集》，卷 32，〈言行見聞錄‧二〉，頁 910。
10　《南明史》，卷 28，列傳第四，〈諸王‧二〉，頁 1486。
11　新鄭市地方史誌編纂委員會整理：《新鄭縣誌（清乾隆四十一年標註本）》（鄭州：解放軍測繪學院印刷廠，1997 年），卷 19，〈人物志〉，頁 343。

王九式顯然不是張履祥所言般憑醫逐利之徒，相反王氏不僅醫術高明，「為人療病輒觸手愈」，且行醫後「多不取值」，着重醫德多於謀生，而閒時則好詩文，藉此抒發亡國之情，給人「風雅儒醫」印象。

此外，醫生為一專門行業，有時候還能父死子繼，像楚王裔宗室朱盛淶，字忍生，素「有學行」，國變後遁入梁子山，「易名謝世仁」，相傳年近九十；而其子朱容棟正繼承其衣缽，甚至能青出於藍。[12]《鄂州中醫志》曾記盛淶生平道：

> 朱盛淶，字蓼庵。明末清初江夏（今武漢市武昌區）人，明太祖十一世孫。明亡，變姓名為謝世仁，字忍生，寓武昌樊湖（今鄂州梁子湖一帶）以終。耽詩愛琴，尤善醫。或病劇，經其手輒愈。雖法在不治，以己意損益古方，亦多活者。少嘗割股療親，然深諱匿之，雖盛暑不解衣，恐血痕為人所測識也。著有《通丹經》。[13]

盛淶善醫術，又通丹術，體現中國古代中醫具儒、道合流的特色。另外，他不僅像王九式般醫術高明，能讓病人「輒愈」；還能憑個人研究經驗，修訂傳統藥方，甚至不惜己身，驗證古人「割股療親」的偏方，具開拓、變通精神，自然能夠增加病人康復機會。

---

12 《南明史》，卷 27，列傳第三，〈諸王・一〉，頁 1447；章學誠：《湖北通志未定稿》（湖北：湖北教育出版社，2002 年），〈藝術〉，頁 352。

13 鄂州中醫志編纂委員會編：《鄂州中醫志》（武漢：湖北科學技術出版社，2006 年），上篇，〈文學資料〉，頁 72。

至於盛洣之子容棟，字二安，也是當世名醫，曾獲推薦入清廷太醫院工作，足證其醫術名聞於世，可是他最終堅持不接受任命，充分反映其不願為滿族統治者醫病、效力的心態，顯然以明遺民身份自居、處世，寧可恩澤萬民，也不願意追求功名利祿。至於在清廷一方立場，容棟拒絕出任太醫，滿族統治者或許不清楚他就是前明宗室，畢竟其父盛洣已改名謝世仁，故此他們極有可能不察覺這名獲薦之人本姓朱，明顯只是因其醫名才作徵召。姑勿論容棟因甚麼原因而拒絕為清廷出仕，其醫學成就相信在當世有目共睹。再者，值得注意是為醫者多注意自身健康，通常格外留心飲食，故此容棟也像其父盛洣般，得以享年近九十。[14]

至於對中醫學貢獻最大、留世醫籍最多的明宗室，莫過於在國變後易名喻昌（1585–1664）的益裔宗人。這位宗室原名已不可考，只知字嘉言，曾於國變前為副貢生，國亡後即「改姓名為僧」，並「醫隱常熟北山」。[15] 他跟容棟一樣，曾拒絕順治帝徵召為太醫，甚至為此「佯狂披鬒」，後來方「復蓄髮遊三吳，僑居常熟」，顯然要以明遺民身份自居；但相信其醫術當十分高明，才會獲徵召。[16] 喻昌擅著述，撰有不少醫書流傳至今，後來終憑藉其醫學成就，在歷史上獲得時人高度評價，試看以下三段關於他的論述：

陳康祺（1840–1890）在《郎潛紀聞》中引閻若璩（1636–1704）的話提到：

---

14 《湖北通志未定稿》，〈藝術〉，頁 352。

15 《南明史》，卷 28，列傳第四，〈諸王・二〉，頁 1499。

16 天津中醫學院編：《中國分省醫籍考》（天津：天津科學技術出版社，1984 年），冊上，頁 1283。

十二聖人者，錢牧齋、馮定遠、黃南雷、呂晚村、
魏叔子、汪苕文、朱錫鬯、顧梁汾、顧甯人、杜于皇、
程子上、鄭汝器。更增喻嘉言、黃龍士，凡十四人，謂
之聖人。[17]

楊鍾義在《雪橋詩話》提到：

　　南昌喻嘉言，崇禎中以選貢入都，卒無所就。往來
靖安間，後寓常熟，所至以醫術名，著有《尚論篇》、《醫
門法律》等書。[18]

《清史稿》的〈喻昌傳〉則云：

　　喻昌，字嘉言，江西新建人。幼能文，不羈，與陳
際泰遊。明崇禎中，以副榜貢生入都上書言事，尋詔徵，
不就，往來靖安間。被剃為僧，復蓄髮遊江南。順治中，
僑寓常熟，以醫名，治療多奇中。才辨縱橫，不可一世。[19]

　　上述幾則關於喻昌生平的考證，除錢海岳《南明史》外，皆不
曾提及喻氏的明宗室身份，讓人懷疑錢氏說法為一己孤證，甚至
有近人特意撰文質疑其背景，有說其確為故明皇族，又有說其根

17　陳康祺：《郎潛紀聞（四筆）》（北京：中華書局，1990 年），卷 1，37 條，〈閻若璩
　　裁衡人物未洗學究氣〉，頁 18。
18　楊鍾義撰，雷恩海、姜朝暉校點：《雪橋詩話全編》（北京：人民文學出版社，2011
　　年），續集，卷 2，37 條，〈喻嘉言〉，頁 832。
19　《清史稿》，卷 502，列傳第二百八十九，〈藝術一‧喻昌傳〉，頁 13868。

本不是朱氏子弟。[20] 不過無論如何爭辯，據《錢柳遺事雜錄》記載，錢謙益曾跟喻昌多次接觸，並確認其明宗室身份道：

> 嘉言本姓朱，江西人，明之宗室也，鼎革後諱其姓，加朱以捺為余，後又易未，以刖為俞，各往來牧齋之門。[21]

如此看來，錢海岳或從錢謙益言，得悉喻昌乃明宗室。錢謙益為當世時人，且曾獲喻昌為其看病，他對喻氏背景有深入記述，相信乃聞自對方之口。況且喻昌假如真的並非朱氏子弟，但當時早已醫名天下，實際上也沒甚麼必要冒認是明宗室，畢竟這個特殊身份在國變後，根本沒甚麼利益可言，甚至會招致不必要麻煩，隨時禍及生命——因此很難想像喻氏刻意對錢謙益說謊。此外，後世還可從《錢柳遺事雜錄》看到喻昌平日如何治病：

---

20 學界對喻昌的宗室身世，有壁壘分明的看法，比如主張喻氏當為宗室的學人，有上海中醫藥大學的樓紹來等，他們主張根據辜鴻銘、孟森等編纂的《清代野史》及錢謙益的見聞為證，確認其朱氏子弟身份（參考樓紹來：〈明代宗室出身的名醫喻嘉言〉，載《中醫藥文化・醫史博覽》，2006 年 4 期，頁 27。）。至於反對喻氏當為宗室的學人，有遼寧省中醫研究院的史常永，他認為方志記嘉言中貢生，卻以「喻」為姓，若是天潢，理應以「朱」姓真名中榜；並又謂有學者曾訪喻昌故鄉，訪問其後人，相信喻氏根本與朱姓宗室無關（參考史常永：〈喻嘉言姓氏考辨〉，載上海中醫學院主編：《中醫年鑑 1984》[北京：人民衛生出版社，1985 年]，頁 415-416）。筆者按：晚明政局混亂，喻昌即使考中貢生，也不一定獲記於史書中，因此難以全信方志所記一定真確。再者，現存可見有關喻昌的紀錄，多來自國變以後的清代方志及史料，他在明末之世的事跡甚為缺乏，也罕見於明代史料中，故此史氏的見解實不足信。再者，史氏即使能成功訪問喻氏後人，可是他們既非嘉言血脈，更距喻昌棲身的時代近三百餘年，對其本人身世的認識，近於道聽塗說，穿鑿附會成分甚濃，相比起跟喻氏同代的錢謙益見聞更不可信。

21 《錢柳遺事雜錄》（藝風老人手抄藏本，杭州：六藝書局，1930 年），頁 6。

北城外多敗屋，居民多停棺其中，嘉言偶見一棺似新層者，而底縫中流血若滴，驚問旁隣，則曰項某鄰婦死，厝棺於此。嘉言急覓其人，為語之曰，汝婦未死，凡人死者血黯，生者血鮮。吾見汝婦棺底血流甚鮮，可啟棺速救也。蓋其婦實以臨產昏迷一日夜，夫以為死故殯焉。聞喻之言，遂啟棺診婦脈，未絕，心胸間針之，針未起，而下已呱呱作聲，兒產婦亦起矣，夫乃負婦抱兒而歸。

從上文看來，喻氏不僅醫術高超，還擁有救苦救難的醫德。錢氏欣賞喻昌為人和其醫術，還曾為其醫書作序，稱許對方能將釋道思想融入中國醫學，「其言精深奧妙，殊非世典醫方兩家所可幾及」。[22] 再據虞勝清考證，相傳這名宗室醫者後來還「歿於錢牧齋家」，最後獲錢氏「以為坐化龕奉之」，進一步說明二人交情深厚，而喻氏身世當沒可能出自杜撰。[23] 相比起常滄、王九式、盛淶、容棟等人，喻昌存世著作甚豐，除最有代表的《喻嘉言醫學三書》，即《寓意草》、《尚論篇》、《醫門法律》外，還有《（痘疹）生民切要》等作，現全收錄於陳熠主編的《喻嘉言醫學全書》內。[24] 值得注意的是喻氏著述不僅着重專業醫學知識，還格外注意醫德，充分體現出傳統儒生那種悲天憫人的情懷，比如《清史稿》就

22　錢謙益：〈《醫門法律》序〉，載喻昌著，蔣力生、葉明花校註：《喻嘉言醫學三書》（北京：中醫古籍出版社，2004 年），頁 306。

23　虞勝清：〈喻昌年齡醫事考〉，載《江西中醫藥雜誌》，1988 年 2 期，頁 10。

24　喻昌著，陳熠主編：《喻嘉言醫學全書》（北京：中國中醫藥出版社，1999 年）。本文以明宗室出處為研究中心，有關喻昌的醫學主張和成就，參陳熠主編：《喻嘉言醫學全書》，〈喻嘉言醫學學術思想研究〉，頁 489–510。

對其《醫門法律》一作給予極高評價：

> 又著《醫門法律》，取風、寒、暑、濕、燥、火六氣
> 及諸雜證，分門著論。次法，次律。法者，治療之術，
> 運用之機；律者，明著醫之所以失，而判定其罪，如折
> 獄然。昌此書，專為庸醫誤人而作，分別疑似，使臨診
> 者不敢輕嘗，有功醫術。[25]

從上述評論看來，喻昌浩瀚的醫學文字著述，當對中醫學發
展有舉足輕重作用，再一次證明在歸隱的明宗室裏頭，實不乏人
才在內。

要是沒有國變的天崩地陷環境，喻昌、常滄、王九式、盛泳、
容棟等人，也許仍會在僵化的宗室制度下生活，並繼續受明室供
養，相信他們那時候未必能有志學醫，繼而濟世救人，以生命拯
救生命。就此，國變無可否認會為朱氏子弟帶來亡國及家破人亡
的傷痛；可是從另一角度看來，也是解放他們、給予他們發展事
業機會的一次契機。

（三）選擇為農、為工、為商的宗室

曾接受教育的朱氏子弟，通常會首選從事一些跟其知識分子
身份相關的行業，比如為師、行醫等。可是一些有學識的明宗室，
偏偏反其道而行，選擇替別人做工，加入工人行列，當中以國變
後易姓名為石哈興的秦王裔宗室，乃表表者。石哈興，又名石哈

---

25 《清史稿》，卷 502，列傳第二百八十九，〈藝術一・喻昌傳〉，頁 13868。

生，《南明史》記其身長七尺餘，通經史、天文，「力能扛鼎」，[26] 幾可媲美西楚霸王項羽。明亡後，高大有力的石哈興，一說在真安（今貴州正安）為傭，另一說在西安（今陝西西安）為傭。彭端淑（1699–1779）曾為石哈興作傳，並提到其為傭工的生活：

> 石哈生者，或曰秦人，或曰蜀人，長七尺餘，力能扛鼎，無妻子生業，自鬻於西安某家，供爨米薪水之役惟謹，無大小皆喜之。居常寡言笑，無喜慍色，人莫測其為何人。詢之，不言；問其名，亦不告，因共呼為哈生。哈生者，俗所謂無能而盧生也。獨與富平人宋石芝善。[27]

據上文所記，石哈興自國變後，為了謀生，竟自鬻於西安某家為雜役傭工，平日為該家提供體力勞動服務。他無家無妻兒，又無名字，家破人亡兼歷虎口餘生，自然對生命及萬事萬物都不感興趣，只留下「無喜慍色」的神情。彭氏續記得悉石哈興為宗室的緣由道：

> 余嘗與張將軍（張勇）、孫宗純者游，為言石、宋兩人事甚悉。宋石芝一出，而為將軍建奇勳，功成身隱。哈生見重於宋，其才智必有大過人者，乃為人奴而不辱，彼其中固有不可測者耶？宗純又云：「哈生既沒，或傳其善天文，本故明宗室子，以石為姓，有託焉爾。問之不

26 《南明史》，卷 27，列傳第三，〈諸王・一〉，頁 1433。
27 彭端淑：〈石哈生、宋石芝傳〉，載王文濡選編：《歷代詩文名篇評註讀本》（長沙：岳麓書社：2001 年），清文卷，頁 197。

言，故世莫能定，要之，此兩人亦奇矣哉！」[28]

從彭氏見聞看來，他是從友人張宗純處得知石哈生的真正身份。另外，石哈生跟亦友亦徒的宋石芝一件逸事，當中石氏所流露出來的心態，或可足證其宗室身份非虛，試看俞樾（1821-1906）記道：

> 宋石芝者，喜讀書，不為章句學，賣卜於市中。靖逆侯張勇方少賤，常就之卜，輒效。已而張侯起家行伍，積功至專閫。方是時，吳三桂反雲南，大兵討之，相拒於萬石溪。其山三面皆斗絕，獨一面稍平，賊據以守，期年不能克，朝廷復命張侯往助之。張侯願與石芝俱，不可，以千金壽其母，強之以去。而張侯所部皆西北人，滇路崎嶇，又值霖雨，多疲憊，杖而行，大軍皆八旗勁旅，見之笑曰：「是尚能殺賊乎？」呼之曰「張娘子軍」。張侯就石芝問計，石芝曰：「此山東南隅有間道，人無知者，賊必不為備。明日使副將統兵，會大軍戰，而君侯潛引銳卒三百從間道步行，沿嶺攀葛以上，則賊必驚潰矣。」如其言，果克萬石溪，於是張侯之威名大振。其後平定諸藩，多出石芝策。張侯謂石芝曰：「公天下才也！」石芝仰天歎曰：「嗟乎！君侯未見吾師耳！」問所師何人，曰：「石哈生。」及歸西安，大陳金幣邀哈生。

28　彭端淑：〈石哈生、宋石芝傳〉，載王文濡選編：《歷代詩文名篇評註讀本》（長沙：岳麓書社：2001 年），清文卷，頁 199-200。

至，敬拜之。哈生嗔目叱曰：「始吾以若為非常人，今止
是邪？」不顧而去。[29]

要是俞氏所記無誤，石哈興顯然不滿其徒宋石芝協助清將張
勇（？–1684）平吳三桂，因此才在席間憤然離去，甚至暗喻二人
關係決裂。然而，據彭端淑所記，石哈興實則不但沒離席，且與
宋石芝等人言談甚歡，甚至前者病篤後，由後者為其歸葬：

> （宋石芝）又常於將軍（張勇）幕中，大會賓客，設
> 席盧左。或問之，曰：「此待吾友人石哈生也。」俄而哈
> 生草冠草履褐衣，昂然而入，揖眾，直踞其席。石芝旁
> 待，執壺傾酒甚恭。哈生亦不稍遜，持杯豪飲，旁若無
> 眾賓客也。眾大驚駭，卒莫測其為何人。後哈生病篤，
> 其主人將為殯殮之具。哈生曰：「待我友人宋公備之。」
> 主人憂其不及，有頃，石芝果至。哈生張目視之，不發
> 一言，遂卒。石芝為痛哭竟日，悉出囊中資，厚葬，成
> 禮而去。[30]

無可否認，吳三桂才是清人入關的罪魁禍首。對明宗室而
言，宋石芝助張勇平吳三桂，頗有報仇雪恨之痛快。比對兩則記
載，所能反映的情感截然不同，難以判別孰是信史。姑勿論誰是

29　俞樾：〈石哈生〉，載劉善良譯註：《陳澧、俞樾、王闓運、孫詒讓詩文選譯》（成都：
　　巴蜀書社，1997 年），五奇選二，頁 67。
30　彭端淑：〈石哈生、宋石芝傳〉，載王文濡選編：《歷代詩文名篇評註讀本》（長沙：
　　岳麓書社：2001 年），清文卷，頁 198–199。

誰非，幾可肯定石哈生必定是性情中人，且對清廷、清將有複雜感情。基於宋石芝力陳石哈生的才能，因此彭端淑及俞樾不約而同為他甘願委身做別人奴僕一事感到婉惜，也印證在歸隱宗室裏頭，確有一些具備舉世才華卻只求安於平淡而從事工人行業的朱氏子弟。

　　至於宗室在國變前後為農、從商的例子雖不多，但在史冊上仍找到他們的名字，其中最具代表的例子，莫過於楚系宗人朱華堥（？–1645）。華堥，字仲叔，其父為中尉朱英㸿。[31] 他自任學宗王守仁，自然重視王學提出所謂「古者四民異業而同道，其盡心焉一也」、[32]「雖終日作買賣，不害其為聖為賢」等觀點，[33] 因此不介意從事自古受知識分子唾棄的商業。廖元度（1640–1707）選編的《楚風補》曾記華堥生平道：

> 朱華堥，字仲叔，號淮仙，江夏人。楚昭六世輔國中尉英㸿之仲子，性敦敏好學，年二十留心理學，所著有《匯書》、《宋元詩選》、《梅湖》、《桃溪》諸集，晚為書曰《聖賢寶鑒》。崇禎癸未（十六年）三月，夢遊異境，見石壁間有詩云：「飛泉如白鶴，隱見渡平林。暗壁流花瓣，漁郎何處尋。」隨告親人曰：「時危矣，去之可也。」遂攜老僕去桃溪置田學耕，與漁樵伍，易名陶范公，字

31　《南明史》，卷 27，列傳第三，〈諸王・一〉，頁 1443。
32　王陽明：《王陽明全集》（台北：世界書局，1936 年點校本），卷 25，外集 7，墓碑，〈節菴方公墓表（乙酉）〉，頁 454。
33　王守仁撰，蕭無陂校釋：《傳習錄校釋》（長沙：岳麓書社，2012），附錄，第 14 條，頁 196。

蠡仲，別號五湖長。[34]

嚴格而言，華圉實屬富宗，因感受到明末國勢日危，遂早作準備，打算一旦明室滅亡，也能預早「置田學耕」，並「與漁樵伍」，甚至打算仿效先秦巨富范蠡般歸隱起來，專心治產營商，將農作收成變為貿易資本。其自擬字號「蠡仲」，顯然就是要成為第二個的范蠡。由此看來，華圉不僅是一名農夫，實際上也是一名地主和商人。然而，華圉亦農亦商的生活，僅能維持兩個月，因為張獻忠軍於其置田不久即攻陷湖北，試看《楚風補》續記其後事道：

> 未兩月，張賊陷城，其妻周夫人偕女及媳自盡。越二年，李賊潰兵肆掠，公整容顧兩子曰：「今日之事不可忽，吾兒慎諸。」言畢，長嘯而逝。後二子祝髮為僧。[35]

可見華圉部分財產或於國變前已被張獻忠軍搶奪，而其妻女也因此役而自盡，此事或跟其斂財一事有關。至於國變以後，華圉雖能保存個人生命及部分財產，並繼續亦農亦商的生活，但是其家境顯然不算富足，像其詩〈與客坐竹下即事〉提到：

> 涼月飛窗客未醺，無錢對竹空云云。故人報贈塵尊

34　廖無度選編，湖北省社會科學院文學研究所校註：《楚風補校註》（武漢：湖北大學出版社、湖北人民出版社，1998 年），冊下，〈朱華圉〉，頁 1107。

35　同上註。

濕，阿堵今當號此君。[36]

要是華圍在詩中沒說謊的話，「無錢」或許正是他晚年真實情況，也反映其亦農亦商謀生方式不算太成功，否則便應過着像范蠡般逍遙自在的生活。

國變以後從農、從商的宗室不算太多，因兩者皆涉及資本：從商起碼要有貨物作買賣；從農起碼要有土地躬耕，故此當時以商、農為業的宗室，實在不多。再者，中國以農立國，此業雖獲社會尊重，但知識分子務農，必須花上大量氣力，故此未必適合部分嬌生慣養的宗室子弟，自然選擇以此為業的宗人不多。至於從商的例子更少，或許全因知識分子自古便對此職業沒好感，比如張履祥更直言：「商賈近利，易壞心術」，甚至直言不容許子孫從商，[37] 反映不少明遺民反對知識分子以商人為職業，這種風氣和主張直接影響明宗室的選擇。既然商業不是光宗耀祖的職業，絕大部分朱氏子弟自然不會以此為謀生選擇，而當中例子就更寥寥無幾，這是理所當然的事，也能反映客觀歷史現實。

誠然不論明宗室在國變後以甚麼方法維生，或師或醫，或農或商，或工或儒……他們只要不是偷訛拐騙，僅憑個人努力自食其力，積極擺脫國變前必須依賴朝廷供養的慘況，其積極精神實已可嘉，也是這羣宗室尋回自由並重新開始的起點。

36　廖無度選編，湖北省社會科學院文學研究所校註：《楚風補校註》（武漢：湖北大學出版社、湖北人民出版社，1998 年），冊下，〈朱華圍〉，頁 1111。
37　《楊園先生全集》，卷 47，〈子孫固守農士家風〉，頁 1352。

二、歸隱宗室的精神寄託

不少決定歸隱的明宗室，不僅要解決衣、食、住、行等生計問題，更加要在國變後找尋精神寄託，排遣亡國愁緒。其中有些宗室索性出家逃禪，有些則全身投入道教事業，還有些只在公餘之暇寄情文字創作。他們各行其是，為的只是宣泄國破家亡情感，並由自己選擇合適方式度過餘生。

（一）逃禪的明宗室

據歸莊（1613–1673）觀察，於國變後逃禪的明遺民可謂多如牛毛。他甚至提到：「二十餘年來，天下奇偉磊落之才，節義感慨之士，往往託於空門。」[38] 顯然自國變後，選擇以佛教為精神寄託的知識分子，在人數上已達到中國歷史裏頭前所未有的新高。另據何宗美的見解，從黃容、陳去病（1874–1933）、孫靜庵等人分別所撰的幾種《遺民錄》，當中 2000 多位可考名姓的遺民中，便有近 300 人披上袈裟為僧，較著名的就有近 200 人，[39] 相等於約百分之十五的明遺民會選擇逃禪，比例確實不少。至於明宗室方面，現時可考名姓的明末朱氏子弟近 500 人，當中有記載其託於空門的例子近 30 人，相等於百分之六的宗人會以逃禪為出處，數字略較遺民少。何宗美曾將明遺民於國變後喜歡選擇逃禪的原因，歸納為以下七點：第一，因在激烈的政治鬥爭中受到打擊而

38　歸莊著，中華書局上海編輯所編輯：《歸莊集》（北京：中華書局，1962 年），卷 3，序，〈送筇在禪師之餘姚序〉，頁 240。

39　何宗美：《明末清初文人結社研究》（天津：南開大學出版社，2003 年），第 5 章，〈清初明遺民及遺民結社〉，頁 305。

削髮為僧。第二，在南明政權滅亡或舉義復明鬥爭失敗後遁跡僧流。第三，不願薙髮而為僧。第四，為逃避做官，潔身自存而為僧。第五，國破家亡、劫後餘生而皈依空門。第六，為「尋朱氏一片乾淨土」而出家。第七，因「身受國恩，不能勤王」的自慚而遁入佛門。[40] 何氏所分析的七大原因，不僅適用於明遺民，實際上也適用於明宗室上。

在逃禪的宗室裏頭，有些朱氏子弟皈依佛教後，能真正看破紅塵，不再受亡國之痛所縈繞；有些人則只在形式上信奉佛教，卻始終未能排遣因國變而生的苦楚，甚至仍幻想明室有光復一天。就後者而言，不知世系的曉庵禪師（？−1650）、介衲僧二人正是當中的典型例子。曉庵，史稱「工書法」，於國變後為僧，曾「主河曲海潮庵」，後「徙香山寺樓」。他在短短數年便已主持佛庵，相信其佛學修為理應不低，可是他在某一夕於村中聞知有人演〈鐵冠圖〉劇時，竟「淚涔涔然不已」，實非得道高僧應有舉動，也讓人摸不着頭腦。〈鐵冠圖〉乃清初流行戲劇，故事講述明末崇禎皇帝殉難事跡，因此曉庵聽到戲劇時下淚，反映他始終放不下其宗室身份。後來，有人還發現他在寓所內供奉朱明萬歲牌，又曾「自言係王十三」，甚至還跟昔日輔助他的長史至杭州，終致清人疑忌而於永曆四年「被執死」。[41] 誠然一名佛庵主持，貿然離開居所，還跟前朝官員一齊行動，難免讓人懷疑其居心。曉庵起初或一心向佛，及後可能因始終放不下宗室身份，終凡心又起，甚至伺機起事，終落得如斯下場。

40　何宗美：《明末清初文人結社研究》（天津：南開大學出版社，2003 年），第 5 章，〈清初明遺民及遺民結社〉，頁 305−307。

41　《南明史》，卷 28，列傳第四，〈諸王・二〉，頁 1509。

　　同樣於逃禪後依舊緬懷大明江山的宗室，還有介衲僧。他跟曉庵一樣，不知其世系，史稱這位宗室於國亡後「慟哭為僧」，且「能詩畫」。平日別人跟他「語時事不答」，看來一點也不關心時局發展，頗有出世意味；但偏偏夜深時分，別人才「輒聞其悲聲」，可見這位宗室也應放不下宗室身份，或許是想起故國家人，或許是想起昔日生活，總之在晚上才會讓人聽到其「悲聲」，反映介衲同樣不算是得道僧人，還會受到人世間的七情所牽動。[42] 然而姑勿論介衲佛學修為如何，只要他不像曉庵般有可疑舉動，對滿族統治者而言，便不算構成威脅，也自然能留下活路，得以每晚繼續其哀鳴。

　　有些宗室皈依佛教後仍思念大明江山，但有些宗室則將逃禪視為逃生之門，比如岷王子某，昌王裔後封宗人朱和壑，楚裔宗人朱蘊鑒、朱蘊鋐、朱蘊鈏等，還有不知世系的淨空，他們不約而同並非一心向佛，而是以逃禪掩人耳目，只為繼續求生，至於最後能否成為得道高僧，則是後話。

　　像岷王子某，乃岷系嫡裔子孫，於永曆二年正月襲封岷王；後以宗人數百從永曆帝入緬，「陸行抵阿瓦」後，遇「緬人圍之」的咒水難。當時隨駕宗人「多自殺」，唯獨岷王子某倖免於難，乃率 80 餘人流入暹羅，終「育為僧奉天大倪山，名佛浪」。[43] 從襲封郡王，至入緬流暹，以至為僧，岷王子某的心情應起伏不平。承襲父親王位後，他既要忍受喪父之痛，又要負上復明之責，更因此經歷了咒水之難。這時的他，相信已明白到人生變幻無常，生

42　《南明史》，卷 28，列傳第四，〈諸王・二〉，頁 1510。
43　同上註，卷 27，列傳第三，〈諸王・一〉，頁 1473。

死難以預計，故此最終皈依佛教，不僅是在異地求生之法，更可謂與佛有緣，當中是真是偽，是禍是福，實已一言難盡；但此舉總算讓其能安靜度過餘生，避開清人追捕。

至於和壆跟岷王子某一樣，乃後封宗室，於永曆元年正月才襲封昌王位。後來，賴其肖「奉之起兵饒平」，且「已扈廣西」；後來因事敗決定為僧於建昌中洲寺，改名雪萍，字懶公，以逃禪為保命符，從此以「山水」及「詩文」為樂。[44] 和壆事敗後，還能借佛教之名保存生命，畢竟為僧以後，總算讓人頓時遺忘他的過去，也教清人較易寬恕。

再如楚裔宗人朱蘊鑒、朱蘊鋐、朱蘊鈚等，姑勿論最後是否成為得道高僧，當初也是抱着借佛教名義而逃生的心態。蘊鑒，字衷白，楚王裔宗室。據《南明史》記載，他曾獲「邵起奉之起兵」；後來又出任南明雲南官員，終於南明宣告滅亡後「為僧」，自號「不錯」。[45] 由此觀之，錢海岳記蘊鑒於永曆滅亡後才為僧，而逃禪顯然是他保命的重要法門。然而考之《雲南通志》，當中記載跟《南明史》有所出入：

> 朱蘊鑒，明武昌藩裔孫，善弈，工吟詠。以江湖鼎沸，遂祝髮為僧，名不錯，字衷白，號心明和尚。泛遊抵滇，值沙定洲、孫可望之變，避地至浪穹標山，結茅為庵，題曰「楚雲坐臥」。二十餘年，惟與唐泰相往來，歌詠自適。其詩清微淡遠，弦外之音令人低徊不盡。歿，

---

44 《南明史》，卷 28，列傳第四，〈諸王‧二〉，頁 1500-1501。
45 同上註，卷 27，列傳第三，〈諸王‧一〉，頁 1444。

葬於庵側，僧圓塔祀之，太和寓賢許子羽為之序。浪穹
何星文銘曰：「皎皎大師，浮生作客。芳草王孫，煙霞帝
釋。彌勒同龕，維摩正脈。百世千秋，松青塔白。」[46]

　　據方志所載，蘊鑒實非南明宣告滅亡後才「為僧」，倒是因為
在雲南旅遊時，遇上沙定洲土司及孫可望之亂，才毅然「祝髮為
僧」，且「結茅為庵」，從此逃禪後，便跟和𡉏一樣，以「山水」及
「詩文」為樂，並與唐泰結伴唱和。姑勿論到底《南明史》還是《雲
南通志》孰是信史，但可以肯定蘊鑒當初是為了避難才決定逃禪，
並於晚年跟唐泰相善。跟蘊鑒唱和的唐泰，曾策反沙定州兵打擊
明室培植的雲南沐氏豪族，並成功佔領其府；後卻因大西軍聯明
反清，便對政治失去信心，斷然逃禪，並像一般遺民知識分子般，
以「山水」及「詩文」為樂，法號「擔當」。唐泰的詩主要諷刺特權
階層、達官貴人，關心民間疾苦，對飽受明末戰火威脅的百姓表
示同情。[47] 無可否認，蘊鑒跟唐泰的背景南轅北轍，但同樣經歷
過明末清初天崩地解的困境，終不約而同放棄一切，遁入空門，
最後更結為知己，充分顯示二人確能摒棄昔日身份的矛盾，一同
皈依佛教，這種寬宏或多或少源自他們的精神信仰。

　　再看楚裔宗人朱蘊鈜、朱蘊鉆兄弟，其父正是以范蠡為偶像
的農商朱華堃。他們三父子經歷張獻忠、李自成之禍，最後兩名
兒子接受了父親遺言告誡，終以逃禪為逃生出處，顯然並非一廂

46　李斌、李春龍、牛鴻斌等點校：《新纂雲南通志》（昆明：雲南人民出版社，2007
　　年），冊 10，卷 257，〈寓賢傳一〉，頁 465。

47　有關唐泰的生平和詩風，參考：馬繼孔、陸復初：《雲南文化史》（昆明：雲南民族
　　出版社，1992 年），第 10 章，〈唐泰（擔當和尚）的歷史誤會〉，頁 309。

情願皈依佛教。[48] 蘊鋐、蘊釾兄弟逃禪後，各去名字的「金」旁，分曰「宏」、「上」，並於雲南永昌為僧。[49] 蓋明宗室賜名多用古字，且多以「金」、「木」、「水」、「火」、「土」為姓名尾字部首，此一改實有去天潢身份之意。

　　另外，現存可考被迫逃禪的宗室，尚有於咒水禍後才遁至雲南丘北（今雲南丘北）建「半邊寺」清修兼不入城市的淨空，其世系已不可考，死後才由別人在其遺物處得知他的宗室身份。[50] 無可否認，淨空能從緬甸全身而還，已屬奇跡；再加上他歸國後，竟能斥資建寺，反映這位回流宗人絕不會一貧如洗，也並非走投無路，足證其真正身份，或原是一名富宗，而逃禪實則只為避禍保命而已。

　　值得注意選擇逃禪的宗室，不一定要全身出家信佛，也可留在家中參禪，尋找精神寄託。比如寧系奉國中尉朱統鈗，字雪矓，史稱「工詩畫」，「與新昌吳膝交」；國變後雖沒出家為僧，但長期在江西宜春以北的洞山「與僧己任居」，至永曆末年才逝世，總算獲得善終。[51] 故此，明宗室即使不像岷王子某、和壑、蘊鑒、蘊鋐、蘊釾、淨空等人般毅然出家，實也可以像統鈗般自行參禪，尋找精神寄託。選擇歸隱的宗室，只要能安分守己，參透與世無爭的佛理，不做任何容易惹清廷猜忌的事，自然能在亂世中安心求全，且不受任何人騷擾。這樣看來，佛門其實正是宗室一扇可靠求生門，而玄妙佛理也是引領他們避開苦難的大智慧。

48　《楚風補校註》，冊下，〈朱華埛〉，頁 1107。
49　《南明史》，卷 27，列傳第三，〈諸王・一〉，頁 1443。
50　同上註，卷 28，列傳第四，〈諸王・二〉，頁 1510。
51　同上註，卷 27，列傳第三，〈諸王・一〉，頁 1469。

　　至於其他歸隱、逃禪的宗室，當初動機不一，但大抵終能明心見性，放下塵俗而得享天年，像寂燈正是當中典型例子。寂燈，字天放，楚王裔宗室，國亡落髮為僧，閒時以賦詩為樂；在「瓶粟屢空，絕不干人」、「飯磬三朝斷，毘盧共在陳」的貧困情況下，繼續學佛，並於揚州儀眞東園十笏庵修行三十年才圓寂。[52] 寂燈現存詩作，或多或少能反映其心路歷程變化。在學佛之初，他也有緬懷過去的感情，比如其〈揚州竹枝詞〉提到：

　　　　齊紈蜀錦斗芳裁，紅粉當爐照玉杯。明月箏聲關不住，城門十二五更開。[53]

　　詩中提到錦衣美酒、笙歌鼎沸的夜生活，唯當五更天到來時，明月不再，而十二城門全數打開，實寄寓明朝被外敵攻陷之時，一切美好生活皆煙消雲散，只留下唏噓回憶。隨着佛學修為漸高，寂燈晚年開始放下故國愁緒，先看〈小除夕示學人〉一作提到：

　　　　一靜消諸累，多能即是頑。不因平日簡，焉能此宵閒。竺典當尊重，凡情莫浪攀。老夫疏野甚，生長只知山。[54]

52　王豫（1768-1826）、阮亨（1783-1856）輯：《淮海英靈續集》（中國基本古籍庫據清道光刻本），辛集卷3，頁199。

53　寂燈：〈揚州竹枝詞〉，載潘超、丘良任、孫忠銓等編：《中華竹枝詞全編》（北京：北京出版社，2007年），江蘇卷，頁151。

54　《淮海英靈續集》，辛集卷3，頁199。

這首詩寫山野老夫過着「靜」、「簡」、「閒」的生活，放棄了凡情中的「累」與「頑」。寂燈清楚表示自己當時以讀佛經為樂，而這種看破紅塵、潛心參佛的飄逸心情，絕無半點憶故懷舊、感時傷逝之情，反映出學佛對其忘卻宗室身份，顯然有積極作用。再看其〈葛洪洞〉一作云：

> 山色搖光入袖涼，松根風細茯苓香。局殘柯爛人何在，深洞寒雲鎖夕陽。[55]

此詩不但寫出其逍遙自在的歸隱生活，更能道出其忘卻過去時光的一面，只知享受眼前風光——山色怡人，松風飄來陣陣香味，讓寂燈感到涼快，而時光彷彿就停在這一剎那間，就好像觀棋柯爛的典故一樣，驟覺有時光飛逝之感。由是觀之，寂燈於國變後出家，初時還有故國情懷，但後來研讀佛理，終明心見性，頓覺萬事皆空，從而放下一切凡塵往事，投入其樂而忘返、超越時空與物質的逃禪生活，終能得享天年。

除寂燈能夠看破世事外，寧系的弘恩、興隆裔的僧典、不知世系的逍遙山僧，也是能夠參透佛理兼享盡天年的宗室子弟。

弘恩，原為寧系瑞昌鎮國將軍，原名已不可考；國變後於廣西為僧，且「工詩古文」，史稱「旋主嵩溪萬山古寺卒」。[56] 關於弘恩的記載不多，只可肯定他曾主持萬山古寺，證明其佛學修為應不淺，最後方能於寺中善終。

---

55 《淮海英靈續集》，辛集卷 3，頁 199。
56 《南明史》，卷 27，列傳第三，〈諸王・一〉，頁 1473。

至於僧典，原名也不可考，只知其字嵩籍，於國亡後為僧，「遊浙、直」，曾「主太倉萬壽寺」，「卒年八十一」。[57]《宣統太倉州鎮洋縣誌》對這位宗室僧人有較詳盡記載：

> 僧典，字嵩籍，桂林人，本姓朱。鼎革後，遊江浙間，至正覺菴，從靈隱具德受戒為僧，謁靈嚴，繼起傳授心印。邑紳士請主萬壽寺，旋移錫小祇園。後主禪燈法席，閉戶焚修，年八十一卒。[58]

僧典從靈隱大師學佛，派近禪宗，終看破紅塵，曾成為萬壽寺等佛寺主持，並能以高僧自居，繼續「閉戶焚修」，不理人間世事，終能得享天年。

比之僧典更長壽的宗室僧人，還有不知世系、原名的逍遙山僧。他於國亡後至撫州山寺修佛，平日清心寡慾，以「彈琴工書」為樂，終享年九十。[59]

試想寂燈、弘恩、僧典、逍遙山僧若不能念佛三昧，深山潛修，將前塵往事視作泡影，又豈能自得其樂兼終壽比南山？其實真的能深明佛法的逃禪宗人，一般皆能看破凡塵，絕不可能有復明抗清意向；否則便是枉讀佛經，畢竟佛法本義就是講求萬事萬物皆在變幻中無自性地顯現出來，此現象不斷在變，故學佛者不應對花開花落、月圓月缺以至皇朝更替、生離死別感悲喜，方

57 《南明史》，卷 27，列傳第三，〈諸王・一〉，頁 1481。

58 王祖畬（1842–1918）等纂修：《宣統太倉州鎮洋縣誌》（民國八年 [1919] 年刻本），卷 22，人物 6，頁 20 下，載《中國地方志集成》（南京：江蘇古籍出版社，1991年），江蘇府縣誌輯，冊 18，總頁 371。

59 《南明史》，卷 28，列傳第四，〈諸王・二〉，頁 1510。

能參透佛理，不受世俗感情影響。由此看來，寂燈、僧典、逍遙山僧等人，縱然當初不知甚麼原因選擇逃禪之路，但終能遁入空門，得享天年，結果顯然美滿。

至於在國變後因逃禪倒能聞名天下的宗室，當數「尺木大師 (1613-1653)」和「本圍大師 (1632-1685)」二人。

在逃禪宗室裏頭，最為人熟悉並留下最多著述的朱氏子弟，必為「尺木大師」。尺木大師，又名「性休和尚」，乃秦系子孫，史稱其「工詩文草隸」；國亡後「為僧空同」，晚居沁州永慶寺。[60] 錢海岳在《南明史》中就尺木的記載不多，僅寥寥數十字；倒是尺木其徒為其所撰的〈尺木大師傳〉，有更詳細記述，試看這位宗室在國變前的經歷：

> 師諱性休，字尺木，別號虎眼，昧其家世，年少具穎異能，作韻語，每觸目，會心即成句，句多別調，不類世俗刻畫。其體稍長，即耽竺乾之教，雖一意章句，而實與佛氏寢食之性，好博覽家饒古書，暇則一編自隨，過目輒了了，以故胸中淹貫，不殊武庫。盛年負大志，嘗從里中諸俠少遊，彎弓操矢，較獵南山，意氣飛揚，若李將軍射猛虎，時莫可一世。會明季逆闖之變，心志沮喪，慨然歎曰：「丈夫懷所學，方期遺斯世以安，今事不可為矣。惟出世一法，可軼駕前人，拯濟來者。」隨棄家為五嶽遊，西出潼關，登太華絕巔，窮人跡所未及，饑則時掘古术老蕷以自給，置身縹緲間，飄然有逸塵之

想。冬臥北斗坪下，結茅一椽，休糧避穀，日惟掬千年
積雪飲之。[61]

可見尺木大師之所以出家，全因感到明末民變四起，事不可
為，於是毅然出家，〈尺木大師傳〉續記其拜師學佛經過：

　　竊念聞道，須覓解人，徒山中與木石終老無益，乃
泛楊子，陟匡廬，浮瀟湘，極灝淼之遊。初於贛郡，依
守燈薙髮，次粲崆峒，以語得玄解，旋授衣缽；續至漢
口，粲不遲（退）棒喝中，遂頓徹。師因以道自任，聞清
涼為山右名勝，中多苦行禪衲，欲一至其地，大闡宗風，
復渡大河，過太行，道經沁郡。沁為古銅鞮地，偶值行
腳，妙友談相契，隨卓錫郡之永慶剎。[62]

考其佛學宗派，當為頓教之南禪宗，主張「無自性」的大般若
思想，以及講究「頓悟」的心識修煉唯識論。尺木先隨守燈大師
薙髮為僧，再受不退大師的棒喝而「頓悟」，終在沁郡古銅鞮地弘
揚佛法，也在此地圓寂：

　　癸巳（順治十年 [1674]）春，正忽向寺僧曰：老衲宿
於沁有緣，今將去矣。至正之念，三日昧爽，端坐入寂，
夜半烈風，偃木師還作頌。自是日惟進白湯一盞，啖棗

61　宋起鳳：《大茂山房合藁》（中國基本古籍庫據清康熙刻本），卷 4，序，〈尺木大師傳〉，頁 60。
62　同上註。

二枚，前之求詩字者轉劇，而向師求禪者仍閴如也。居
旬日，一一命僧營造塔事，手書遺規示之語載師錄中，
不具論。於春仲朔二日，沐浴易衣，策杖視建塔，所因說
偈，仰天大笑，擲杖而逝，年甫四十一也。郡守王公國
棟為經理其役，觀之者排堵踵接，徒愾歎追悔已爾。師
所遺小像一軸，笠一，杖一，拂一，團一，餘無長物，主
僧懸像三世佛前，四方來瞻者，殆無虛日。有雲中兩椽
吏道，經沁聞其事，亦來禮塔，覩師像愕然良久曰：「噫
嘻！此吾郡諸王孫某也。王孫為明季諸生，負捷才能，
左右手作字，值甲申之難，棄家遠出，春秋未幾，旦暮不
意，超越至此。」信乎！人皆可造道而無如人自遠也！[63]

尺木圓寂時，才享年 41 歲，但總算在平靜中撒手人寰。尺木
英年早逝，其著述卻十分豐富，其徒曾記道：

師誠解人哉！師平生所著，有《臥雲集》、《冷齋艸》、
《來夢艸》、《南辭書》、《甲申小艸》、《西來艸》、《芙蓉巢
八異書》、《白下艸》、《山居雜著》、《太平三昧記》、《龍
珠語錄》，諸篇皆散失，四方無從，徵取惟《銅鞮》三書，
行於全晉，譬之武陵桃花掬其一瓣，亦足動世外想也。[64]

在匆匆人生中，尺木可謂勤於著述，當中不少作品雖已散佚，
但其中《銅鞮語錄》一書可謂代表作，甚至曾風行於全晉地區。值

---

63 宋起鳳：《大茂山房合藁》，卷 4，序，〈尺木大師傳〉，頁 61。
64 同上註。

得留意是這部《銅鞮語錄》，本應只紀錄尺木對佛理的言行，但竟被清廷視為禁書，[65] 很大機會是因為其宗室身份而被禁，也可能是因他跟明遺民如傅山（1606–1684）等仍有深入交往所致。[66] 無論如何，此作在清朝曾一度禁止刊行，直接影響其流傳，猶幸這部語錄時至今日，仍有孤本藏於中國國家圖書館內。無可否認，綜觀書中內容，實非「謬妄」，也並非有甚麼反清、不利滿族統治者的元素在內，倒是一部蘊含精妙佛理的著作，比如楊耀廷曾於 1933 年評論此書道：

　　嘗讀縣乘，至師事跡，輒回環恪誦，不忍釋手，客冬鄉友寄來師語錄一部，讀竟，即呈力宏上人閱覽。上人欣悅讚歎，稱為臨濟正宗，但以所傳不廣為憾。余於佛法，素尟究心，然於研讀唯識之後，又得此冊，竊幸因緣非淺，因發願重刊數百部，以廣流傳，深望讀是編者，發自本心，見自本性，使我佛西來大意，普宏莫失，若抑揚有空，自甘退墮，為學佛之罪人矣。烏乎可！[67]

65　王彬：《清代禁書總述》（北京：中國書店，1999 年），〈清代禁書題解〉，頁 110。

66　傅山至沁州探訪尺木大師後，曾賦〈題尺木禪師影堂壁，韻依秦天章〉一作贈予這位宗室禪師，詩云：「重過沁土一瞻依，莫扣阿師臆可思。尺木焉支天半傾，寸才安駕地全欹。東西落魄亡家狗，南北章皇失類麋。短髮已非豪傑志，長鬚何事丈夫為？吊場形影無生有，轄面門楣正幻奇。覷破機關容著足，收回鈎線縱便宜。歸跌拳石觳身死，垂訓聾痴恋自欺。明月清風遺恨在，千秋萬禩屬誰知。」（參考傅山撰，侯文正、張厚餘選註：《傅山詩選》[太原：北京文藝出版社，2007 年]，〈題尺木禪師影堂壁，韻依秦天章〉，頁 176。）這首詩中所謂「短髮已非豪傑志，長鬚何事丈夫為」、「明月清風遺恨在，千秋萬禩屬誰知」等句，清楚表明傅山正勸告尺木禪詩不應因出家而忘卻國破家亡的遺恨，甚至告誡對方不應「垂訓聾痴」，似是勸告這位宗室子弟不應逃禪，倒應以身報國。

67　楊耀廷：〈重刊尺木禪師《銅鞮說（語）錄》序〉，載《并州學院月刊》，1933 年 1 期，頁 76。

從楊氏評論看來，《銅鞮語錄》顯然只是一部講究佛法的著作，反映出清廷斷然禁制此書，或是出於政治考慮，實非因為此作內容有問題。綜合尺木於國變前後的生平，他既出身自明宗室家，原有濟世之志；無奈後來覺得事不可為，乃棄家逃命，拜師參佛，受禪宗頓悟修行，終放下天潢身份，成為三晉「臨濟宗」開山祖師，並於永慶寺圓寂，試看《沁縣誌》記其在宗教上的影響力：

> 性休至沁期間，廣交鄉間耆宿，大力宣揚佛法，針對不同參學者的悟境程度，採用不同的説教方法，使人省悟，來參者甚眾，佈施者漸多，使永慶禪院佛名遠揚，香火不斷，佛僧激增。尺木少時吟詩讀書，勤於推理，性格文靜，寵辱無驚。清初，成為知名佛僧後，不但善於講經授徒，而且還翻印經典，校勘佛經，親自書文篆刻，寫下了許多篇詩、文、記、傳、語、偈等文稿，後經其徒海字輩僧人整理，於康熙年間木刻付印，題名《銅鞮語錄》，佛教僧人廣為傳播。[68]

姑勿論尺木佛學修為如何，[69] 他總算在天崩地解亂世中，找到屬於自己的世界。尺木弘揚了佛教，但佛教同時也是他解放亡國愁緒的靈丹。他在臨終前的一首偈語提到：

68　山西省沁縣誌編纂委員會編：《沁縣誌》（北京：中華書局，1999 年），卷 27，人物，第 1 章，頁 653–654。

69　本文以明宗室的出處選擇、自處態度為研究中心，有關尺木的佛學思想、主張，參考賈亮亮：〈尺木禪師詞及其思想研究〉，載《遵義師範學院學報》，2013 年 4 期，頁 33–34。

> 思不來，想不來，自己打磨自己抬，也奇哉，也怪
> 哉，臨濟兒孫會活埋。[70]

另又曾題詩〈漁夫圖〉云：

> 東西南北任遨遊，萬里長江一葉舟，夢裏不知身是
> 客，醒來天水一般秋。[71]

管它人生如夢，還是夢如人生，從尺木的偈語及詩句中，已
清楚表明他因佛教而看透人事甚至是生死變化──一句「醒來天
水一般秋」，把佛家「緣起緣滅」、「了生脫死」的義理，表達得淋
漓盡致。因此，尺木終能灑脫地擺脫人世間的煩惱，不能不說是
佛學思想的功勞，也應歸功於其先天與生俱來的佛性和後天聚沙
成塔的功德，才不致受傅山等明遺民鼓動抗清，可繼續選擇逃禪
道路，方能安穩度過餘生，這些正是佛教所謂的「緣」。

一般以歸隱為出處的宗室，皆渴望遠離滿清統治者，務求與
新朝劃清界線，以便過着平和恬淡的平民生活。可惜命運及世情
的發展，實如佛家所言般隨着因緣揉合而生。在逃禪宗室中，本
為岷系祁陽王朱禋汭子的「本圍大師」，出家後偏偏獲得滿族統治
者禮遇，早年先獲安排赴京侍奉順治帝，晚年又獲年輕的康熙帝
奉為佛教宗師，其事可謂耐人尋味。本圍大師，又名蛤庵大師，
原名已不可考。據錢海岳《南明史》所載，其母妃於國變時帶他逃

70　王士禎：《王士禎全集》（濟南：齊魯書社，2007 年），冊 6，雜著 12，《居易錄》，
　　卷 29，頁 4277。
71　同上註。

至江西一帶，後來又讓他為僧。他自此取名本圓，並改字蛤庵，[72]
正式拋棄朱明子弟身份。隨《南明史》以外，不少關於本圓生平
的史料，交代其身世時都含糊不清，比如毛奇齡（1623–1716）曾
為其撰墓銘提到：

> 師不知其姓，嘗自贊云：出身無姓是也。母氏張生
> 師而啼一日，至佛寺，師見佛大喜，嚮之笑。會崇禎末，
> 獻賊破襄陽，兩湖皆震，師本楚族，居荊州江陵，江陵
> 避兵者，多東下散徙下江，而師獨隨母之浙，擇居蕭山
> 之湘湖，以湘名類楚，曰不忘楚云。[73]

本圓既能清楚知道母親姓氏，又豈會忘卻自身俗姓，他之所
以諱其身世，或許只是不願提起自己的宗室身份。毛奇齡續記本
圓拜師學佛的經過道：

> 僧明然具戒行，師十六，請母謁然落染。然命習經
> 論，師晝習夜坐，嘗中夜頹體爇木，禮大士數百以為常。
> 既而慕三衣登具，出汆諸方，時福嚴為諸方名。師詣嚴，
> 嚴拈竹箆子示之，有省去，詣天目，汆大覺國師於枯木
> 堂。大覺者，報恩通禪師也，時未為國師，見師大喜，
> 留之枯木堂，鉗錘之，凡十年，備歷苦毒，至有死而復
> 甦者，師嘗曰：吾能忘十年枯木堂哉！[74]

72　《南明史》，卷 27，列傳第三，〈諸王・一〉，頁 1474。
73　毛奇齡：《西河集》（中國基本古籍庫據清文淵閣《四庫全書》本），卷 109，塔誌銘，
　　〈傳臨濟正宗三十二世蛤菴圓禪師塔誌銘〉，頁 769。
74　同上註。

　　本圜隨母離開故鄉後，至十六歲時竟自行決定為僧，先依「明然」禪師削髮出家，後從「福嚴」禪師所示，至枯木堂隨報恩通大覺禪師學法，十年間「備歷苦毒至有死而復甦者」，終成一代宗師。考其佛學宗派，當跟尺木一樣為頓教之南禪宗。後來，本圜隨報恩通大覺禪師參見順治帝，造就歷史一刻，方濬師（1830–1889）在《蕉軒隨錄》記此事道：

> 久之，參報恩通禪師。會報恩赴世祖章皇帝召，攜師入京，侍萬善殿。每上前問答，稍稍及師名，師微言承應，輒當上意。時報恩侍者多湖人，師年最少。章皇帝以「小湖廣」呼之。[75]

　　在順治帝一方來說，這位滿清統治者大概沒想到，眼前的年輕僧人竟是明宗室，自然沒任何戒心，能跟本圜坦率地對答。在本圜一方來說，他只知眼前是新朝統治者，而自己學佛十年，很早已放下昔日的宗室身份，甚至早已想不起自己曾是前朝血脈，自然無畏無懼。故此，兩人歷史性交流，表面上只是一位年輕僧人跟滿族統治者的接觸，當然實際上可反映歸隱、逃禪的前朝宗室，在參透佛理以後，竟也可從容地跟新朝君主愉快見面，其象徵意義可謂不小，更能反映研習佛教思想，或能改變人心。得順治帝接見後，本圜漸漸變得有名，先後於湘湖、通城等地弘揚佛法。至康熙二十四年（1685），這位宗室僧人在國內聲名漸大，這次不再是依賴師父之名獲得皇帝禮待，而是憑其本人名氣獲康熙

75　方濬師：《蕉軒隨錄》，載車吉心總主編：《中華野史》（濟南：泰山出版社，2000年），清朝卷 4，頁 3370。

帝召見，毛奇齡詳記此事道：

> 皇上幸潭柘，謂潭柘勝地，當以知識居其間，敕侍
> 臣召師引見於玉泉行在，賜飯，命賦詩，徹所薦含桃食
> 之，問得法所由，且曰：「和尚於先皇帝時，曾入西苑。
> 此時西苑所住者尚有人相認者乎？」師舉椒園所住容舒
> 純素真牧諸禪德曰：「皆臣僧法姪行也。」又曰：「先皇
> 帝御前李國柱常隨駕內道場者，識臣僧，今猶在御前。」
> 上乃問宗旨，甚契。既而曰：「如何是道？」答曰：「以聖
> 智行聖政者是。」又曰：「如何是心？」答曰：「乾綱獨斷
> 謂之心。」上曰：「佛家以參禪為上乘，儒者以明德為上
> 乘，是否？」答曰：「禪以覺見心，猶之儒以明見德。」
> 上顧左右曰：「原是一理。」答曰：「不惟三教，即九流百
> 家，亦無二理。所謂統江漢，以朝宗也。」上大悅，親
> 灑宸翰書禪聯賜之，遂傳旨曰：「和尚可能住此方乎？」
> 師對曰：「臣僧以朝五台來，今尚未往也，且臣僧母骨藏
> 湘湖，曾負之歸楚，而尚未封土，臣僧了此願，乃敢遵
> 旨。」許之，復敕啟奏後朝台師還山陞座，作謝恩法語。[76]

從對答可見，本圜應老早放下自己明宗室的身份，可全心全
意化導滿清君主；而康熙顯然十分滿意本圜的對答，因此不僅親
書牌匾賜之，還召這位高僧來京侍候。另一邊廂，本圜以「臣僧」
自居，清楚表示自己已臣服於滿族統治者腳下，意味着這名宗室

---

76 〈傳臨濟正宗三十二世蛤菴圜禪師塔誌銘〉，頁 769–770。

僧人老早將國仇家恨之事拋在腦後。然而，本圜抵京以後，未幾
即圓寂離世，方濬師續記道：

> 康熙乙丑，聖祖仁皇帝幸柘潭，召見師於玉泉行在，
> 賜飯，命賦詩，撤所薦含桃食之。是年疾，賜醫診視。
> 及卒，命侍臣弔問奠茶。師臨終作偈云：「屙了喫，喫
> 了屙。百萬人天喚不多，香臭十分原有價，莫教後代有
> 誵訛。」[77]

本圜離世以前，康熙即命御醫視診問疾。當這位高僧死後，
康熙又派人弔唁，足證這段真摯誠懇的君臣情誼，在史上頗為罕
見。誠然要是本圜沒經歷國變，也許只是一個尋常宗室子弟，生
平也未必有機會跟皇帝會面；可是偏偏就是鼎革之世，讓他在因
緣際會下接觸禪宗，最後甚至成為一代宗師，更先後獲得滿族統
治者的禮待，這一切正是佛教所謂的無盡緣起。另外，就是因為
本圜大師名震天下，且兩次受滿清統治者禮待，更令人難以相信
其真正身份乃故明宗室。即使別人知道他的背景，也不敢輕易提
及這個容易招人猜忌的話題，以免惹上不必要麻煩，終讓後世差
點遺忘這名一代宗師的真實身世。

（二）入道的明宗室

相比起逃禪的宗室數目，選擇入道為出處的朱氏子弟明顯較
少，而且關於他們的記載多是孤證，且不僅不實，又疑點重重，

---

77 《蕉軒隨錄》，頁 3370。

或源於道教中人不像佛教中人般喜歡留下著述，導致他們的故事往往消失於史冊上，不易讓人留意。

現存可考的入道宗室，較著名的例子計有：秦系宗人祝仙翁，周系宗人章枝父子，不知世系的臥雲道人、李傲機、野鶴道人等。

據《南明史》所載，祝仙翁，乃秦王裔宗人，原來名姓已不可考，只知他於國亡後入著名道教根據地華山為道士，卒年八十二，大抵能忘記反清復明之事，才得頤養天年。[78]

跟祝仙翁一樣投奔道教懷抱的朱明子弟，還有周系宗人章枝父子。章枝，字嵩鶴，周王裔，史稱「美鬚髯，風骨偉異，兼工書詩」，國亡後於廬山「與子雲萍為道士」。[79]

無可否認，「祝仙翁」、「章枝」、「雲萍」等名，絕非這幾名宗室的原名，僅為其道號，無疑難以核實其宗室身份真偽。至於世系不明的臥雲道人、李傲機、野鶴道人，要核實其身份就更加困難。

臥雲道人，不知其真名、世系，只知他「國亡改姓李」，曾「主蘄州玄妙觀」，並「擅詩詞」。至於李傲機及野鶴道人，除了錢海岳在《南明史》中提及他們的名字外，二人之名也見於陳鼎的《留溪外傳》，試看陳氏為李氏所立的傳云：

> 李傲機，失其字，前朝宗室也。明亡即變姓為道士，
> 隱居漢陽，今已百有餘歲矣，狀如二、三十歲壯男子，

78　《南明史》，卷 27，列傳第三，〈諸王‧一〉，頁 1433。
79　同上註，頁 1440。

未嘗對人言。見人輒笑，人問之，輒大笑。工書法，每書必署曰「九江王世子」。欲求其書，須美醞，飲之大醉，然後書；不醉，則終不書也。然欲其醉，非三石酒不可，或有好事者，竟醉以三石，則呼天長叫，握管疾揮，輒數晝夜無倦。既醒，然後投筆去。當事慕其書，屢招之，不往；造其門，輒遁去。有顯者從滇還京，道出漢陽，求其見，即躍入大江伏水中二十餘日。俟其去，乃出。與武昌顛道士魏知己善。知己善言人禍福，人爭與之多錢，求其言。知己止取二、三十文，供一日糧足矣，餘輒揮去之，不受。二人嘗登大別山，或黃鶴樓，或言或笑，或歌或泣，人或迫窺之，則又默然。知己言人禍福多奇中，人或有微事人所不知，或不可告人者，知己輒先知之，嘗而正其是非，以是小人多畏之，不敢狎近。[80]

而陳氏為野鶴道人所立的傳則云：

野鶴道人，逸其名姓，朱氏前朝宗人也。其先以軍功世襲指揮使，道人由武科歷官通州狼山副總兵。甲申國變，乙酉夏，王師下江南，圍通州。道人帥軍來援，大戰於北郊。凡七晝夜，殺傷過半，力不支，遂潰。乃走揚州，變姓名，自稱野鶴道人，隱於夫寧寺廡下，賣卜。遇嚴寒大雪，風凛凛，無衣被，臥藁席中，幾凍死。道人不肯告人，人亦無有憐之者。如是兩載餘，其卜大

---

80 陳鼎：《留溪外傳》，卷 17，〈九江王世子傳〉，頁 26 上–26 下，載《四庫全書存目叢書》（濟南：齊魯書社，1996 年），史部傳記類，冊 122，總頁 794。

驗，叩之如響。於是人多饋遺，得免飢寒。然道人好義，
得錢多，輒散給窮餓者。有以急相告，即傾囊濟之，無
吝色。又數歲，故時諸同官及其幕屬多為大將，知野鶴
隱維揚市，數使人求之，不赴。後輒聯名推舉於朝，道
人義不仕，欲投邗江死，朋友力勸，乃解，遂以疾固辭，
賣卜終其身。[81]

　　仔細分析陳氏記載，不難發現前者跟卜者相善，後者甚至以
賣卜為生，洋溢濃厚的道教迷信色彩，難免給人招搖撞騙的印
象。另外，值得注意是上述內容皆有違反常理的地方，像李傲機
活動於國亡後近百年，又謂自己已有「百餘歲」，但樣子看來只是
二、三十歲的壯年人，不是杜撰便是有誇張失實之嫌。至於野鶴
道人的背景、身世，同樣讓人感到撲朔迷離，畢竟晚明宗人投身
仕途，一般皆以科舉、恩貢等途徑出身，此人卻以「軍功世襲指
揮使」任武職，實甚為罕見而奇怪。由此看來，陳鼎所記的這兩
名入道宗室，無疑給人含糊不清之感，而二人甚至有可能只是冒
充宗室身份的騙徒，為朱氏子弟蒙上了一層陰影。

　　據上述幾位入道宗室的故事，後世不能排除於國變後，確有
一定數目宗室以入道為出處選擇。唯因缺乏可靠又充足的史料記
載，其事大多怪異荒誕，給人穿鑿附會之感，多經不起科學驗證
和邏輯。誠然這類入道宗室的生活狀況，以至其處世心態，實難
以像逃禪宗室般作仔細觀察，也不能作為信史般深入研究。

　　簡而言之，佛教主張生命是痛苦的，世事一切都是無常，只

81　陳鼎：《留溪外傳》，卷 9，〈野鶴道人傳〉，頁 15 上–15 下，總頁 600。

有息滅貪、嗔、癡，兼證得圓滿智慧，才能得究竟，獲解脫，忘記所有苦痛，進入涅槃之境。道教則崇奉元始天尊及太上老君為教祖，不僅以符咒為人治病，又講煉丹長生之術，總之就是要追求長生不老、脫離世俗凡塵為目標。兩教修行方式、信仰主張雖異，但不約而同希望信眾能忘記人世之累，可追求心理及精神上的舒適。故此，不論是逃禪還是入道的宗室，其實都只是尋求心理上、精神上的寄託，務求能排遣因國破家亡而生的傷痛。另外，逃禪為僧人，入道為道士，不僅可以獲得心靈寄託，更重要是可賴以為生，畢竟無論是棲身寺院還是道觀，都會獲善信、鄉紳直接供養，甚至有時候獲朝廷、地方政府的間接資助，總算能解決生計難題，故此這兩項宗教選擇，也是頗多歸隱宗人的理想出處。

（三）醉心文藝創作的明宗室

　　不少明宗室解決生計問題後，無論逃禪、入道與否，還是從事甚麼職業，他們總要在餘閒之時，尋找個人興趣，一方面可打發時間，另一方面則可藉此消愁解悶。對於傳統文人來說，最佳消遣方法，莫過於以琴棋書畫為樂，或以詩文創作述志，達到娛人娛己、直抒胸臆之效。

　　無可否認，以琴棋著名的宗室寥寥無幾，但以書畫著名的宗室則大有人在，比如在中國藝術史上鼎鼎大名的八大山人朱耷（約 1626–約 1705）和苦瓜和尚石濤（1642–1707），正是經歷國變的大明宗室，前者為寧系宗人，而後者為旁支的興隆靖江王裔。此外，當時聞名於書畫藝術界的宗室，尚有齊王裔的七處和尚，齊系宗室朱睿𤐤，遼系宗室朱雲輝、朱雲爆，寧系宗室朱容重（1620–1697），淮系宗室朱翊鐮等。本節以朱耷和石濤為中心，

再輔以其他宗人生平事跡和作品的介紹，以展示朱明宗室於國變後精彩的藝術生活、複雜的情感世界。然而由於學術界已有不少關於朱耷、石濤、朱容重生平的研究，故此本節只集中從其書畫作品觀察其出處選擇、生活情況，並詮釋當中所蘊含的宗室思想和故國感情。

於明末清初在書畫壇上大放異彩的藝術家中，八大山人可說是最具個人風格的一位，對後世有深遠影響。至於其畫上的題字，不論是詩還是詞，都能展示朱明天潢於國變後的心路歷程；而其曲折的際遇，再糅合其獨特的人生觀，終讓他在書畫中展示出與眾不同的強烈風格，抒發其對故國的情懷，展示清高氣節。

八大山人，後世常以朱耷稱呼他，據李旦等人考證，相信乃寧系弋陽王裔諸生，名統鐢，號彭祖，襲封輔國中尉。其祖父朱多炡，字貞吉，工詩歌，精書畫。八大山人父親朱謀鸒，字太沖，號鹿洞，生來有啞疾，也工書畫。至於其兄、其叔，同樣有藝名，可見朱耷出生自一個充滿藝術氣息的家庭，而其家風顯然繼承自重視文藝事業的第一任寧王朱權。[82]

統鐢，約生於天啟末，穎異絕倫，八歲能詩，後為諸生，全心舉業；國變後即遁入空門，試看其友邵長蘅（1637–1704）在〈八大山人傳〉記其逃禪經過道：

> 八大山人者，故前明宗室，為諸生，世居南昌。弱

82　有關朱耷的詳細生平及家世背景，參考李旦：〈八大山人生平事略及有關問題考證〉，載八大山人紀念館編：《八大山人研究》（南昌：江西人民出版社，1986 年），頁 80–106；朱良志：《八大山人研究》（合肥：安徽教育出版社，2010 年），第 16 章，〈有關八大山人家世相關問題再討論〉，頁 311–328。

冠遭變，棄家遯奉新山中，剃髮為僧。不數年，豎拂稱宗師。住山二十年，從學者嘗百餘人。臨川令胡君，亦嘗聞其名，延之官舍。年餘，意忽忽不自得，遂發狂疾，忽大笑，忽痛哭，竟日。一夕裂其浮屠服，焚之，走還會城。獨身倘佯市肆間，常戴布帽，曳長領袍，履穿踵決，拂袖翩躚行，市中兒隨觀譁笑，人莫識也。其姪某識之，留止其家，久之疾良已。[83]

統鑾在年輕時代選擇歸隱逃禪之路，或因年紀輕輕而人生閱歷不足，一時不能接受到國變這個天崩地解的現實，遂希望透過佛教思想撫平自己的傷口。不能否認，他自亡國後深修佛學二十年，相信必有一定造詣，才能吸引不少從學者。試看其早年作品〈個山小像〉中的幾句題字，即可一窺其禪法造詣：

生在曹洞臨濟有，穿過臨濟曹洞有。洞曹臨濟兩俱非，贏贏然若喪家之狗。「還識得此人麼？」羅漢道：「底？」[84]

禪門最高要旨是「空不著相」，當在修學有名相的佛法時，修行者要是還未放下名相，即還未「切悟」。「曹洞」、「臨濟」皆是佛教禪宗之派別，統鑾題字的意思，無非教人達致「無我」境界──只要信佛，其實根本不用拘泥於派別。正如南禪講究正悟，

83　邵長蘅：〈八大山人傳〉，載許厚今編：《千古傳記》(合肥：安徽文藝出版社，2006年)，頁126。

84　朱耷著，人民美術出版社編：《八大山人書法全集》(北京：人民美術出版社，2005年)，冊上，〈個山小像〉，頁1。

就像行者走到江邊，得一舟以渡江，到達彼岸，便會棄舟繼續行
程，不會負舟而走。佛法就如舟，江即苦海，彼岸就是正悟，倚
舟得渡彼岸，行者便大徹大悟，進入無凡無聖、無垢無淨、無分
別心的境界。統鑿就是教人以這種態度去看待人生旅程，那時怎
會有「曹洞」、「臨濟」之分，又甚至哪有「你」、「我」、「他」之
分。從以上一段題字看來，統鑿身為五道行人，他對「聞、思、
修」前兩者的了解，可謂已達透徹地步。再從其自畫像〈個山小
像〉中看出，他的作品筆功精細銳利，畫像栩栩如生，更能素描
出自己一副自若又自信的神態，沒半點愁緒，頗有得道僧人形
象，可是偏偏又自稱為「西江弋陽王
孫」，盡顯平靜背後，這位逃禪畫家仍放
不下自己與生俱來的身份（見圖1）。[85]
誠然一名佛學成就高深的高僧，理應可
以超越國仇家恨、生離死別之痛；可
是偏偏出家二十年後，統鑿不僅難以忘
懷天潢自尊，最後甚至一度精神失常，
情緒失控，實在頗為諷刺，而且證明逃
禪有時候始終不能醫治這羣朱氏天潢的
傷痛。

　　統鑿為僧時，早年所畫的作品不
多，大概多寫花、果、樹、木等植物，
可是素質參差，不值一談。至康熙五年

圖1　朱耷〈個山小像（節錄）〉

85　朱耷著，齊淵編著：《八大山人書畫編年圖目》（北京：人民美術出版社，2006年），
　　冊上，〈個山小像（八大山人畫像）〉，頁3。

（1666），他約 40 餘歲，還俗後才熱衷從事各類文藝創作，其中以畫作最出色，且開始滲透那清秀脫俗的獨特氣質。有一點值得注意的是，他於康熙二十年（1681）以前，尚未返回故鄉南昌定居，其所繪的各類植物，多沒長根。比如康熙五年面世的幾幅〈花果圖卷〉，畫中所畫的花果，只見其枝葉，不見其根與泥土接壤（見圖 2）。[86] 又如康熙十六年（1677）面世的〈梅花圖冊〉，即使畫中繪有整株梅花，唯統鑾在構圖時，刻意以山勢掩蓋其根部跟泥土接壤處（見圖 3）。[87] 此舉顯然是一種富象徵色彩的隱喻，意味自己當時也像這些無根植物般失去根本和依靠，實則暗示他已失去家國、親人，乃孤苦伶仃的個體；又可寄託土地已非大明擁有，已被清人所奪，故以此擬畫，頗具借景、借物抒情之效。

統鑾之所以毅然還俗，並重新想起自己乃朱氏子弟，據朱良志見解，原因或許有三：第一，其師弘敏於康熙十年（1672）圓寂後，統鑾猶如頓失依靠，遂毅然離開棲身多時的耕香院。第二，其家族性啞疾復發，口不能言，[88] 影響其逃禪生活。第三，他多次旅居新昌（今江西宜豐）、臨川（今江西臨川）等熱鬧之地，

---

86 朱耷著，齊淵編著：《八大山人書畫編年圖目》，〈花果圖卷〉，頁 2–4。

87 同上註，〈梅花圖冊〉，頁 7。

88 清初民間曾相傳統鑾患上癲疾，其實這只是家族遺存的啞疾，實非瘋症。據朱良志的考證，不僅統鑾父親有這種先天啞疾，讓其病發時難以跟別人溝通；其伯父甚至生而不能言聽，可知語言障礙或是家族遺傳基因，並會適時發作（參考朱良志：《八大山人研究》，第 20 章，〈再說八大山人的「病癲」問題〉，頁 380–391）。另據統鑾好友吳之直所記：「往山人嘗以他故氾濫為浮屠，逃深山中，已而出山，數年對人不作一語。」（參考：上海人民美術出版社編：《藝苑掇英》[上海：上海人民美術出版社，1978 年]，23 期 [1984 年]，〈朱耷：雜畫圖冊〉，頁 31。）可知此病一旦發作，統鑾便如其父親、伯父一樣，啞不能語，而當他想要表達訊息時，往往只能指手劃腳，或口作擬聲，這種怪模樣自然很容易讓人誤會其患上瘋癲之症，但實情只是他欲言又啞，遂手舞足蹈傳意而已。當然，這種社交障礙無疑會影響其日常生活及人際交遊，也很容易讓人誤會他是一個難以相處、溝通的怪人。

圖 2 朱耷〈花果圖卷（節錄）〉

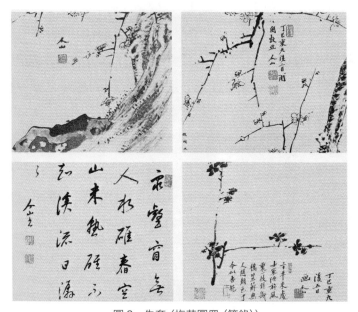

圖 3 朱耷〈梅花圖冊（節錄）〉

或讓其萌生起重回塵世的念頭。[89] 朱良志的見解不無道理，但只是解釋了統鑒重新選擇出處的客觀表徵，且仍有一個弔詭的主觀意願問題必須思考——那就是他自弱冠出家後，何以明明盡得禪宗大旨，卻還是依戀紅塵，此問題或應從佛學角度去理解。佛教主張人生注定痛苦，世事無常，只有息滅「貪」、「嗔」、「癡」等情感，修成圓滿智慧，才能看破紅塵，獲得解脫。出家人所謂的修行，即立志以禪修方式，經漫長歲月「修道」。至於佛教徒的修行過程，有所謂「十地」層次。簡單而言，「十地」即菩薩證悟層次而分的十種境界，分別為「極喜地」、「離垢地」、「發光地」、「焰慧地」、「難勝地」、「現前地」、「遠行地」、「不動地」、「善慧地」、「法雲地」。其中當佛教徒修行至「遠行地」的境界，即能把以前一切積下的修行工夫及成果，藏於生活點滴中，終成為恆常心態。如能成功達到「不動地」的境界，修行者已不受「貪」、「嗔」、「癡」等情感所累，不會返回塵世間的思維及生活模式。如果出家人於「遠行道」上，因外事外物的纏擾而再起凡心，那麼他便會立刻跌回「極喜地」、「離垢地」、「發光地」等較低層次，再次重新修行。[90] 按情理推測，統鑒終究再返紅塵，極其量只達到「遠行地」的境界，故當其師圓寂後，他不僅重返塵世，還即時想起自己原來的朱氏宗親身份，才會於康熙十三年（1674）面世的自畫像裏頭，自稱為「西江弋陽王孫」。

　　後來，統鑒回歸社會，並返抵家鄉江西南昌，逐漸發現身世人早已剃髮留辮，那時國家已不是自己昔日熟悉的大明江山，

89　朱良志：《八大山人研究》，第 8 章，〈八大山人的出佛還俗問題〉，頁 174–193。
90　有關佛教「十地菩薩」修行方法，參考：白雲禪師著《學佛之道》（北京：宗教文化出版社，2008 年），〈十地菩薩行位之修習〉，頁 96–99。

促使其放下佛學修行，躑躅沉吟於懷念故國的感情世界中，終一度患病，甚至情緒失控，猶幸獲得族姪朱議㴐接濟、照顧。議㴐，字子莊，正是當時頗

圖 4　朱容重〈竹石海棠圖〉

有名的江南書畫家朱容重，又是寧系石城裔奉國中尉朱統鈗的兒子，史稱「善詩書蘭竹小景」；國亡後才改名，隱南昌蓼洲，卒年七十九。[91] 相比族叔的天分和多產，議㴐顯然有一段距離，直接影響其作難以保存下來。從現存議㴐作品看來，他的畫不像統鑒般別具一格兼具濃厚個人色彩，像他於順治十三年（1656）在扇面上所繪的〈竹石海棠圖〉（見圖 4），不僅構圖尋常，就連筆觸、用色、情景方面，也給人平平無奇之感，自然影響其作的流傳和價值。[92] 嚴格而言，議㴐之所以在史冊上留下一席位，甚至可說是因為曾照顧一代宗師統鑒所致。

　　在議㴐悉心照料下，後來統鑒的病情顯然有好轉。至康熙二十年（1681）夏，他便有〈繩金塔遠眺圖軸〉一作面世，畫中除有遠山疏林外，首次明顯見到其所繪畫的植物立於山地，連根自土而出。這是統鑒回南昌後的第一幅作品，象徵他已找回其根、其故鄉──南昌，意味着自己已找到真正的歸宿和寄託，讓其下半生重新開始。還俗回鄉，成為統鑒藝術生命的轉捩點。畫中作者遠眺山中寺院，筆風雋永，餘味無窮，可知統鑒仍很懷念佛門

91　《南明史》，卷 27，列傳第三，〈諸王·一〉，頁 1469。有關朱容重的詳細生平，參考蕭鴻明：〈八大山人的族姪朱容重諸問題及作品〉，載氏著：《八大山人研究：論文集》（北京：北京燕山出版社，2006 年），頁 229-243。

92　李霖燦：〈朱容重竹石海棠圖〉，載《故宮季刊》，卷 7，第 1 期（1972 年秋），頁 25-29。

圖 5　朱耷〈繩金塔遠眺圖軸〉

清靜，有融情入景之效。同時，畫上題詩中有「大禪一粒粟，可吸四瀣水」的禪語，顯示他未曾拋棄修行多年的佛學知識。再者，此作初有「驢」號鈐印的出現，也預示着統鑾已從逃禪生活回到俗世（見圖 5）。[93]蓋因中國禪宗有「佛、我、驢」的說法，簡單來說，意即眾生一體，含無凡無我、無佛無俗之意，故此佛、自己以至牲口都應無分別。然而既是如此，統鑾何不稱自己為「我」，而改用「驢」號——或因他重回故鄉後，又遇上頑疾，自覺比「人」還要低下，遂以此為名，某程度反映其仍有「執着」之見，距離佛學最高修為的「無執」尚有距離，或許也是其毅然還俗的主因。

　　翌年（1682）早春，他又創作了〈枯梅圖軸〉一作，用上「個山」、「個山人」等印鈐，畫中繪有一株久歷風霜的枯梅，幾乎要在泥土中被拔出來，但仍堅毅不屈樹立着；而畫中題詩有云：「得本還時末也非，曾無地瘦與天肥。梅花畫裏思思肖，和尚如何如采薇。」（見圖 6）

93　《八大山人書畫編年圖目》，冊上，〈繩金塔遠眺圖軸〉，頁 8。

他不僅自稱和尚，示意自己仍跟佛門保持着一定關係，更重要的是提到的「思肖」，顯然是關於宋人「鄭思肖」亡國而寄情詩畫的典故，暗示自己也像前人一樣，以繪畫排遣亡國之痛。[94] 此外，梅花清麗，歲首早開，有「傲雪鬥霜」的特質，乃百花之魁，因此獲中國人視為「堅忍」、「內斂」的象徵，跟「蘭」、「竹」、「菊」合稱為花中四君子，且居首。梅花在凌冬時仍盛放，不像其他花卉般在春夏鬥麗，素為中國傳統知識分子所喜歡，以示文人高潔風骨、堅貞理想。

圖 6　朱耷〈枯梅圖軸〉

由此看來，〈枯梅圖軸〉中矗立着的枯梅，正好就是經歷國變而顛沛流離的統鑾。他就是梅，梅就是他。

　　從〈繩金塔遠眺圖軸〉及〈枯梅圖軸〉兩幅作品看來，統鑾這種時而煩惱、時而菩提的心態，這種時而宗室、時而僧侶的身份，正是這位天才畫僧於人生路上的真實寫照，皆因任何凡人都會遇上進退維谷的時候，一個心思愈複雜的人，便理應愈像這位宗室般矛盾，方是一個有血有肉的人。

　　康熙二十二年（1683）以後，統鑾開始使用「八大山人」之號，放棄「個山」、「和尚」等號，清楚顯示自己決心由佛還俗的態度，而其畫也正式進入另一個發展時期。統鑾中晚年起，明顯

---

94 《八大山人書畫編年圖目》，冊上，〈枯梅圖軸〉，頁 9。

圖 7　朱耷〈鵪鶉圖〉

地多用比較雄渾的筆觸去創作，還開始多畫動物，比如「蝦」、「鳥」、「蟹」等，基本上任何大自然風光都能入畫。像其名作〈鵪鶉圖〉，以水墨繪有兩隻有深褐色羽毛的鵪鶉；而最值得注意是他以一貫細膩筆觸，描繪牠們身上的羽毛，層次分明，讓讀者歎為觀止。另外，此作還附有統鑾的題詩云：「六月鵪鶉何處家，天津橋上小兒誇。一金且作十金事，傳道來春鬥蔡花。」（見圖 7）他以佛門哲理描寫鵪鶉心態，通過擬人手法，讓畫中動物代自己抒情。[95] 畫中一對鵪鶉，看似沒有任何表情，但又好像若有所思，彷彿只是靜觀世俗一切如夢幻泡影的變異，以淡化作者自己對故國的情思。然而縱使統鑾刻意淡化自己對故國的情懷，偏偏這種緬懷過去的愁緒，卻揮之不去，越要淡忘，越會想起，更忘不了自己身為前朝宗室的羈絆，且隨着時間慢慢沉澱下來，讓其晚年的畫作洋溢一股獨特的哀苦。正如康熙三十八年（1699）面世的〈畫眉圖〉，畫中畫眉鳥的

95　朱耷著，江西人民出版社編：《八大山人畫冊》（南昌：江西人民出版社，1979 年），〈鵪鶉圖〉，頁 24。

神態，基本上跟他十餘年前所畫的鶺鴒，沒有太大分別，兩者同樣像人類般懂得深思，同樣睜眼看着世界；而此作附有的題詩云：「才多雅望張京兆，天上人間白玉堂。到底鸞台攬明鏡，也知牛女易時裝。」（見圖8）詩中提及的張京兆，應乃為妻子畫眉的張敞。[96] 這首詩表面上看來抒發了統鎏羨慕張敞夫妻恩愛的感情，實際上還是想道出國破家亡之痛——不是明室被滅，他也許可以成為另一個張敞，在理想世界中擁有美好的愛情生活；現在卻只能像畫中的畫眉一樣孤苦伶仃，沒有家室，看似仍尋找着、等

圖 8　朱耷〈畫眉圖〉

待着自己理想中的伴侶。當然，統鎏在詩中提到自己也希望像張敞一樣在「鸞台」上「攬明鏡」，一邊獲得統治者重用，一展長才，

96　朱耷的〈畫眉圖〉現為私人收藏，於 2010 年香港佳士得拍賣會上，以 1130 萬港元成交，少有著作能收錄此作（參考：佳士得編：〈「中國古代書畫」拍賣十大成交價目表，2010 年 11 月 30 日，拍賣編號 2823〉網頁：<http://www.christies.com/presscenter/pdf/2010/CCPHK_301110.pdf>[參考日期：2015 年 4 月 26 日]；本文所徵引的朱耷〈畫眉圖〉，圖片來源，網頁：<http://pic.caixin.com/blog/Mon_1012/123343_518dc8e94dcb935_thumb.jpg〉[參考日期：2015 年 4 月 26 日]）。

另一邊則期待像織女一樣的愛侶出現；無奈醒覺之時，已發現對方早已「易時裝」，暗示自己經過坐禪求佛的數十載生活後，回到俗世時已改朝換代，世人早已易上清裝，不禁顧影自憐，寄託自己身為明室遺裔的風高亮節，才能激發出其創作動力，終成中國藝術史上的一大奇葩。

時至今天，後人欣賞統鑾的畫作時，或許已忘記其宗室身份，也不清楚其亡國憂思，只知道他的作品很美，散發着別具一格的氣質；唯獨能體味其生平經歷的人，再配合他的出處選擇、思想感情欣賞其作，才能看到其更真實、更動人、更複雜的思想感情世界，方能感知到他以畫喻人、以情入畫的巨大力量和感染力。正因統鑾的作品有一股扣人心弦的魅力，時人早已對其書畫趨之若鶩，如邵長衡曾記：

> 山人工書法，行楷學大令、魯公，能自成家；狂草頗怪偉。亦喜畫水墨芭蕉、怪石、花竹及蘆雁、汀鳧，翛然無畫家町畦，人得之爭藏弆以為重。飲酒不能盡二升，然喜飲，貧士或市人、屠沽邀山人飲，輒往；往飲，輒醉，醉後墨瀋淋漓，亦不甚愛惜。數往來城外僧舍，雛僧爭嬲之索畫，至牽袂捉衿，山人不拒也。士友或饋遺之，亦不辭。然貴顯人欲以數金易一石，不可得，或持綾絹至，直受之曰：「吾以作襪材。」以故，貴顯人求山人書畫，乃僅從貧士、山僧、屠沽兒購之。[97]

97　〈八大山人傳〉，頁 126。

可知統鑾還俗返回南昌後，不單依靠族姪議涕之接濟，還能透過在社會上所認識的貧士、山僧、屠沽兒等人所幫助，大體上仍能通過創作書畫換得安好生活，不致流離失所。至於面對上流社會一些達官貴人，如果跟他們沒任何交情和關係的話，統鑾每每不願為他們作畫，也反映出這位明宗室愛恨分明，不會為了財富而改變個人自處之道。

統鑾還俗後，長期作畫，也賴此換來別人接濟。早於未正式還俗以前，他在新昌旅居期間，已跟名士裘璉（1644-1729）及裘之岳丈胡亦堂（?-1685）有一定交往。裘、胡二人皆曾為清廷出仕，但統鑾沒因他們的身份而拒絕交往，還曾於後者家中客居了一段長時間；[98] 後來才因病返回故鄉南昌，改由族姪朱容重所照顧。及後，統鑾病情轉好，向其索畫之人愈來愈多，也直接擴大了他的交遊圈子。統鑾晚年朋友甚多，除禪門師兄弟釋弘敏（1606-1672）、澹雪外，也跟名士饒宇樸、林之枚（1648-?）、蔡受、方士琯、熊頤、沈麟（1622-1692）、程浚（1638-1704）、程京萼（1645-1715）、朱觀（1646-?）、黃又（1661-1721）、張潮（1650-?）、陳鼎（1650-?）、李驎（1634-1710）、羅牧（1622-1708）、梁份（1641-1729）、朱堪注等人往來，且跟少數清廷官員如丁弘誨、喻成龍、宋犖（1634-1713）等有一定交情。[99] 值得注意的是，統鑾的作品雖在情感上洋溢濃厚懷念故國感情，但其本人在理智上並不抗拒跟清廷官員交往。畢竟他在懷念明室之餘，

---

98 〈八大山人傳〉，頁 126。

99 有關統鑾的交遊圈子，參考汪世清：〈八大山人的交遊〉，載王朝聞主編：《八大山人全集》（南昌：江西美術出版社，2000 年），卷 5，頁 1097-1119；朱良志：《八大山人研究》，〈八大山人與宋犖關係再探討〉，頁 454-470。

對於清廷實際上沒甚麼恨意，只是如實跟別人交朋友，根本沒考慮友人的身份。其人生態度正好像其畫作般，展現個人率性自然、真情流露、忠於自己的一面，也正如其自號八大山人猶如「哭之笑之」的意思般真摯動人。

　　就書畫藝術而言，明宗室除出產八大山人朱耷朱統鐢外，還出產了另一位跟其齊名的畫家——苦瓜和尚石濤。石濤，本名朱若極，其別號特別多，有「支下人」、「一枝閣」、「元濟」、「大滌子」、「阿長」、「清湘遺人」、「靖江後人」、「清湘老人」、「苦瓜和尚」、「瞎尊者」等，每一名號也紀錄着其生平中不同時期的烙印，回望着破碎的過去，或許苦多甜少。他的苦，或源自其父。其父朱亨嘉，正是在南明朝有篡位野心而伏誅的靖江王後裔。亨嘉伏法時，據李驎在〈大滌子傳〉所記，那時只有兩歲的長子若極由內官所救而得倖免於難，從此開始孤苦伶仃、自食其力的流離生活：

　　　　大滌子者，原濟其名，字石濤，出自靖江王守謙之後。守謙，高皇帝之從孫也，洪武三年封靖江王，國於桂林。傳至明季南京失守，王亨嘉以唐藩序不當立，不受詔。兩廣總制丁魁楚檄思恩參將陳邦傅率兵攻破之，執至閩，廢為庶人，幽死。是時大滌子生始二歲，為宮中僕臣負出，逃至武昌，薙髮為僧。年十歲，即好聚古書，然不知讀。或語之曰：「不讀，聚奚為？」始稍稍取而讀之。暇即臨古法帖，而心尤喜顏魯公。或曰：「何不學董文敏，時所好也！」即改而學董，

然心不甚喜。又學畫山水人物及花卉翎毛。楚人往往
稱之。[100]

若極跟統鑾雖同是朱氏宗室，但二人不僅在血統、世系方面
有別，而最重要就是對明室的心態有別。相比起統鑾或其他大部
分明宗人緬懷故國的情懷，年幼的若極不僅沒受過明室恩惠，嚴
格而言，南明的隆武帝更可謂其殺父仇人，也是讓他家破人亡的
罪魁禍首。中國傳統有所謂「父仇不共戴天」的思想，故此若極
對明室自然沒正面感情，相反只有怨恨。對若極來說，他當初以
逃禪為出處，實非個人選擇，而是老早由別人代其決定。

隨着年歲漸長，若極至三十歲左右，確認自己不僅對書畫藝
術有濃厚興趣，也希望乘年壯之時遊歷四方，欣賞中國山河，遂
決定離開寄居多年的武昌，希望在旅途上悟出人生該走的道路。
他先後於湘、鄂、江、浙等地走了一圈，沿途寄居各地佛寺，後
來深深受壯麗黃山吸引，遂旅居於此逾月，一邊賞山，一邊繪畫，
這次修行奠定了其以山水畫為根基的繪畫風格。[101] 後來，石濤曾
在康熙六年繪畫了〈黃山圖〉一作，細緻描繪了黃山的波瀾壯闊，
雄奇秀美。跟統鑾畫作雄渾天成、筆觸粗獷、構圖簡潔、重視氣
韻的風格相比，石濤的作品顯然比較纖細柔麗，且多以工筆仔細
描繪，構圖極為複雜，散發另一種重視宏偉、講究神似的韻味和

---

100 李驎：〈大滌子傳〉，載氏著：《虬峯文集》（復旦大學圖書館藏清康熙刻本），卷
　　16，頁 62 上-63 上，載《四庫禁燬書叢刊》（北京：北京出版社，2000 年），集部，
　　冊 131，總頁 511-512。
101 李驎：〈大滌子傳〉，載氏著：《虬峯文集》，卷 16，頁 63 上-63 下，總頁 512。

圖 9　石濤〈黃山圖〉

藝術色彩（見圖 9）。此外，他還在〈黃山圖〉題詩中談及自己對黃山的感情：

> 黃山是我師，我是黃山友。心期不類中，黃峯無不有。事實不可傳，言亦難開口。[102]

　　若極不僅欣賞黃山的美景風光，並不斷在這兒寫生，還將它視為自己的老師，反映出他那高超畫功和筆觸，實鍛煉於此地；而其生平最膾炙人口的畫作，也多以黃山為題，正好說明這裏對於他的美術事業有舉足輕重影響力。再者，在感情方面，石濤顯然沒半點緬懷過去的感情，相反還希望自己有天可像黃山一樣，有出頭機會。至於他所謂的「事實不可傳，言亦難開口」，或許跟其複雜身世及童年經歷相關——既是明室朱氏子弟，但礙於父親的事，讓他不敢向旁人坦白自己的身份，故此只能透過一邊賞山一邊作畫，以排遣自己多年來的苦悶和空虛，從而找到自己在藝術成

---

102 石濤著：〈黃山圖〉，載劉海粟美術館編：《走進劉海粟美術館》（上海：上海畫報出版社，2004 年），頁 78。

圖 10　石濤〈十六阿羅應真圖卷（節錄）〉

就方面的滿足感。經黃山修行後，石濤的書畫逐漸獲士林賞識，其名氣也得以慢慢建立起來。

　　除擅長繪畫山水外，若極也擅於繪畫人物，總能將寫生對象的形象特點，通過細膩觀察和輕盈筆觸展示出來。比如他在旅居宣城佛寺期間，便用了近一年時間完成大作〈十六阿羅應真圖卷〉，此作以細緻筆觸描繪多名羅漢或行或坐的生動形象。畫中主角形貌不一，姿勢有別，構圖豐富，用色淡雅，正好體現佛法推崇清靜但箇中哲理又複雜微妙的特色，實為不可多得的佳作（見圖 10）。[103]

---

103 石濤的〈十六阿羅應真圖卷〉現藏於美國大都會博物館，少有著作能收錄此作（參考：廣東省文物藝術品行業協會官方網站編：《廣藝網》，〈《石濤大士十六阿羅應真圖》真跡賞析〉網頁：< http://gyart99.com/show.php?id=531>[參考日期：2015 年 4 月 26 日]；本文所徵引的石濤〈十六阿羅應真圖卷（美國大都會博物館藏本)〉，圖片來源，網頁：〈http://gyart99.com/news_source/2013/09/20/130920065746312500xib2fvcjoxng.jpg〉[參考日期：2015 年 4 月 26 日])。

　　隨着石濤畫藝日益進步，對自己的信心增加了不少，還開始談及中國文人的作畫技巧。他在《大滌子題畫詩跋‧畫山水冊子詩跋》自豪地提到：

> 　　畫有南北宗，書有二王法。張融有言：「不恨臣無二王法，恨二王無臣法。」今問南北宗，我宗耶？宗我耶？一時捧腹曰：「我自用我法。」[104]

　　一句「我自用我法」，已看到石濤對個人畫藝的自信，也看到他的畫風不局限於模仿別人。後來，他應勤上人之邀，成為南京長干寺一閣住持，除進一步擴闊視野外，還結識了金陵名畫家戴本考、柳堉，以至著名知識分子屈大均等，正式在文藝界初露頭角。[105]

　　聲名日隆的若極，後來得悉康熙帝南巡，甚至有「欲向皇家問賞心，好從寶繪論知遇」的心情，[106] 絲毫沒有掩飾自己希望一見滿清統治者以博取賞識的心情。他後來還入京向清廷獻畫，更自稱為「臣僧」，顯然不像其他朱明宗室般痛恨滿人，宗全沒抗拒之色。[107] 不難想像，若極這種刻意媚君的做法，先後受鄭拙廬等人

104 石濤：《大滌子題畫詩跋‧畫山水冊子詩跋》，載石濤著，周遠斌點校、纂註：《苦瓜和尚畫語錄》（濟南：山東畫報出版社，2007 年），附錄 1，頁 122。有關石濤對畫藝的見解，參考石濤撰，廣州出版社編：《畫語錄》（廣州：廣州出版社，2008 年）。另外，本人以明宗室出處選擇為研究中心，有關石濤畫論的研究，參考姜一涵：《石濤畫語錄研究》（台北：中國文化大學出版部，1982 年）。

105 有關石濤詳細的交遊圈子，參考朱良志：《石濤研究》（北京：北京大學出版社，2005 年），第 3 編，〈交遊叢考〉，頁 231–506。

106 石濤：〈書畫合璧之二〉，載紫都等：《石濤生平與作品鑒賞》（呼和浩特：遠方出版社，2005 年），頁 135。

107 有關石濤中晚年跟清廷關係的剖析，參考《石濤生平與作品鑒賞》（呼和浩特：遠方出版社，2005 年），〈二千餘載只斯僧——石濤生平〉，頁 2–38。

無情的負面評價，還將這位宗室視作「變節」。[108] 然而要是仔細推敲這位靖江後人由小到大的心路歷程，這種責難可謂絕不恰當。國變後，他因父親關係被迫為僧，之後便不斷提升作畫技巧，為的只是用這門手藝，讓自己生活有着落，甚至希望藉此成名，繼而出人頭地。誠然他不僅不是朱元璋的血脈，也對明室沒甚麼感情，還有可能認為南明帝是其殺父仇人，自然不會緬懷對他根本沒有甚麼恩情的朱氏皇朝，更加不會抗拒新朝統治者，畢竟滿人可說是助他雪恨之恩人。故此，他樂於向清廷統治者獻媚，絕非難以理解之事，還可謂理所當然。

　　若極從小便失去家的溫暖，在沒任何選擇下，於寺院出家為僧，為生活而繪畫，為名成利就而努力；因此只求把握每個機會，表現個人才華，讓名士、貴族甚至皇帝認識其畫，務求藉此脫離自幼賴以為生的禪門，建立一個真正屬於自己的家。若極忠於自己的選擇，為生存而賣力，其詩畫確有感懷身世之痛，可是這只是哀靖江家亡之痛，實談不上是哀明室亡國之痛。試問連追求一個家的份兒都沒有，若極哪有餘力去思念故明，哪有心思像統鑾般細味自己的宗室身份？故晚年才誠如朱良志所謂有「我老無家安得訣，故人有問常結舌」的悲痛，[109] 再次突顯其孤苦伶仃、害怕沒親友送終的悽涼。至於羅家倫（1897–1969）稱他「頭白依然未有家」是想念「國家」的說法，[110] 實未免有過分曲解之嫌。無可否

---

108 有關鄭拙廬及歷來文人對石濤的負面評價，參考鄭拙廬：《石濤研究》（北京：人民美術出版社，1961年）。

109 朱良志：《石濤研究》，第2編第11章，〈石濤晚年的「家」〉，頁203。

110 羅家倫：〈偉大藝術天才石濤〉，載傅抱石（1904–1965）編：《石濤上人年譜》（民國三十七年 [1948] 鉛印本），頁1–29，載《北京圖書館藏珍本年譜叢刊》（北京：北京圖書館出版社，1999年），總頁555–583。

認，無論若極是否懷念故國，無論他如何竭力討好滿清皇帝，實際上也不影響這位宗室畫家在藝術界的成就，也不足以貶低其人格。簡而要之，單從若極的作品來看，他所畫的山水、花樹、人物等，多着重神似，而不像統鍌所繪的着重神韻，實難以觀察其心境變化。嚴格而言，若極不是作畫寄情，而是依靠繪畫維生，即其所謂「敢擇餘生計，難尋明日方」[111]、「我不會談禪，亦不敢妄求布施，惟閒寫青山賣耳」等歎。[112]

除統鍌和若極最能代表明宗室在書畫藝術方面的成就外，在中國藝術史上留下名字又作出貢獻的朱氏子弟，大抵還有朱睿爚、朱翰之、朱智鄌、朱雲輝、朱雲熼、朱翊鏞等人。

齊裔宗人睿爚，乃太祖七世孫。睿爚，字渤海，史稱其「精詩書」，師法元代畫家詩人倪瓚（1301–1374）。睿爚弟，字翰之，自幼對「山水有生趣」，國亡後為僧，名七處和尚，居於南京南郭，史稱其「瓢笠蕭然」，「不輕落筆」。[113] 周亮工（1612–1672）在《讀畫錄》高度評價朱翰之道：

> 七處和尚，即朱翰之……以畫名江南者六十年，秣陵畫先惟知魏考叔兄弟；翰之出，而秣陵之畫一變，士夫衲子無不宗之。[114]

111 石濤：〈初得長干一枝七首〉，載汪世清編：《石濤詩錄》（石家莊：河北教育出版社，2005 年），卷 2，頁 51–53。

112 張潮（1650–？）：《幽夢影》（北京：中國畫報出版社，2013 年），第 81 則，頁 96–97。

113《南明史》，卷 27，列傳第三，〈諸王・一〉，頁 1449。

114 周亮工：《讀畫錄》（中國基本古籍庫據清康熙煙雲過眼堂刻本），卷 1，〈朱翰之〉，頁 5。

圖 11　七處〈疏林遠岫〉

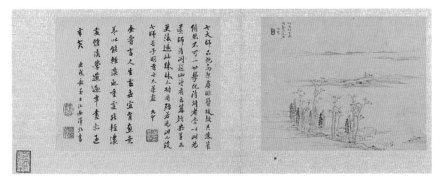

圖 12　七處〈疏林古寺〉

　　可見其畫對於充實金陵畫派有着重要意義，讓其畫名馳譽江
南達六十年，影響後世名家如高岑等人甚為深遠，現存〈疏林遠
岫〉、〈疏林古寺〉等名作，見於台灣故宮博物院中，二畫筆墨淡
雅中帶點雄渾，構圖意境空靈，滲透清秀雅氣，風格飄逸，從其
作可思作者本人應具隱士氣息（見圖 11、12）。[115]

115 七處：〈疏林古寺〉，載台灣故宮博物院編：《數位典藏與數位學習聯合目錄》，網頁：
〈http://catalog.digitalarchives.tw/item/00/60/72/67.html〉（參考日期：2015 年 4
月 26 日）。七處：〈疏林遠岫〉，載台灣故宮博物院編：《數位典藏與數位學習聯合
目錄》，網頁：〈http://catalog.digitalarchives.tw/item/00/60/72/6c.html〉（參考日
期：2015 年 4 月 26 日）。

　　朱翰之子朱智鯏，字思遠，也選擇歸隱之途，居於溧水（今南京溧水），也繼承其父遺風，同「工詩畫」。[116] 無可否認，朱翰之父子選擇隱居於南京，不怕他人知悉其朱明宗室身份，頗有大隱朝市的味道。再者，他們之所以選擇闢居南京，或許還寄託了自己即使隱居，也希望忠於祖宗的心志。

　　至於朱雲煇、朱雲爃乃遼系子弟。前者字天霞，號曙園，張庚（1685–1760）在《國朝畫徵錄》稱他善畫「花鳥山水」，且「名聞荊楚」。後者乃雲煇從弟，號尋源，善畫山水，又特別善畫馬和魚，張庚曾稱讚其畫作「用筆爽邁」、「勁健率性」、「頗有逸致」。[117] 此外，朱翊鏬為淮系富城王裔，國亡為僧於無錫，改名雪徑，相傳工詩，「善鍾、王書法」。[118] 上述數人的藝術地位雖遠遠不及統鑾和若極，且傳世作品罕見，難以一睹他們的風采；但他們都曾以書畫寄託個人情感，且同樣獲得正面評價，身體力行推動中國古代美術發展，具有自己身為朱氏宗室的特有歷史作用，也有不應磨滅的價值。

　　不難想像的是，晚明出身不差的宗室，往往自幼不乏接受教育及文化藝術薰陶的機會。他們經歷國變之痛、流離失所的生活後，不僅思想出現重大變化，還為其帶來激蕩的創作靈感，再加上矛盾的宗室身份問題，通通成為他們借書畫發憤、抒情的動力，終能將感情化作視覺藝術，成就一個又一個的傳奇。八大山人如是，石濤和尚如是，其他以書畫為寄託的宗室也如是。他

116《南明史》，卷 27，列傳第三，〈諸王・一〉，頁 1449。

117 張庚：《國朝畫徵錄》（中國基本古籍庫據清乾隆刻本），續錄卷下，〈朱雲爃（朱雲煇、劉塞翁）附〉，頁 53。

118《南明史》，卷 28，列傳第四，〈諸王・二〉，頁 1509。

們極其量在藝術成就方面有差異，但對於國變後的感情，同樣是深刻而真摯。要是沒經過明亡天崩地解之苦，相信他們的藝術才華，便很有機會被太平盛世淹沒；而他們也許只會變成平平無奇的朱氏子弟，繼續過着依賴朝廷供養的生活，不能成就個人傳奇，正好說明不能預測的際遇，總會改寫一個人的歷史。

　　無可否認，繪畫需要天賦才華，未必每一位宗室都能參與其事；可是以語言文字寄情，則是不少歸隱宗室樂在其中之事。有人熱衷經史文字，或作文，或編寫故事，或從事學術研究，可記私人感情，也可記國仇家恨，更可記客觀學問，以贏得別人尊重、欣賞；有人熱衷文學創作，寫下不少膾炙人口的詩詞歌賦，最後還成為著名文學家，名垂青史；也有人熱衷借語言文字，過着風雅的詩酒朋儕生活，終換來各方友誼。無論如何，詩文正好是另一條讓明宗室抒發情感、與人交往、消磨時間的重要途徑。

　　對於選擇歸隱的明宗室來說，開來專心從事文字著述，正好能忘卻亡國的黯然神傷。中國傳統學術及書籍分類，有經史子集四大要目，而當中最難的一項，莫過於經學。經學研究儒家經傳的訓詁，並闡揚當中義理，乃中國傳統學術裏，要求知識分子學術根基最深厚的一門學問。不難想像，在國變以前，曾接受宗學教育，或有志舉業的中上層宗室，當然熟讀儒家經書，有力從事經傳研究；唯來自下層的小宗，則往往是三餐不繼，難以集中精神於經學事業上。不難理解的是，在國變以後，不少研習經書的明宗室，每每受到儒家微言大義所影響，不是依靠南明出仕，便是上戰場抗敵，甚至會憤然殉國，未必會選擇歸隱偷生之路。就此，以經學為樂的歸隱宗室，多是有學問之輩，本已十分罕見，現存可知僅寧系舉人朱統鈜沉醉訓詁、義理之中，於國變後以註

經度日終老，頗有明哲保身的味道。[119]

　　至於參與史學著述的宗室，則應比研習經學的人數多，因為從事歷史工作，每每不像經學般講究師承家法，即使沒穩固根基，但只要將勤補拙，即可依靠後天努力補充不足。國變後，明宗室也曾出現兩位歸隱史家，用他們的筆墨記載歷史。寧系瑞昌鎮國中尉朱統鈒，於國變後撰有《崇禎遺詔事實》一作，錢海岳謂「其辨野史妄傳遺詔參錯，讀者至聲淚俱下」，[120] 未知有何根據。錢氏是否親眼目睹《崇禎遺詔事實》一作，已難以考證，但據全祖望（1705–1755）在《鮚埼亭集外編》對此作的評價，可知統鈒一書實毀譽參半，試看〈題《崇禎遺詔事實》後〉一作所記：

> 江藩瑞昌悼順王玄孫鎮國中尉統鈒，纂述《遺詔事實》一卷，時年七十一矣。其辨野史妄傳遺詔，參錯字樣，聲淚交下，惜其所紀，亦多舛誤，如襄城伯李國楨之葬梓宮，並無其事，當時所妄傳也。太子已陷賊營，而曰不知所之。開齊化門者曹化淳，非杜勛也。若范文烈公係揆輔，乃以為刑部尚書。倪文正公係計相，乃以為禮部侍郎。王侍郎家彥，則以為太僕。孟侍郎兆祥，則以為左通。施副都邦曜，則僅稱僉院。吳太常麟徵，僅稱戶科。而周御史亮工，忽稱副都，則官簿崇庫俱未之考也。侍郎張忻，再入本朝，而以為拷死。行人謝于宣拷死，而以為逃，則死生亦未確也。其餘不能枚舉，

119《南明史》，卷 27，列傳第三，〈諸王‧一〉，頁 1467。
120 同上註。

又若賀太僕王盛，並非死於甲申者，不知何以混而入之。
其筆墨諓陋無足觀，末附絕句四十二首，亦不工。然選
明詩者，不可竟遺此人也。予友張繪，取以示予，因題
其首。[121]

　　錢海岳對《崇禎遺詔事實》一作的評價，顯然來自全祖望的
意見，但他並未有將全氏負面批評盡錄於《南明史》中，或有為朱
統鈚護航之意，再次證明錢作所記未必盡是事實。從上述評價看
來，統鈚所撰的文字雖感人肺腑，但在史學角度則錯漏百出，歷
史人物的官職、生平都有混淆處，甚至被全氏認為「其筆墨諓陋
無足觀」，反映出此書縱然出自明宗室手筆，可是幾乎沒太大史料
價值，故此後來已經佚失，實屬可惜。

　　相比起朱統鈚的史著不能傳世，另一位宗室史家的作品仍能
隨手翻閱。遼系益陽王裔諸生朱儼鏷，字啟宇，國亡後改名孔自
來，字伯靡，隱居三湖一帶，主要從事文字著述工作。[122] 遼系自
建文時遷至湖廣荊州後，一直便定居於此，[123] 故此儼鏷當為湖北人
無疑。據楊鍾羲（1865–1940）在《雪橋詩話》所記，儼鏷乃明遼
簡王八世孫，「少孤，折節讀書」，曾「補江陵弟子員」，因祖憲以
詩聞名，自己也熱愛詩歌創作；於國變後，易姓名隱居，閒自號
句曲山人，換來「直將遺事傳詩史，漫以閒情寄酒名」的評價。除
閒時賦詩寄情交友外，儼鏷還曾撰有《江陵志餘》這部史著，專記

---

121 全祖望：〈題《崇禎遺詔事實》後〉，載氏著：《鮚埼亭集》（《國學基本叢書》本），外
　　編，卷 34，載王雲五主編：「萬有文庫」（上海：商務印書館，年 1936 年），第 2 集，
　　總頁 1145。
122《南明史》，卷 27，列傳第三，〈諸王・一〉，頁 1459。
123《明史》（北京：中華書局，1976 年），卷 117，列傳第五，〈諸王・二〉，頁 3587。

其故鄉荊州江陵一地的遺事，以補方志不足。他在其作序言中曾經提到自己撰史之目的：

> 曹子桓語王朗云：「人生惟立德揚名，可以不朽，其次莫如著篇籍。」……僕雅志史學，恥效經生。夙負蘭台、石渠之願，而屈於時命。閉戶著述幾百餘萬言《江陵志餘》，則其亂後所成也。[124]

可見這位宗室早在國變前，已有「立德揚名」、「著篇揚名」之志，希望自己的名字可永垂不朽，故此他在國變後，沒選擇殉國、抗清、降清等途，倒是選擇歸隱起來，保留性命，希望自己能在史學上有所貢獻，終撰成具獨特史料價值的《江陵志餘》一作，獲後世學人珍重、推崇。[125] 儼鑣雖成功憑藉這部方志揚名，但他始終沒以真名示人，只將此作署名為「句曲山人孔自來伯靡氏」。推敲儼鑣此舉背後之意，一來害怕受文字獄牽連，二來又害怕此作如以其真實姓名署名，很大機會因其特殊的前朝宗室身份而遭清廷禁、燬，故此才只好以別名署名。據朱翰昆在《荊楚研究雜記》的考證，儼鑣曾撰成的著作達 28 種，其中有 21 種可考名字，唯大部分已經佚失。

　　經史以外，從事子學的宗室則寥若晨星，基本上難以找到一

---

124 孔自來纂：《順治江陵志餘》（清順治七年 [1650] 鈔本），〈自牋〉，載《中國地方志集成》（南京：江蘇古籍出版社，2001 年），總頁 387。
125 孔自來所纂的《江陵志餘》，歷來深受研究江陵一地歷史的學者歡迎，比如陳禮榮曾指出：「《江陵志餘》為江陵士人孔自來撰，初版印行於清順治十四年（1657），是地方史志中一部極有價值的古籍圖書。」（參考陳禮榮：〈張居正與遼邸案質疑〉，載王春瑜主編：《明史論叢》[蘭州：蘭州大學出版社，2003 年]，頁 424。）由此觀之，後世學人對於此作有極高評價。

位明宗室，在國變後於諸子百家學問上有顯著成就。所以如此，或因子學跟經學一樣，要求知識分子對儒家以外任何一家學說，要有深厚根基，方能動手研究。可是，於國變前接受宗學教育的中上層宗室，又或是有志舉業而自學的宗人，多是研讀儒家經典為主，實少有機會接觸其他學說。他們在國變歸隱後，也自然難對子學突然感到興趣。

至於集學，跟史學一樣，門檻較低，不一定要有深厚學術根基，也可讓人投身於此。集學可謂一種純文學，重視感興，因此適合任何懂得文墨的亡國宗室，藉此抒發個人感受。在清初歷史上以文名著稱又留下詩文作品的朱氏子弟，計有岷系南安王裔宗室朱企鈵，寧系宗室朱謀晉、朱議霶（1618–1678）、瑞昌王裔的女宗室朱中楣（1622–1672）等人。後世從他們的詩文作品中，很容易就能體味到這個特殊羣體於國變後的生活和情思。

岷系南安王裔宗室企鈵，於國變後曾為永曆歲貢生，及後因「懼禍」，終「易姓名鈵」，史稱其著「有詩集」。[126] 鄧顯鶴在《沅湘耆舊集》中，曾解釋企鈵甚至是其他歸隱宗室，何以必須要改名換姓道：

> 企鈵，武岡人，岷藩宗室子，《寶慶府志》作鈵，草除之際，草澤不逞之徒，假前朝宗室，以號召四方，朱宗子遺，人人自危，多變易名姓，以圖存。鈵即企鈵，蓋析鈵字為姓名也。[127]

---

126 《南明史》，卷 27，列傳第三，〈諸王・一〉，頁 1475。
127 鄧顯鶴：《沅湘耆舊集》（中國基本古籍庫據清道光二十四年 [1844] 鄧氏小九華山樓刻本），卷 40，〈朱岷宗企鈵〉，總頁 509。

要是鄧氏分析沒錯的話，企鉽原有依靠南明之意，但後來為了保命於亂世，加上害怕自己被地方鄉紳推舉為抗清領袖，才決定毅然隱姓埋名，從此過着歸隱生活，可是仍密切關注時局發展。像鄧氏收錄這位明宗室的詩作〈巫水〉云：

坐山一線水，西向縣門流。激浪摧沙岸，穿雲下蓼洲。琴堂宵映月，山郭日沈秋。好傍隄邊柳，看魚上敵樓。[128]

此作表面上描寫湖南巫水之景，實則還寄託了企鉽隔岸觀火之情。中國大部分江河，基於地理形勢，大都向東而流，企鉽首聯描寫向西流的巫水分支，顯然就有逆水而行之意，實可比喻當時反清復明的形勢。頷聯所云的「激浪」、「穿雲」，則可解讀為敵人勢如破竹的軍力。面對如斯困境，這位明宗室深明現實之理，頸聯描寫自己只好歸隱下來，在閒時以琴為樂，或借遊山玩水排遣個人情緒，所寫的正是這等閒適情懷。然而無論如何玩樂，可是他始終忘不了國仇家恨，尾聯訴說自己只能傍柳緬懷，看着其他南明臣民如何奮勇「上敵樓」。

又如寧系的謀㙂，同樣有片言隻語傳世，供後人玩味，可藉此嘗試理解他們身為亡國宗室的感情。謝旻在《江西通志》記謀㙂的生平道：

朱謀㙂，字公退，初字康侯，獻王七世孫也。少英

---

128 朱企鉽：〈巫水〉，載《沅湘耆舊集》，總頁 509。

敏，讀書修辭，結廬蛟溪，在龍沙之北躬畊，賦詩郊居，
耕釣之作，詞指婉約，才名蔚起，後寓居金陵。[129]

　　可見謀晉在國變前，已在南昌龍沙（今江西龍沙）過着閒適
的田園生活，素來應自給自足，沒沾染明室恩澤；只是在國變後，
才遷徙至金陵（今南京），繼續過其躬耕生活。他之所以選擇遷徙
至南京定居，除避亂外，更重要考慮或許像其他宗人一樣，希望
親近朱元璋陵墓，緬懷明室定鼎於此的歷史。陳田在《明詩紀事》
曾收錄其於國變後的作品〈金陵雜詠〉：

　　　　南國金湯據石頭，千年人說帝王州。驚聞戰士屯朱
　　雀，枉殺將軍怨白鳩。風煖香車盈廣陌，月明絃管在高
　　樓。傷心一派秦淮水，處處垂楊似莫愁。[130]

　　從詩中內容看來，謀晉所描繪的景象，洋溢着蒼涼氣息，烘
托出亡國冷清之感。首聯描寫南明仍堅據一方，冀望重奪朱氏的
千里江山。頷聯描寫明軍抗清之況，傷亡慘烈。頸、尾二聯，則
描寫謀晉自己只能隔岸觀火卻心繫明室的愁緒。顯然作者自遷徙
金陵後，面對昔日朱氏定鼎之地，再想到現在今非昔比，眼前江
山已變為清人土地，縱然昔日沒受明室供養，可是依舊對故國有
濃厚感情，終只能透過詩文抒發出來。
　　無可否認，上述幾首詩的情思，都寫得比較隱晦，看似寫景，

---

129 謝旻：《江西通志》（中國基本古籍庫據清文淵閣《四庫全書》本），卷 70，〈人物〉，
　　頁 2349。
130 朱謀晉：〈金陵雜詠〉，載《明詩紀事》，甲籤卷 2 下，頁 49。

實則要轉到更深層次的細味，才悟得這幾位宗室的寓意，這種手法除繼承中國詩歌重視借景言志的特色外，也方便他們有效避開清廷文字獄的牽連，終成為清初故明天潢重要的寫作風格。再者，企鈃、謀晉等人，在文學史上只能留下片言隻語供後人玩味，他們對文壇的影響力，實遠遠不及另外兩位比較多產的宗室著名文人——朱議霶和朱中楣；因此企鈃、謀晉的名字，往往容易受到後人遺忘，也無可厚非。

在歸隱宗室裏頭，留下最多詩文作品的一位，必然就是於國變後改名林時益的朱議霶。錢海岳在《南明史》曾扼要地記載其生平道：

> 議霶，字用霖，寧奉國中尉。父統鎮，江夏知縣。議霶幼慧，佐司財賦，老胥懾伏。性豪邁，見天下將亂，愈輕財結客。左良玉東下，與毛玨、任濟世謀集眾遏之九江。與當事議不合，散去。及南昌陷，乃與宗室適庵，挈妻子依魏禧翠微峯，變姓名林時益，傭田而耕。子楫孫，門人吳正名、任安世，皆帶經負鋤，歌聲出金石。晚工詩，喜二王草法。適庵，字麗公，以賢聞，後卒大石山中。[131]

從上述記載可見，議霶在國變後，本曾有領兵之意，但後來即決定攜同家人，跟明遺民魏禧（1624–1681）、明宗室適庵等，隱居江西寧都翠微峯，一心過着歸隱生活。議霶歸隱後，後來跟魏

131《南明史》，卷 27，列傳第三，〈諸王・一〉，頁 1472。

禧、魏際瑞（1620–1677）、魏禮（1628–1693）三兄弟，加上李騰蛟（1609–1668）、彭士望（1610–1683）、邱維屏（1614–1679）、彭任、曾燦等，皆曾於翠微峯易堂活動，獲後世尊稱為「易堂九子」，[132] 而且獲魏氏兄弟視為領袖，他們甚至直言「並願為中尉死也」。[133] 魏氏兄弟的豪言壯語，除了出於仰慕議霶為人外，相信更重要是拜倒其天潢身份，展示出這羣遺民忠於明室的想法，且能達到尊敬朱氏血脈、體現民族氣節的色彩。誠如研究魏禧及翠微峯的學者黃毓棟所言：

> 他們在翠微峯的生活，嚴如一個組織嚴密的小村落，論道、講學，成為他們日常生活的重點。而翠微峯中的環境，亦彷如封閉而自成一小部落的桃源一樣寧靜優美。[134]

就在與世隔絕環境下，議霶得以安享寧靜的田園生活，並得以在農閒之時專心創作其詩文。據姚品文之見，議霶文章早已佚

---

132 三魏與曾燦、邱維屏、李騰蛟等江西士人，於國變後以千金買下寧都城西十里海拔四百多米的翠微峯，作為歸隱的避難所，並於順治三年（1646）前後遷至峯頂，蓋建一「公堂」於中而前後左右旁建五室，分別居住了魏氏三子及其家人，後來議霶、彭士望、李騰蛟、曾燦等也率家人來此定居，而彭任則獨居於翠微峯西北較低的三巉峯。由於他們常在「公堂」一起讀《易》、論史，研習各種學問，故將該處命名為「易堂」，而後世稱歸隱之此的九人為「易堂九子」。他們以明遺民自居，於深山峻嶺過着集體退隱的自給自足耕讀生活。有關「易堂九子」的生平及其詳細研究，包括他們的詩風、文風、思想等，參考邱國坤：《易堂九子年譜》（南昌：江西高校出版社，1990 年）；馬將偉：《易堂九子研究》（北京：社會科學文獻出版社，2013 年）。本文以明宗室出處為研究中心，僅探討朱議霶於國變後的生活和心態。

133 魏禧：〈朱中尉傳〉，載陶福履、胡思敬原編：《豫章叢書》（南昌：江西教育出版社，2007 年），集部，冊 10，《朱中尉詩集》，頁 12。

134 黃毓棟：〈明亡後漢族知識分子的取向：魏禧個案研究〉（香港大學哲學博士論文，2003 年），上編，第 1 章，第 4 節，頁 23。

失，或跟易堂九子文字多滲透濃厚復明思想，因此其著作難以在清初流行，即有刊本也會遭受禁、燬，而其倖存詩集也只是抄本。當中有強烈民族仇恨色彩的文字，相信已被編者刪掉，以免受到文字獄牽連。故此，現存的《朱中尉詩集》，從內容上看來，多是記錄議霶於山居的生活；但仍有部分作品，流露其感懷個人身世、抒發出故國凋零的哀思。

　　要分析議霶這位宗室詩人的情思，後世只可從其尚存的《朱中尉詩集》中體味一二。議霶詩集中寫得最多的課題和景色，必是歸隱翠微峯後的田園生活，像〈九月中旬涂允協招飲歸有園賞桂同座者涂宜振允桓吳其遠魏冰叔・二〉提到：

> 花外天峯高出牆，看山看桂使心忙。老眼欲舒惟踏閣，秋心相對且聞香。[135]

　　可見歸隱生活實非別人想像般沉悶，相反單是遊山玩水已教人「心忙」，對於排遣亡國之痛，或多或少有一點作用。當然，歸隱高山，也並非盡是美好的世外桃源生活，議霶跟易堂其他八子同樣面對生計問題，比如他在〈春日山中懷周伯恆憲使〉一作向友人提到：「旁語及家事，久隱苦窮阨。」[136] 他所謂的「窮阨」，每每跟天災有關，像〈大水〉一作提到高山水患問題：「大水沒高田，飢人立空庭。」[137] 而〈大水遇梓陂圩感賦〉一作，則進一步提到水

135 朱議霶著，姚品文點校，段曉華審訂：《朱中尉詩集》，卷 5，〈九月中旬涂允協招飲歸有園賞桂同座者涂宜振允桓吳其遠魏冰叔・二〉，載陶福履、胡思敬原編：《豫章叢書》（南昌：江西教育出版社，2007 年），集部，冊 10，頁 92。
136 同上註，卷 1，〈春日山中懷周伯恆憲使〉，頁 25。
137 同上註，〈大水〉，頁 30。

患時慘況：

> 長水入牀下，繫舟在門前。採荇當園蔬，網魚當朝餐。恤災幸已責，催牒日再傳。曾聞田變海，彌望風雲煙。食力少拘束，每每終天年。及此此荒唐，益令難稽天。[138]

從詩句看來，後世完全找不到議霶的宗室形象，只看到一名面對水災的農民對命運有何感歎。誠然在國變以前，他總算生於小康宗室家庭，生活基本上無憂無慮，最多只是行動受朝廷限制。國變以後，他雖獲得自由，但從此便要過着自力維生的日子，頓時感受到生活逼人的壓力，才有上述有血有肉、感情真摯的作品。要不是親身經歷國變困境、躬耕生活，這位明宗室或許仍只是一名不知人間困苦的紈絝子弟而已。

除了受到天災威脅，遇上疾病，也教這位易堂宗室感到懊惱，他在〈同內病中作〉提到：「汝病痛如刺，我病熱如火。不能相慰憐，坐臥無一語。」又云：「因病轉生燥，觸處多屬言。子無我怒也，我無子疾焉。」[139] 不難想像，議霶跟妻子在山中生病的話，不僅難以求醫，且容易交叉傳染，更會因病燥而跟另一半生口角；可是無論如何，他仍對愛人不離不棄、相依為命，這份真摯感情，可謂動人。

另外，值得注意是議霶雖為易堂的精神核心，但後來在生計問題下，終遷往翠微峯西南面較低及平坦的冠石隱居，並開始種

---

138 朱議霶著，姚品文點校，段曉華審訂：《朱中尉詩集》，〈大水遇梓陂圩感賦〉，頁30。
139 同上註，〈同內病中作〉，頁24。

茶事業，享受另一種生活，魏禧曾記道：

> 率妻子徙冠石種茶。長子楫孫，通家子弟任安世、
> 任瑞、吳正名，皆負擔親鋤畚，手爬糞土以力作，夜則
> 課之。讀《通鑒》，學詩；間射獵，除田豕。有自外過冠
> 石者，見圃間三四少年，頭着一幅巾，赤腳揮鋤，朗朗
> 然歌，出金石聲，皆竊歎，以為古圖畫不是過也。[140]

而議霶跟家人這種自給自足的愜意心情，可在其跟友人酬唱
的七古詩作〈癸卯初夏習生四十初度作此貽之〉感受到：

> 晚稻插秧早稻花，吾子四十無室家。伯氏連年衣食
> 走，吾子荷鋤惟墾茶。茶籠負向他州賣，飲者但云茶好
> 在。前年造紙賤不售，雙手紙槽幾凍壞。主僕工傭二十
> 人，衣食何人知我艱。[141]

議霶跟其子及傭人，合共 20 餘人，努力在冠石一地種茶，依
靠雙手換來生計，貫徹自己「不力耕不得食也」的經濟主張。[142]

毫無疑問，沉醉勞動生活，每天只為生計而努力求存，必能
磨練一個人的意志，而且可以較易忘卻不快之事，可是真正藏在
心底的傷痛和思念，始終不是透過汗水能夠掩蓋過去，議霶在〈谷
中九九詩〉提到：

---

140 朱議霶著，姚品文點校，段曉華審訂：《朱中尉詩集》，〈朱中尉傳〉，頁 11。
141 同上註，卷 2，〈癸卯初夏習生四十初度作此貽之〉，頁 39。
142 同上註，〈朱中尉傳〉，頁 11。

招友及早起，澣衣肅倦容。孤臣感時令，誠懇三呼
嵩。狗彘無失時，雞攘豬復病。久耕自然穫，黽勉遵
王政。[143]

這首五古閒適詩，仔細地描寫出易堂九子居於深山的生活面
貌、精神模樣。他們在遠離清朝統治者的情況下，不僅沒甚麼政
治壓力，還可重拾對明室君主的禮儀，彷彿故國根本沒被消滅一
樣。當然，這一切只是明宗室、明遺民在精神上的一種安慰而已，
卻可充分看到他們心底裏對故國的思念和感情。

從詩歌中可找到議霶思念故國的情懷外，生離死別的點滴同
樣深刻地寫在其作中，試看以下幾個例子：如〈命楫孫往桃花嶺省
墓〉一作，不僅抒發了自己思念祖先的情懷，還抒發了亡國哀傷：

世亂悠悠多病身，高岡執手益傷魂。出門猶記垂髫
子，歸路居然負擔人。我在此時知結友，汝生斯世尚無
君。先塋一拜如何哭，莫使哀春杜宇聞。[144]

首聯、頷聯寫自己因「世亂」而「多病」，加上年事漸老，故
不能親自下山省墓，只得派子孫代勞。值得注意議霶在頸聯提
到，孫兒出世時「尚無君」，實暗示自己不願承認清廷的正統地
位；而尾聯所謂的「杜宇」，相傳乃古代蜀帝，因失國而死，死後
靈魂化為杜鵑，日夜悲啼，淚盡至血，哀鳴而終。議霶以這個典

143 朱議霶著，姚品文點校，段曉華審訂：《朱中尉詩集》，卷 1，〈谷中九九詩〉，
頁 28。
144 同上註，卷 4，〈命楫孫往桃花嶺省墓〉，頁 70。

故，比喻自己身為宗室所擁有的亡國悲痛，實在貼切不過。又如
〈乙酉夏檥舟梁家渡約六弟偕上而六弟即是秋與七弟病死梅川戊
子陳氏姊避兵死西山今乙未蕭氏姊又墜樓死先君之子十二人存者
僅高氏姊及予二人而已孤舟過此不勝泫然〉一作：

　　莫望梁家渡，依然水上村。當時同出走，顧我尚生存。
　　兄弟何嘗鮮，死亡如此頻。十年家國事，空有淚沾巾。[145]

　　議霶本生於中上層的宗室家庭，要是沒國變，相信他和家人
仍會健全活於南昌。偏偏亡國之亂，讓這個大家族瓦解，當時一
同逃難的兄弟姊妹，最後只餘下作者跟親姊二人而已。面對家
人、朋友的生離死別，回想過去十年國變亂世，這位倖存天潢只
能以淚洗臉，通過這首五律慨歎生不逢時之情。這種今非昔比
的情懷，不僅從懷念親屬的詩歌看到，還可從懷念朋友的詩歌看
到，像〈顧廚〉一作提到：

　　仙樂重開憶帝京，江南花落更傷情。敢悲紀叟黃泉
　　裏，麥飯何人拜孝陵。[146]

　　即使懷念友人已故的廚師，但議霶也能觸景生情，念念不忘
朱明天下。弔唁祖宗、親友之餘，他當然也格外欣賞忠於明室

---

145 朱議霶著，姚品文點校，段曉華審訂：《朱中尉詩集》，卷3，〈乙酉夏檥舟梁家渡約
　　六弟偕上而六弟即是秋與七弟病死梅川戊子陳氏姊避兵死西山今乙未蕭氏姊又墜樓
　　死先君之子十二人存者僅高氏姊及予二人而已孤舟過此不勝泫然〉，頁47。
146 同上註，卷5，〈顧廚〉，頁94。

的名臣，不僅親自致祭，還賦詩紀事，如他拜祭史可法（1601–
1645）後曾撰〈同魏冰叔梅花嶺拜史忠襄公墓〉一作：

> 秋盡天寒夜不霜，短衣大帽拜忠襄。梅花是嶺堪埋
> 骨，榆樹成林竟出牆。飛馬直來開兗豫，降帆迴指下江
> 黃。莫云綬死文丞相，忍見中朝一日亡。[147]

議霶將史可法跟宋代名臣文天祥（1236–1283）媲美，歌頌兩
位忠臣都以身殉國，藉此表揚這類為明室效忠而捐軀的義士，一
方面緬懷賢人，另一方面可哀國變之痛，並樹立正確道德價值觀。

談到歸隱宗室的日常生活和交友圈子，從議霶詩歌看來，他
有幾種情況下會離開隱居的深山，比如賣茶、祭祀等；另一個讓
他離開翠微峯和冠石之因，便是旅遊、送行，像〈己亥冠石送曾
止山之舊京將往雲武訪令兄庭聞〉一作提到：

> 為農方得耦，何以遂南行？不憚滿江水，言尋絕塞
> 兄。平田雙駕穩，野雁一舟橫。量得添愁思，卹杯恨
> 獨醒。[148]

要不是送朋友遠行，議霶絕不會輕易放下山上農務，回到
昔日舊都這個傷心地，即使舉杯消愁，也不能忘懷亡國之痛。
又云：

---

147 朱議霶著，姚品文點校，段曉華審訂：《朱中尉詩集》，卷 4，〈同魏冰叔梅花嶺拜史
忠襄公墓〉，頁 86。
148 同上註，卷 3，〈己亥冠石送曾止山之舊京將往雲武訪令兄庭聞〉，頁 59。

> 分手千山裏，梨花樹樹開。夏畦皆有愧，麥飯獨含
> 哀。未見南游客，猶傷北望懷。憑君將此淚，一洒雨
> 花台。[149]

乘着送朋友往南京之機，議霑可藉此緬懷過去，可見前朝天
潢、遺民一提起舊都，便勾起種種思念和回憶，只能淚眼矇矓，
藉助詩句抒發個人對明室的感情。

無可否認，早於議霑歸隱翠微峯之前，南明仍佔有半壁江
山，苦苦跟清人抗衡，這位宗室大可像史可法般勇敢掙扎，可是
他始終沒有依靠弘光、隆慶、永曆諸帝之意，還索性歸隱山林，
或跟其早已料到戰況慘烈一事有關，他在〈贈堪輿〉提到：

> 久客遇鄉人，為情分外真。天悲從北闕，鍼喜向南
> 親。捉手一何晚，贈言如不文。緣來離別意，祇有古
> 停雲。[150]

又云：

> 吾子能知道，出言令涕零。天心重仁孝，人事多廢
> 興。葬法一從驗，《禮》經久不明。誰思當戰伐，白骨忍
> 縱橫。[151]

---

149 朱議霑著，姚品文點校，段曉華審訂：《朱中尉詩集》，卷 3，〈己亥冠石送曾止山之
　　舊京將往雲武訪令兄庭聞〉，頁 59。
150 同上註，卷 3，〈贈堪輿〉，頁 51。
151 同上註。

　　情感上，議霶就算選擇歸隱深山，但仍希望南明能重奪整個
江山，藉此減少因戰亂而出現的離別傷痛和生靈塗炭。唯理智
上，他認為清人勢如破竹，南明君主即使多麼「仁孝」也好，可是
戰事始終有「廢興」，最後只會落得「白骨」遍野之慘況。

　　隱居生活雖然安穩，但沒法挽救大明江山的無力感，偶爾仍
縈繞在議霶的腦海，像〈庚寅過喜歸來堂哭歐陽憲萬夫子〉一作
談到其心聲道：

> 井井田廬好，惟悲人已亡。服衰無孺子，待養上高
> 堂。世誼多兄弟，交情重死喪。生平未了事，終夜起
> 皇皇。[152]

且云：

> 治家諸紀略，黏壁列如星。使眾苦勞過，提綱分數
> 明。陳平分社肉，陶侃具船釘。世亂寄人死，吾生何
> 所成。[153]

　　議霶之所以終夜不安，又說自己平生沒任何成就，顯然都是
因為自己身為天潢卻無力回天所致。這種無力感，有時嚴重起
來，更可化成對自己及其他落難朋友的嘲笑，如他贈詩明遺民徐
世溥（1608–1658）時提到：

---

152 朱議霶著，姚品文點校，段曉華審訂：《朱中尉詩集》，〈庚寅過喜歸來堂哭歐陽憲萬
　　夫子〉，頁65。
153 同上註，卷3，〈庚寅過喜歸來堂哭歐陽憲萬夫子〉，頁65。

> 豈意南北傾，在茲申與酉。致遂慚古賢，全驅望南
> 走。君亦伏草間，皇皇喪家狗。[154]

議霈諷刺自己和朋友在國變時不能捨身抗清，猶如「喪家狗」一樣無能，這種於心有愧的感情，長期在其詩中揮之不去。又如〈甲午聞巖下人逐巖上虎〉一詩指桑罵槐兼借題發揮道：

> 屹然逐乳虎，作勢坐層巒。集眾吹牛角，爭先負竹
> 竿。奮身真少敵，掉尾轉懷安。羨爾萬人敵，徒為壁
> 上觀。[155]

詩中所云的虎，當然就是來自東北的滿州猛虎。面對如此險境，議霈當然選擇了歸隱山林的道路，可是這種只能作「壁上觀」的心情，實教他打從心底裏羨慕那些敢於犧牲的「萬人敵」。

通過上述舉例，不難理解議霈雖選擇了隱居山林、寄情田園的求生道路，可是這條生路一點也不易走，既要面對天災困境，又要面對自己身為天潢卻苟且偷安的良心責備，充分展現歸隱宗室的矛盾心理。縱是如此，議霈始終無悔選擇這條路，像他晚年所賦的〈壽李官玉先生七十〉，便談到個人得享兒孫福的快樂：

> 朝廷醉眼送江東，嘗痛桓靈喪亂同。自我耕農依冠

---

154 朱議霈著，姚品文點校，段曉華審訂：《朱中尉詩集》，卷 1，〈寄徐巨源五十〉，
　　頁 31。
155 同上註，卷 3，〈甲午聞巖下人逐巖上虎〉，頁 55。

石，懷君兵火共簫峯。晚年得子看婚娶，盤谷移家有弟
兄。何事怕人來獻壽，角巾瘦杖訪山松。[156]

這首七律正好是議霶一生的寫照——首聯寫自己壯年時代看
着明室帝主因耽樂而亡國，終需經歷亡國之痛。頷聯再寫自己於
國變後迫不得已歸隱山林，逃避戰火。頸聯描寫自己晚年終覺
醒，始終珍惜生命，看着下一代成家立室，方是人生一大樂事。
尾聯則慶幸自己可得享天年，也開始不再受良心責備。議霶步入
晚年後，逐步解開自己身為天潢而不能復國的心結，晚年還跟不
少歸隱宗室般皈依佛教，試看魏禧回憶其友人生中最後十年的生
活道：

　　近十餘年，益隱畏，務摧剛為柔，儉樸退讓，使終
身無所求取於人，無惡於世，雖子弟行以橫非相干者，
勿與較也。晚又好禪，嗜素食，持經咒，尤嚴殺生戒，
見者以為老農老僧，不復識為誰何之人。戊午八月復病，
嘔血死，年六十一，蓋中尉以戊午生戊午死云。死之日，
士望阻於楚，唯魏禧、彭任親舉屍入棺含殮焉。先是中
尉嘗謂士望、禧、禧之弟禮，曰：「吾衰病無所用於世，
君輩好為之。」[157]

議霶晚年有志禪學，可是與生俱來的宗室身份，始終不能毅

---

156 朱議霶著，姚品文點校，段曉華審訂：《朱中尉詩集》，卷4，〈壽李官玉先生
　　七十〉，頁76。
157 同上註，〈朱中尉傳〉，頁11-12。

然丟棄。縱觀這位明宗室的生平及其作品，他對國仇家恨的抑鬱烙印，只能通過其詩宣洩，才能留下大量感情真摯、想像豐富、耐人尋味的詩作，實非其遺言所云般「無所用於世」。

　　從前朝宗室角度看來，議霶要是沒朱氏血脈的包袱，國變後便沒「林時益」這遺民詩人角色出現，更沒一首又一首讓人感到動容的詩篇；而從歸隱遺民的角度看來，要是沒化名林時益的寧系宗室朱議霶加入「易堂」遺民行列，這充滿濃厚民族意識的學術組織，便會失去一根重要的精神支柱。總的來說，沒國變，便沒林時益；沒國變，或許也不能讓議霶的詩歌天分能表露出來，畢竟文學作品雖出於作家的想像與文筆，但沒真實的經歷和感情，任何再好的文字，也只會流於空洞——國變讓這位奉國中尉變得成熟，生活讓這位前朝天潢了解民情，隱居讓這位遺民詩人發揮才能，方能以詩句記錄人生每一個細節、每一段關係、每一天的故事。

　　明宗室出產了詩人朱議霶外，還出產了一位女詞人——朱中楣。中楣，字懿則，一字遠山，江西南昌人，乃寧系輔國中尉朱議汶次女。[158] 據《南明史》所記，議汶，字遜陵，寧系瑞昌王裔宗室，史稱「工書」，於弘光時仍「奉使淮、揚」。[159] 據中楣子李振裕所記，這位女宗室於國變前已嫁李元鼎（？–1653）。明朝滅亡後，元鼎投降清廷，成為貳臣。中國俗語有云「出嫁從夫」，身份尷尬的中楣在別無選擇下，只能攜子隨夫投清，變相成為貳臣夫人，

---

158 李振裕（1641–1707）：〈顯妣朱淑人行述〉，載氏著：《白石山房集》（南京圖書館、華東師範大學圖書館藏清康熙香雪堂刻本），卷 8，頁 27 上–32 上，載《四庫全書存目叢書》，集部，冊 243，總頁 468–471。

159《南明史》，卷 27，列傳第三，〈諸王・一〉，頁 1472。

並沒追隨父親投向南明懷抱。可以想像，這個決定必讓她的內心出現極大掙扎。元鼎歸清後，當初雖獲清人重用，先後出任太僕寺卿、兵部右侍郎等職位；但始終礙於貳臣身份，常受朝中政治風波牽連，猶幸每次也能化險為夷。至順治十年（1653），元鼎決定辭官南歸，終與中楣定居南昌。夫妻在離世前，從此一直過着吟詠自適、夫唱婦隨的生活，成為中國文學史上的一段佳話。[160]

中楣這名女宗室的作品，包括《隨草詩餘》、《鏡閣新聲》、《隨草續編》、《亦園嗣響》等，後來皆收入跟其夫合著的《石園全集》中。[161] 從中楣生平看來，她在國變之際，身為朱明宗室，可是丈夫卻向滿人投降，而兒子後來又成為清廷重臣，內心必不好受，從其詩詞可見一斑。正如其名篇詩作〈春日感懷〉提到：

> 青春作伴已還鄉，贏得新詩富草堂。蘇圃漫添湖水綠，柴桑難問徑花黃。荒城處處傷離黍，日燕飛飛覓畫梁。家國可堪寥落甚，怡情何地是滄浪。[162]

縱然跟着夫君在天崩地解局面下有安穩生活，可是中楣始終不忘自己流着朱氏子孫的血，即使面對春日美景，實際上仍很易

---

160 關於朱中楣的詳細生平，參考李振裕〈顯妣朱淑人行述〉。另外，歷來研究朱中楣的學術論著不少，關於其詳細生平及寫作風格，可參考下列較具代表性的優秀作品：戴曉燕：〈朱中楣之「夫唱婦隨」：明清之際才女文化個案研究〉（北京師範大學碩士論文，2007 年）；李小榮：〈夫唱婦隨：明清過渡時期李元鼎和朱中楣夫妻的詩歌唱和〉，載《清代文學研究集刊》，第 5 輯（2012 年），頁 144-160。

161 李元鼎、朱中楣：《石園全集》（遼寧省圖書館藏清康熙刻雍正修印本），載《四庫全書存目叢書》，集部別集類，冊 196。

162 朱中楣：〈春日感懷〉，載徐世昌（1855-1939）輯：《晚晴簃詩匯》（北京：中華書局，1990 年），卷 183，頁 8034。

想起亡國「黍離」之悲；也在情感上覺得清人所有的天下，遠較明室的天下「滄浪」，故此詩中的「日燕」才會遲遲找不到「畫梁」寄居，可說是作者自己的寫照。這種抒發亡國情懷的作品，還見於中楣的詞作，像〈南鄉子〉提到：

> 秋色淡晴光，又聽呢喃話別長。隨趁蒓鱸歸去早，
> 稱觴，帆曳西風荷茇香。何日逐歸檣，不為悲秋淚染裳。
> 雁足那堪傳客信，悲傷，眉黛牽愁酒數行。[163]

不論身在朝氣勃勃的春天，還是看着日漸蕭殺的秋天，中楣筆下世界始終洋溢暗淡無光的色彩，彷彿這股亡國情懷一直隨着她的生命揮之不去。這首上片寫秋景、下片寫亡國情的詞作，給人沉鬱頓挫之感，也反映國變之痛，實非中楣能借酒消去。

當然，身為前朝宗室，中楣實難以輕易放下故明感情；可是除了擁有這個與生俱來的「天潢」身份外，她同樣也要以「女人」、「妻子」、「母親」三個身份繼續生存，其作同樣可以看到這幾個身份所帶來的思想感情，比如李元鼎曾在《石園全集》中賦詩表示自己於降清後一直忐忑不安：

> 有客談遺事，殷勤問往年。情飛滄海外，淚落夜鐙
> 前。荒塞聞鸚鵡，空山泣杜鵑。一尊聊取醉，身世總
> 茫然。[164]

---

163 朱中楣：〈南鄉子〉，載杜珣編著：《中國歷代婦女文學作品精選》（北京：中國和平出版社，2000 年），頁 744。

164 李元鼎：〈有客〉，載《石園全集》，卷 11，《倡和初集》，上集，頁 7 上，總頁 72。

　　李元鼎為天啟進士，官至光祿寺少卿。國變之際，他目睹李
自成軍攻入京師一幕，因此毅然選擇降清，或希望借滿人之力為
明室報仇。後來，滿清統治者及其軍隊，雖確實助明室消滅農民
軍，卻沒撤兵之意，最後還吞併南明，一統天下，建立繼元室以
後第二個入主中原的外族政權。就此，李元鼎身為貳臣，心中自
是百感交集，從其上述詩句所流露的懊惱心情，讀者必可領略
一二。朋友希望暢談前朝往事，可是他當時已變了清朝重臣，頓
生「身世總茫然」之歎，甚至弄不清自己的行徑是否正確。身為
男人背後的女人，中楣賦詩鼓勵丈夫道：

> 身世蒼茫裏，峯煙已數年。旅愁春候覺，歸夢草堂前。
> 花徑迷蝴蝶，家山映杜鵑。枝頭聞鳥語，猶自說燕然。[165]

　　相比夫君贈詩的蒼涼，中楣的詩倒是展現春意，給人充滿希
望之感。她顯然要鼓勵丈夫不要多想往事，昔日的明室「江山」
雖不復存，唯現在「家山」仍在，總算是不幸中之大幸。無可否
認，她以「宗室」身份感懷故國的時候，可以變得消極；但當她以
「妻子」身份慰解丈夫之時，同樣可由消極變為積極。再者，當夫
君在京工作的時候，她也通過贈詩向另一半噓寒問暖道：「天熱官
仍冷，市喧人自閒。穉兒方解語，共喜說還山。」[166] 一方面報告家
中情況，另一方面則勸解夫君如在清廷工作感到失意，大可辭官
歸鄉，盡顯這位女宗室體貼入微的一面。

---

165 朱中楣：〈有客‧和〉，載《石園全集》，卷 11，《倡和初集》，上集，頁 7 上，總頁
　　72。
166 朱中楣：〈贈梅君〉，載《石園全集》，卷 11，《倡和初集》，上集，頁 4 上，總頁 71。

　　做好妻子「相夫」職責外，中楣也做好「教子」之責，像〈春日熊雪堂少宰以和黃山谷梅花毅兄投同梅君作〉提到：「融和天氣正芳菲，芸窗課子差足樂。」[167] 又如〈歲杪答梅君維揚〉提到「新篘正熟思君賞，獨坐深宵且課兒。」[168] 對她來說，一邊教子一邊賦詩，正好是她在國變後最佳的娛樂，而兒子正是她最大的安慰及生存動力。再者，值得注意是由於夫君李元鼎選擇成為貳臣，因此身為母親的中楣在教育其子振裕時，也沒限制他不仕清廷，實變相默許滿族政權已獲正統的現實。誠然相比其他男性宗室，中楣在出處上顯然沒甚麼選擇權利，畢竟在封建時代的女子，即使生於皇族之家，到最後還得遵守三從四德的教條，只能依從夫君的決定。雖然如此，從中楣的文學作品看來，她固然有傳統婦女相夫教子的美德；可是在骨子裏頭，始終不忘自己流着朱元璋的血，在國變後仍努力尋找自己身為女人、前朝宗室、妻子、母親的幸福。

　　在芸芸歸隱宗室中，通過文字創作宣泄生活壓力和亡國感情，乃重要的交友方式、消遣娛樂。然而礙於他們的特殊身份，其著述不少已經佚失，畢竟清初文字獄，足以讓藏有反清文字的人感到害怕，不僅停止傳閱，更不敢保存下來，直接影響這些作品的流傳。正如錢海岳在《南明史・藝文志》曾大量紀錄明宗室的著作名稱，[169] 可是這些作品絕大部分已佚失，實唯歷史研究的一大遺憾。今天後世看到的議霶、中楣等人作品，實際上或許

---

167 朱中楣：〈春日熊雪堂少宰以和黃山谷梅花毅兄投同梅君作〉，載《晚晴簃詩匯》，卷 183，頁 8033。
168 朱中楣：〈歲杪答梅君維揚〉，載《晚晴簃詩匯》，卷 183，頁 8034。
169 有關明宗室存目著作的名稱，實多不勝數，難以一一枚舉，詳情可參考：《南明史》，卷 11–14，〈藝文志〉，頁 483–812。

已經過大幅度刪訂，方能成功保存下來。至於曾以文字見稱的明宗室，還有寧系樂安鎮國中尉朱統鍨、[170] 益系興安王裔宗人朱由樫、[171] 國亡變姓名為王杞人的不知名宗室等。[172] 另齊裔宗人朱睿㸅，字冷庵，於國變後「為草堂石城」，並以「逃禪」為出處，史稱其「能詩」，相傳曾與明臣余大成、凌世韶「續蓮社故事」。奈何上述數人的創作，除睿㸅留下一首緬懷過去的詩篇〈有感〉外，[173] 其他詩作、文章、故事劇本等，相信至今皆已佚失，難以深入考察其創作心跡和所抒感情，姑且僅存他們的名字作紀錄。至於大隱宗室，既決定完全忘卻過去的生活，那麼自然不願留下太多撰述，以免招人口實，也是合情合理、理所當然之事，卻讓後世難以觀察其生活和心態，實屬可惜。

三、餘論：歸隱宗室的交友圈和感情世界

從人類發展歷史看來，人類是羣居生物。人生在世，斷不能單靠自己便能長期維生。故此，即使是國變後選擇歸隱為出處的宗室，也不能獨居，必須跟其他人接觸，方能繼續生存。誠然有不少名姓早已不可考的宗室，或選擇大隱朝市，自然根本沒甚麼史料可研究他們的心態和生活；但可以想像的是，這類宗人既在

170《南明史》，卷 27，列傳第三，〈諸王・一〉，頁 1469。

171 同上註，卷 28，列傳第四，〈諸王・二〉，頁 1496。

172 同上註，頁 1510。

173 睿㸅〈有感〉云：「行行春盡遍蘼蕪，惆悵齊梁舊日都。一自鉛華銷歇後，淡煙疏雨莫愁湖。」（參考朱睿㸅：〈有感〉，載吳小鐵編纂：《南京莫愁湖志》[北京：中央文獻出版社，2005 年]，頁 283。）這首詩歌所謂的「舊日都」、「莫愁湖」，通通都代指南京，即明代當初立國之地。作者舊地重遊，可惜那時已是滿人天下，只能通過詩歌抒發今非昔比的亡國情懷。

城市熱鬧之處改名換姓生活，必然經常接觸他人，過着尋常的羣居生活。反之，選擇小隱的宗室，多以逃禪為樂，又或寄居田園，過着刻意跟世俗社會保持距離的隱居生活；可是即使他們如何避開羣眾，這類宗人還是要跟別人交往，才能繼續生存，讓人生變得比較有意義。另外，值得注意是這羣隱居宗人，不論是大隱朝市，還是小隱山林，他們只要沒離開中國國境，哪怕是議霶隱居的翠微峯，實則最後都是居於滿族統治者的王土上，意味着這羣天潢早已默認清廷正統地位，只是在情感上、精神上不願接受現實而已。

歸隱的明宗室在日常生活中，少不免必須跟其他人接觸，方可以維生。另外，他們的朱明宗室身份，往往讓其成為明遺民圈子的代表人物、精神象徵。正如議霶歸隱翠微峯後，便在易堂跟魏禧、魏際瑞、魏禮、李騰蛟、彭士望、邱維屏、彭任、曾燦等忠於明室的知識分子論道講學，又互贈詩文，同仇敵愾，在深山裏構成一個小型遺民社交圈子。然而像易堂九子這類交遊圈子，難以在大城市中出現，因為他們的親密交往很易被清廷視為反滿集團。

此外，明宗室基於特殊身份，常常受到心繫明室的士人景仰，像清初三大儒中，王夫之及顧炎武便曾刻意拜訪歸隱的朱氏天潢，跟他們結為朋友，終成為互相勉勵的知己，比如前者便跟隱居衡州（湖南衡陽）的楚王裔宗人朱翠濤結交，且常贈詩交流，如〈翠濤過草堂問病〉提到：

> 稻露垂珠遠望平，疏風疏雨葛衣輕。楓林攝攝消殘暑，禪室登登待早晴。話到閒愁無一字，碁終殘局笑雙

征。因君莞爾加餐飯，不問參苓託死生。[174]

另一首又云：

> 江樓十載故心違，池影相看上雪肥。銀漢未傾憐酒
> 盡，金風欲避倩雲圍。尊生為囑悲歡損，惜別懸知伴侶
> 稀。觀獲送君歸下澳，西清一雁貼天飛。[175]

從兩詩可見，王夫之跟朱翠濤不僅閒時互贈詩文，有時還會
互相探訪，或一同吃飯，或一同喝酒，或一同對弈，總之就是透
過交往，抒發共同的亡國情懷，在生命中互相扶持。另一位曾跟
歸隱宗室結交的顧炎武，先後與秦系子弟朱存杠、晉系子弟朱敏
淟、代系子弟朱俊淅等人相知，試看徐鼒《小腆紀傳》記顧氏跟
上述幾位宗室的關係道：

> 誼汸，字子斗，亦秦藩裔，太祖十世孫也。才情橫
> 溢，富平李因篤亟稱之。華陰王弘撰交誼汸於青門。顧
> 炎武聞而訪之，誼汸已歿，子存杠出所著述以見，炎武
> 為序之。時有青門七子者，皆宗室之賢，誼汸其一也……
> 敏淟，字龍澤，晉藩，慶成府鎮國將軍，太祖十世孫也。
> 闖賊之亂，罵賊死。中尉敏淟，蓋其兄弟行，顧炎武訪
> 之汾州陽城里。又有中尉俊淅者，代藩宗人，炎武嘗考

---

174 王夫之著，朱迪光點校：《王船山先生詩稿校註》（湘潭：湘潭大學出版社，2012
　　年），《薑齋七十自定稿》，頁 341-342。
175 同上註，頁 342。

其世次，於孝宗為昆季云。[176]

　　可知顧炎武當初因為景仰存杠之父朱誼泭才專程拜訪，奈何這位關中詩文領袖早已逝世，只能為其詩集作序。另外，據姚旅《露書》所記，誼泭不僅作詩了得，且精於「箜篌」此樂器，相信也是明宗室中罕見的音樂家。[177] 誠然，在上述三名宗室中，顧炎武應跟敏㴐最為熟絡，交情最深，因他曾賦詩深深勉勵這位晉藩宗室道：

> 歲時常祭祀，朝夕自饔飧。尚是先人祚，誰非故國恩。枯畦殘宿雪，凍樹出初暾。莫釀求何所，鄰家借小園。流離踰二紀，愴悢歷三都。墮甑煤還拾，承槽酒旋沽。荒庭依老檜，空谷遺生芻。白髮偕宗叟，相看道不孤。王孫猶自給，一頃豆其田。今日還相飯，千秋共爾憐。青門餘地窄，白社舊交偏。傳與兒書記，無忘漢臘年。[178]

　　這首詩字裏行間，不僅流露出顧氏對故明的思念，也交代敏㴐自給自足的歸隱生活情況，藉此抒發遺民在新政權底下的感情。由此看來，在遺民圈子裏面，他們只會向仍心繫故國的朋友

176 徐鼒：《小腆紀傳》（台北：台灣學生書局，1977 年校點本），卷 9，列傳第二，〈宗藩〉，頁 109。

177 姚旅著，劉彥捷點校：《露書》（福州：福建人民出版社，2008 年），卷 8，風篇上，頁 187。

178 顧炎武：〈冬至寓汾州之陽城里中尉敏㴐家祭畢而飲有作〉，載《晚晴簃詩匯》，卷 11，頁 231。

敍舊、訴苦，所談的都是亡國情及昔日事；圈外人要是沒有這份追憶明室的情誼，當難以理解其詩文酬唱中的感情世界。

　　談到國變後明宗室的交遊圈子，還有一項特別現象頗值得留意，那就是歸隱宗室跟同系宗親有往來以外，跟其他旁支宗人，顯然刻意保持一定距離，相信主要是因為不太熟絡之餘，也生怕過多接觸會被清廷誤解為組織抗爭活動，繼而惹上不必要的麻煩，因此後世往往難以找到宗室間互相應酬、聯繫的蛛絲馬跡。在芸芸宗室裏頭，唯獨性情中人統鑾曾跟另一位朱氏大畫家若極有交流，雙方切磋畫藝，互贈書畫詩文，成為中國美術史上的一段佳話，[179] 但其他宗人大抵就沒有這種豁然開朗的氣魄。

　　雖說人類是羣居生物，但歸隱宗室中有不少人堅持過着刻意遠離羣眾的生活：他們有的選擇深居簡出，像寧裔宗室朱議淬（約1618–1678），字燕西，自國變後便「從母姓熊」，改名「非熊」，一名「公㬉」，「字野人」，從此走入人跡杳然的廬山，只在「幅中嘯詠」，最重要的是「不入城市」，縱然「食貧」，卻「充然自得」，終在當地隱居二十年才逝世。[180] 南明權臣金堡曾為議淬撰傳道：

　　　雪嶙道人者，寧獻王九世孫也。玉牒賜名議淬，就舉易名公㬉，字燕西，丁國變，從母姓，稱熊非熊。弱年高簡，蕭然自置於一丘一壑間。每晚江人靜，操小舟一葉，酒一尊，縱其所如，零露輕霜，嘯詠自得，興盡始

---

179 有關八大山人與石濤的交往研究，參考喬迅（Jonathan Hay）著，邱士華等譯：《石濤：清初中國的繪畫與現代性》（北京：生活・讀書・新知三聯書店，2010 年），第 5 章，〈石濤與八大山人〉，頁 158–165。

180《南明史》，卷 27，列傳第三，〈諸王・一〉，頁 1472。

還。朋輩亦呼為顛生。侯公廣城較士，異其才，拔之冠軍。未五月，鐵騎入洪都，乃翦髮走龍江，旋入匡山，卜居五峯下。布袍棕笠，冬則幅巾，絕跡城市。貧甚，不開口向人。人與之，不拒亦不謝；人不與之，極困，充然若有餘。善病，雖至危，毅然若強有力。喜讀書，手抄數百卷，雖至博，退然若愚無所知。山居二十載，即比鄰罕識。嘗遇奇荒，絕粒閉戶，棲賢觀公疑其死，入見之，有飢色而無戚容，韻歌相答，囂如也。南康太守廖公文英請修府志，更修《白鹿洞志》，為幡然一就。甲寅，郡被兵，公復病噎，太守倫公品卓迎之，授館操藥，情禮備至。久不愈，還舊隱。丁巳歲除大雪，命酒，敕家人盡歡，示偈云：「閒也閒不得，忙也忙不得。不閒不忙怎麼得。橋上人騎牛，橋下人害跌。雨雪病中身，埋頭煨榾柮。今朝臘月三十日，門神土地聽予說。且待新年好時節，重提起，兩袖清風度明月。」笑語其子：「若遇明眼，定有指教，此平生行樂也。」戊午（1678）春，病甚，不以屑意，且曰：「彼病亦留餘地，以俟予養。然三世皆不滿一甲子，予今年已六十，為過分矣。」於是拱嘿終日夜，未嘗須臾見其攲側，花朝前一日，端坐而逝。[181]

從金氏記載可見，議淶縱然有機會走入人羣生活，既有修史之機，又有課館之機，可是他依舊喜歡隱居山中，且過着極為窮

---

181 金堡：〈故王孫雪嶠道人傳〉，載氏著，段曉華點校：《徧行堂集》（廣州：廣東旅遊出版社，2008 年），續集卷 6，頁 124。

困的生活，絲毫沒想過如何改善生活條件，只是不願多接受別人好意，這種選擇或許跟國變之痛相輔相成。就此，金氏給予他極高評價：

> 雪嶠以山林之姿，生於貴胄，遭時不造，遂其高尚。使得際昇平，獻身朝廟，必以清直震動一世，而與巢許同生、夷齊同死，惜哉！然聞其風者，百世之下，頑廉懦立，遠於顯者之功，此不與趙孟頫輩較優劣於出處，蓋性所故有，事非理御也。時如大冶，藥汞入之而流，精金入之，百鍛不變。金無避鍛之心、怨鍛之色，亦未嘗躍冶自衒，吾每善益鍛，每鍛益善。何者？不變之性，金所故有耳。《易》稱「苦節，不可貞」，節豈有甘者耶？甘與苦判於此心，肯則安，不肯亦不貞。嗚呼！雪嶠之節，所謂苦而可貞，貞而能安者矣！[182]

在金氏眼中，議汸出身於天潢家庭，卻能堅守氣節，長期過着窮困生活，甚有「義不食周粟」之意。從議汸的故事看來，歸隱宗室中不僅有深居之人，也有能夠甘願接受窮困苦寒生活的堅貞宗人。當然，有人或許認為議汸一類宗室不識時務，不願接受現實，乃盲目愚忠的行為；但從另一角度看來，他們也能保留中國傳統儒家知識分子那種安貧樂道、忠君愛國的美德。

除了遠離人羣，歸隱宗室還喜歡飲酒忘憂，像晉王裔的朱

---

182 金堡：〈故王孫雪嶠道人傳〉，載氏著，段曉華點校：《徧行堂集》（廣州：廣東旅遊出版社，2008 年），續集卷 6，頁 125。

新埕，於國變後雖沒留下片言隻語表心跡，卻以「詩酒以終」聞名，[183] 反映宗室裏頭實有不少朱氏子弟只能借酒澆愁，忘卻國變傷痛和生活壓力。

再者，歸隱宗室中有少數朱氏天潢容許下一代為清廷出仕，像中楣便容許其子為滿人效力；但另有不少故明宗室禁止、不主張下一代為滿族統治者效命，又或是他們的子孫同樣主動不願出仕，以示不臣服於異族新朝底下，像寧系奉國中尉朱統鉌的兒子朱家相，便仿效「學冠古今」並「國亡入山」的父親，同樣拒絕出仕，[184] 寧願埋沒個人學問和天分，也不願幹下一些自己不願做又違背良心的事。

最後，分析了上述各類宗室的歸隱心態和生活，還有一個獨特的例子可以探討，那就是因為「母老歸隱」，以盡孝道。寧系進士朱統鉌，字無外，崇禎十三年（1640）中進士，獲授休寧知縣。張獻忠入皖，統鉌「出甲士五百」，終「保守一邑」，後「遷禮部主事」，再「轉禮科給事」。國亡後，他曾獲魯王擢為僉都御史、總督，但最終以「母老」為理由決定歸隱，沒繼續參與南明抗清事業。[185] 由於關於統鉌的史料不足，實難以推敲他到底是孝順，還是僅以供養母親為藉口避禍。不過無論如何，為家人而決心隱居，顯然出於保命考慮，也能保存朱氏血脈，甚有「退一步海闊天空」的意味。上述考慮正是歸隱宗室下決定時的重要原因，這也是他們放棄抗清的重要下台階。

183《南明史》，卷 27，列傳第三，〈諸王・一〉，頁 1433、1447。
184 同上註，頁 1467。
185 同上註。

第六章

結論：明末清初朱明宗室出處的歷史意義及評價

本書以明末清初朱明宗室面對國變時的出處選擇作為研究中心，先後從「生與死」、「戰與降」、「出與隱」等角度，探討這個特殊羣體的心態和歷史意義。要中肯而深入地研究各宗室選擇出處的原因，或許可從他們自身背景和際遇等角度以至其思想，如對正統觀念的理解等，作出扼要的分析及總結，從而突出這羣前朝天潢在新王朝難以立足的困境，也能印證在哲學上「社會現實與人類行為抉擇，有密不可分關係」的理論，而並非以個人的自由意願為依歸。

一、明宗室對正統論的看法

從本書第二至五章的論述看來，清初社會就正統觀的討論，對於明宗室的出處選擇和命運，以至清人看待朱氏子弟的態度，都起上關鍵作用。

中國政治世界裏頭，自古到今有所謂「正統」之說，此說大概於北宋時期漸趨理論化，以強調國家的正當地位和君主的合法地

位，也即宋人歐陽修所說的「居天下之正，合天下之一」，或是「居其正而不能合天下於一」，又或是「雖不得其正，卒能合天下於一」。[1] 簡而言之，歐陽氏認為某個國家或政權，只要道德名義正確，或以武力統一天下，即可視之為「正統」。若套用他的說法，那麼清人自消滅農民軍入主中原後，理應可以稱為「正統」；而素來以「正統」自居的朱明政權，同樣可以繼續成為「正統」。誠然，天下實際上沒有兩個正統，因此在戰亂時期，又或是有數個政權同時出現之時，便會衍生出哪方才是「正」、「一」的爭議。

基於歐陽修之說留下不少爭議，蘇軾後來又提出「正統」有所謂「名」、「實」之分，即有些政權「名實相符」，有些則「有名無實」，還有些「有實無名」。[2] 若以清初形勢而言，清人入關之初，不少知識分子將明室的舊政權看成是「有名無實」；而滿人所建立的新政權，當然就是「有實無名」。比如變節明將韓拱薇等人，就曾於國變後不久，代表清廷致書與明臣史可法討論南明政權的正統問題。當然，清初雙方各執一詞，莫衷一是，大家也認為自己一方才是正統，務求籠絡人心，為政權樹立正當權威。[3]

清初四朝政府對明祚的看法，可謂始終如一：自滿人入關後，清廷便有意識宣傳自己只是順應天命而為明宗室報仇。他們有策略地希望中土臣民，包括朱明子弟在內，理解到明祚已亡，

1　歐陽修撰，彭詩琅主編：《歐陽修集》（北京：中國戲劇出版社，2002 年），卷 14，〈正統論序〉、〈正統論上〉、〈正統論下〉、〈或問〉，頁 170–187。

2　蘇軾撰，孔凡禮點校：《蘇軾文集》（北京：中華書局，1986 年），卷 4，〈正統論〉，頁 120–125。

3　關於中國史上正統論的爭議及發展經過，參考趙師令揚：《關於歷代正統問題之爭論》（香港：學津出版社，1976 年）。關於南明史正統爭議，參考趙師令揚：《明史論集》（香港：香港大學中文系，2000 年），〈明史之編修與南明正統問題〉，頁 187–216。

而「正統」已於李自成亡明繼而被滿軍驅逐後，即移歸清人之手，南明四朝由始至終只是嘗試延續明統，卻不能以「居正」並「一統」自居。相反清人入關後，針對正統問題所作的宣傳，不能說沒任何功效，畢竟對大部分平民以至官吏來說，身為順民或貳臣，遠比自詡為明遺民的忠臣烈士容易求生，故這類人為數眾多。至於對部分宗室來說，不少選擇投降或歸隱的朱氏子弟，顯然就是認同了清人所描繪出來的圖像，不僅甘願接受正統轉移的命運，還願意接受外族統治，繼而在新政權下選擇自己的出處。如議霶跟易堂中人隱居翠微峯，正是明白正統轉移而又回天乏力；更不願接受清人統治，至有絕世隱居之舉。當然，有部分宗室不願接受眼前現實，還相信有光復明室江山和正統的一天，因此選擇了抗清之途，奮力回天。有的遂自行起事，有的則依附南明政權，總之就不認同滿人以正統自居，形成另一類出處選擇。

　　正統觀念對明宗室選擇出處時所具的影響力，從潞王朱常淓的經歷可見一斑。弘光朝被清人所滅後，常淓經名臣黃道周等人多方勸進，才勉強於杭州宣佈監國，但他又豈會不知正統觀所謂的「名」、「實」概念，因此監國僅六日，便決定投降。試看《南明史》記當時宗室間就「戰」與「降」問題所引起的爭論：

> 先，常淓命國安總兵汪甲、王甲屯塘棲拒守，仁和吳允淳力言不可守，且詡清盛，乃撤兵。十一日，清兵平行至塘棲，士英、大鋮上內閣、兵部印去。鄭鴻逵請常淓入閩，不許，而與秉貞、洪範謀款。命中書舍人杭州諸生顧明彪兼兵科給事中，迎貝勒博雒於嘉興。百姓譁然曰：「王愛我而以我北畔也！」楚宗華堞聞而說常淓

曰：「國祚憫凶，至於此極，撫膺北睇，何以為生？以殿下之賢，遠近所聞，天下絕智殊力，方將憑附以起。周之孫子，能無睗然；宋人半壁，亦嘗有年。況閩、粵、滇、蜀，延袤萬里，猶吾故物。失今不為，時事一去，萬世不復。他日求尺寸地為死所，豈可得哉！」常淓不省，顧以不擾民、全城為義。華堞又曰：「理有大小，務有緩急。今日之事，不宜以殺人為諱，以取譽為能，當顧其大者急者矣。屠妻子，任盜賊，猶當為之。持踵而泣，婦人之義也，非所望於殿下。」時陳洪範力說常淓無戰，郊迎清兵。常淓因曰：「公休矣！吾匪其才。此百姓之心已不可挽任，吾誰與為之？」華堞作色曰：「殿下何悖！朱家子孫謝勿力，彼何望而不貤向他氏？果提三尺劍，誓與國共存亡，即屝弱可起，況乎皆衣食吾祖者耶！」常淓曰：「營兵恐不任用，錢穀必不給。吾為此，不失為知幾。」華堞泣且告曰：「今國安兵數萬屯西郊，方請命，而鴻逵潰卒尚可集，發布政司存金，益以鹽運司所貯，無煩徵比。此五營額兵，出東義皆健，又召募良人，當一日至，線索在手控縱間耳。」常淓終不聽。華堞乃歎曰：「殿下不觀古事，有諸王以其國奉人而得長世者哉？有可為之勢，顧自棄此國仇，何足與論事。」遂拂袖起，裂冠帶擲地而出。十三日，常淓開城降於清。博雒兵至，營於江岸，杭人見之，謂潮來必沒，既而三日不至，浙人以為天助，列城相繼迎降。[4]

4　錢海岳：《南明史》，卷 28，列傳第四，〈諸王・二〉，頁 1504-1506。

從常㳬跟楚系宗人朱華堞的對話看來，二人對於正統觀的看法可謂截然不同：前者從「實」的角度，認為「此百姓之心已不可挽任」，可見這位親王認定清人在那時已獲得正統及民心，因此毅然以監國身份投降，並以此作為其出處選擇。至於華堞顯然至此仍認為是「有可為之勢」，此之「實」也；更因從「名」的角度看，認為朱明江山猶在，因而名、實俱足。正統既在明，「朱家子孫謝勿力」，故斷言不會向清統治者下跪請安，其正統包袱可謂沉重，終究選擇以戰為出處，即其所謂「果提三尺劍，誓與國共存亡」。由此看來，宗室對於正統觀念的看法，特別是「名」、「實」之所在，正是促使其作出選擇的最重要考慮。

隨着時間流逝，南明政權被逐一消滅，於順治年間由清廷開始編修的官方《明史》，歷八十餘年至乾隆朝面世，正式將朱明正統結束之日，定於思宗自我了斷之甲申年，也即意味着明室是亡於李自成之手，而非亡於滿人之手。就此，清廷當然沒有承認南明各朝具合法的正統地位，甚至將弘光、隆武、紹武、永曆四帝視作僭號論，只將四人事跡記於列傳，而非歸入專門記帝王事的本紀內。至於使用南明年號的知識分子，更會被清廷視為大不敬，往往因此受到文字獄牽連，像康熙朝著名的「南山案」，[5] 便是在這種氛圍下促成，充分體現官方對正統觀的嚴厲和執着。按照這個邏輯，清廷看待明宗室的態度，自然也是如此——經南明政權所後封的宗室，即被滿族統治者稱為「偽王」、「偽宗室」；而他們投靠南明的行為，也被視為抗清表現，最後不幸被捕，結果當然被處死，正好解釋了何以有那麼多明宗室在國變後遇害。反

5　關於「南山案」的始末，參考何冠彪：〈戴名世及其「南山集案」〉（香港大學哲學博士論文，1981 年）。

之，那些是國變前已襲封的朱明天潢，只要願意投降，又或是默然歸隱，完全沒半點反抗跡象，則往往不被清廷追究，還獲尊稱為「故明宗室」，這種現象顯然也跟正統觀有直接關係。

　　至乾隆之世，滿清與南明正統之爭早已塵埃落定，唯清高宗嘗試為依靠南明的宗室重新正名。乾隆四年，《明史》書成，清廷將明統定於崇禎十七年而絕。南明四帝的事跡，只散見於書中〈諸王傳〉內。清人並沒有為他們設立本紀，正統觀念甚明。唯高宗後來在《通鑒輯覽》認為，嚴格而言弘光朝乃明統之延續，明祚或應延至乙酉五月南都亡而終。[6] 後來，《清實錄》於乾隆四十年（1775）閏十月己巳條曾記高宗之話道：

> 即如福王，承其遺緒，江山半壁，疆域可憑，使能立國自強，未嘗不足比於宋高之建炎南渡。[7]

　　及後，高宗於乾隆四十六年（1781）在《乾隆御批綱鑒》又提到：

> 至臨安既破，帝昺見俘，宗社成墟，宋統遂絕，則自丙子三月以後，正統即當歸之於元，若昰昺二王崎嶇海島，雖諸臣殉國苦心，而殘喘苟延，流離失據，不復成其為君，且奉表謂降於元，正與明唐、桂二王之竄跡

6　愛新覺羅・弘曆撰，戴逸顧問，馬建石主編：《御批歷代通鑒輯覽》（長春：吉林人民出版社，1997 年），卷 116，頁 3756–3757。

7　《清實錄》，冊 21，《高宗實錄・十三》，卷 995，乾隆四十年閏十月己巳（1775 年 12 月 17 日），頁 300。

閩滇者無異。朕近於國史傳，凡斥唐、桂二王諸臣為偽
者，概令更正為明，蓋以其猶存一線，雖不足稱正統，
然謂之為偽實不可，此萬世之公論。[8]

　　乾隆帝對南明朝「正統」問題的見解頗為中肯而獨到，但對
清廷所編正史就明國祚的評價態度則作別論。首先是肯定弘光朝
具正統地位，故將明祚定於弘光二年五月終。其次是後來南明三
帝以至依靠他們的宗室、官吏，確實不能算「偽」，極其量只是不
足稱為正統而已。南明諸人在乾隆盛世時，才獲得清廷承認其地
位，全因那時早已是太平時代，正統早在清人之手，毋庸爭辯，
因此高宗才有如此胸襟為清初的明宗室平反，總算讓嘗試力挽江
山而跟清人周旋的朱氏子弟，終獲得恰當而公道的評價。唯在正
史角度，清廷對南明政權始終不予肯定，自然不會以正統視之，
此也是現實的政治考慮，實無可厚非。

　　從以上論述可見，正統觀對明宗室個人出處問題有很深影
響。唯正統觀念的形成，並不是與生俱來，更非始終如一；而是
因其個人背景而培養出各異的性格和價值觀，以結合當時「名」
與「實」的狀況，終形成他們對時局的不同取態，故於不同環境
下，終引申出不同的看法和選擇。

8　愛新覺羅・弘曆撰，梁長森主編：《乾隆御批綱鑒》(合肥：黃山書社，1996年)，
　　卷95，〈元世祖皇帝〉，頁5770-5772。

二、個人背景和際遇決定了明宗室的命運

　　明宗室於國變後選擇出處時，除了受正統觀影響外，他本人的背景和際遇，甚至是由此而培養出來的性格，當然也會影響其出處選擇。就如在背景方面，最簡單的考慮，莫過於爵位高下、世系親疏、地域文化等差異，以至其個人遭遇。

　　從現存可考的殉國或抗清宗室人數來看，敢於犧牲或願意起來反抗的宗人，絕大部分是故明親王、郡王，還有一些曾出仕的小宗，與及一眾依附南明政權的後封宗室。誠然，多數選擇以戰為出處的朱明天潢，大抵不少人於國變前後已享盡榮華富貴，都是既得利益者，自然對明室及其天潢貴冑身份的認同感較強，也較難甘於平淡地歸隱過活，相對起來反抗誘因較大，且有資本落實武裝起事。比如益王朱慈炲、昌王朱由樻等，正是當初能有實力組織抗清大軍的例子。他們是富宗，甚至富可敵國，才有能力以抗清為出處，以延續朱明國祚及其宗室地位之光環。至於那些沒有實力自發起事的大宗，每每選擇投奔南明政權，聽從差遣，盡力承擔抗清義務，像秦系永壽王朱存樞，獲永曆帝頒贈郡王位後，便即致力組織抗清活動。另外，對出仕宗人而言，他們擁有天潢血統，即使出身自小宗，但在「食君之祿、擔君之憂」的考慮下，多有知恩圖報之心，比如科舉出身的宗人楚系宿遷知縣朱盛濂及句容知縣朱議滰等，正是當中的表表者，他們於國變後皆以反清復明為個人義務，曾於抗清事業上起過或多或少的歷史作用。再者，大宗及出仕宗人接受教育的機會比較多，他們大多受儒家忠孝觀念影響，在情在義、在公在私，都負有必須承擔復國的義務，自然較易走上抗清這條不歸路。由此看來，擁有天潢

崇高的親王、郡王身份，或是曾獲出仕機會的宗室，他們自身所獲得的地位優越感，加上同時受到中國傳統忠孝觀念所影響，在身份元素及文化元素糅合起來後，自然衍生出一種凌駕於生死度外的抗清意志，終自然地以抗清作為出處選擇。至於下層宗室方面，由於他們在國變前已長期受到明室虧待，對明室以及其天潢身份的認同感相對較低，難以產生矢志抗清的情懷，加上欠缺人脈以至武裝起事的資本，投降又沒有多大意思，也不會特別受到清廷注重，自然傾向選擇歸隱為途。

　　除了身份尊貴與否外，世系是否顯赫，也對宗室出處選擇及其行事態度有一定影響，最顯著例子見於兩大宗室藝術家的故事：像八大山人朱耷，真正身份乃寧系弋陽王裔宗人朱統䤵。他跟石濤，即興隆裔靖江系宗室朱若極，皆為清初兩大畫宗，於中國美術史上有不可磨滅的歷史作用及地位。唯因興隆裔實非朱元璋帝裔，乃明太祖兄長之後裔，因此相傳石濤曾致書八大時，稱呼對方為「金枝玉葉」，而自己在下款所蓋上的印鈐中，只自稱為「靖江後人」，更不似前者般曾以「弋陽王孫」作為印記。再者，從二人交遊圈看來，八大主要以明遺民及儒雅漢人為交友對象，顯然不屑跟清人往來。反之，石濤每每喜歡結交清廷貴族，甚至相傳曾主動向康熙多次獻媚，冀望獲得清帝垂青。由此看來，前者顯然仍介意朱明江山被清人奪走，且頗為重視個人的天潢身份。至於後者的父親靖江王朱亨嘉，因有監國野心而被隆武帝處死，連累石濤從小到大便在逃亡中成長，自然對朱氏宗親沒甚麼好感，甚至心生怨懟。況且石濤可能因其世系被朱姓親戚所滅，加上父仇不共戴天之故，故此對南明政權不存希望，自然也不會像八大般擁有天潢的優越感，相對起來較易接受清人統治。二人

國變後雖不約而同成為一代畫宗，但出身世系顯赫有別，讓他們走上截然不同的人生路，從而孕育出與眾不同的世界觀及做人態度，甚至是其創作靈感和風格，充分反映出背景及經歷，足以影響一個人的選擇，此理古今皆然。

明末的天潢貴冑，除興隆一系外，全乃朱元璋的血脈，可是當他們分封至各地就藩後，經歷世代繁衍，隨着年月流逝，各世系的後代往往吸收了當地民風，加上各宗人有不同的遭遇及經歷，自然衍生出截然不同的氣質，決定其特色及取向，繼而影響着各自的性格及出處選擇。最顯著的例子是江西寧系，由於當地文化氣息比較濃厚，因此不少宗室選擇歸隱後，即以書畫文藝為樂，甚至為生，更留下不少墨寶，供後人欣賞、研究；而楚藩宗人則每每受當地「勇敢尚武」的文化傳統影響，因此於國變後選擇出處時，多以殉國或抗清為途，展示楚人的剛烈。[9] 這些現象顯然跟宗藩所處的地緣風氣、文化氛圍，有密不可分關係。

像江西寧系宗室洋溢濃厚的文化氣息，除了因為當地擁有自唐、宋以來的文化名城南昌外，更重要的是寧獻王朱權奠定了該系的家族傳統。朱權（1378–1448）乃太祖第十七子，於洪武二十四年（1391）獲封為寧王，永樂元年（1403）就藩南昌。為免兄長明成祖猜忌，朱權從此只沉醉於文化事業，不問政事，奠定了該系的家風及傳統。[10] 寧系往後雖曾出現像正德時有謀反野心的不肖子孫朱宸濠（？–1521），甚至因此而被明武宗除

9　關於湘楚文化精神與當地人的道德人格修養，參考李陽春：《湘楚文化精神與道德人格修養》（長沙：湖南大學出版社，2006 年）。

10　關於寧王朱權生平及寧系家風確立的問題，參考何丙郁、趙師令揚合著：《寧王朱權及其庚辛玉冊》（香港：香港大學中文系，1983 年）。

國；但該系其他大小宗室，總算能安分守己，且都能繼承先祖朱權重視文藝事業之優良傳統，因此自國變後，不少寧系宗室要是沒有選擇殉國或抗清，即退一步海闊天空，選擇過歸隱生活，並以從事詩文書畫為樂，讓該系文化人才輩出，像名於詩文的朱統鉎、朱統鉠、朱議霶、朱中媚，名於書畫的朱統鐢、朱議淛等，皆為當中的表表者。

至於楚藩子弟，每以剛烈行為著名於史，比如朱華堞力說潞王常淓監國不果，即裂冠帶擲地，後因自行抗清失敗而自剄。其他慷慨就義、戰死沙場的楚宗，還有兵敗自刎的朱盛澂、朱盛濰等，可謂不計其數。明太祖庶六子朱楨（1364–1424）於洪武十四年（1381）就藩湖北武昌為楚王，曾受命領兵鎮壓銅鼓（今貴州錦屏）和思州（今貴州務川）兩地少數民族的叛亂，後來又曾成功討伐古州（今貴州榕江）叛變的少數民族，[11] 奠下湖南、湖北楚宗「勇敢尚武」之風。楚地強悍的民風，據李陽春的看法，或源於當地少數族裔聚居所致，試看他在《湘楚文化精神與道德人格修養》一作內的解說：

> 湖南是一個多民族省份，聚居着漢、苗、壯、土家、侗、瑤、回、維吾爾等五十多個民族⋯⋯少數民族因語言、文字的障礙，也很難受到中原大一統思想的限制，他們有自己的生活方式和思維方式，因而也有其獨立性。而且，少數民族的民風也一般比較強悍，因為，

11　何喬遠：《名山藏》（明崇禎十三年 [1640] 刊本，揚州：江蘇廣陵古籍刻印社，1993年），卷 36，〈分藩記一〉，頁 2018–2021。

他們必須強悍才能很好地保護自己的村莊、部落等不受
外來人的侵犯，也就是說，防禦能力和自衛能力使他們
養成了一種強悍的個性。這種個性衍播而成一種堅韌不
拔、勇於抗爭的士風民氣，這種風氣成為生活在湖湘境
域內的士民們特有的風氣。[12]

基於棲身於楚地的少數族裔不少，因此在明、清兩代遷移於
此的漢族人，實有必要跟這兒的部族及當地文化積極融合。李陽
春繼續表示：

同時，湖南漢族人大都是明末清初從江西、廣東等
省份移民而來的……移民大都是漢族人，他們一般都具
有不同程度的勇於開拓、自立自強的意識和勤奮創業的
精神。外地移民的這種勇於開拓、自立自強和勤奮創業
的精神可以演化出一種勇往直前、敢於拼搏和不屈不撓
的風習。而且，移民能離開故土走進一個陌生的世界，
他們也必須具備自衛能力和勇猛頑強的精神，在與湖南
土著人的爭鬥中，也培養和強化了本身的獨立性和強勁
的士風民氣。漢族移民和本土少數民族因而具有同樣強
烈的「勇敢尚武」特性。[13]

朱楨當初獲封楚藩，正是在上述這種情況下發生。他就是一

---

12 《湘楚文化精神與道德人格修養》，第 1 章，第 2 節，〈湘楚文化的本質精神〉，頁
　　11。
13 同上註，頁 11-12。

位新來的漢族移民者，並受到父親朱元璋所委託，誓要平定當地各民族的爭鬥，終建立楚系「勇敢尚武」之風。及後，楚宗子弟不僅繼承了朱楨的氣魄，還在湘風本身的文化影響下，終在國變後展示出跟其他世系顯然不同的堅毅頑強鬥志。單看楚宗室戰敗後、殉死時多以自刎方式作了斷，這種如泉湧般澎湃的血腥行為，充分讓人感受到地緣風氣確能薰陶出做人處世風格不一的朱明天潢。故此，即使同是朱元璋的血脈，除世系、身份影響着他們於國變後的選擇和出處外，地緣風氣及家族傳統也會孕育出與別不同的宗室，充分看到後天成長經歷有時比先天特性的影響更為重要。

　　國變時，各世系所遭遇的情況有別，大大影響各系宗人的選擇。以山東一省的德藩、魯藩、衡藩為例，大多數該系宗人於國變後，皆選擇以降清為出處。除了因為於國變前，清人已在兩次入關行動中，分別襲擊甚至虜殺德、魯二親王及世子以至數千計的宗室外，更曾於崇禎十六年，即入關前不到一年，進犯青州城外的衡王由楥。這羣山東宗親因常受清人越關威脅，故於李自成大軍被清人驅逐出山東境外後，即最早於崇禎十七年六月先後降清。至於一眾繫於鳳陽高牆的罪宗，如隆武帝朱聿鍵之父祖本因罪而繫於高牆，因而遠離自北向南推進的清軍。直至弘光被滅後，他才憑着唐系正統身份而獲擁立為帝，於福州登極後展開其復明、抗清事業，成功地延續了明祚一段餘暉。另同為高牆庶人的罪宗議氻，於隆武建號「謁福京」而得襲瑞昌王位後，未幾再謁魯王而獲封翼王，以義無反顧的決心奮力抗清，寫下宗室抗清歷史的光輝一頁。此屬因時制宜、因地制宜、事緣巧合的機遇，終造就一頁又一頁的歷史。

此類情況更常見於一眾江西及湖南的大宗身上，蓋因國變前農民軍對此兩省的藩國並未大肆蹂躪；而清軍滅弘光後，即順治二年五月後，才揮軍南下，清除朱明宗室的剩餘反抗勢力，故苟延殘喘的江南益系、寧系郡國，以至岷系宗親，多未親嘗戰事初期慘況，得以保留性命，而選擇依附南明抗清。

同樣情況也見於部分不戰而逃或戰敗而逃終輾轉隨鄭氏東寧的一眾宗室。他們或容易被人視為以歸隱為最後出處，從此躬耕於海角天涯，遠離清人統治，躲避那生而有之的天潢身份所帶來的不幸。誰知天意弄人，數十載後，鄭氏降清，一眾宗室又遭逢歷史洪流的打擊，為苟存性命而被迫成為降宗，這或許不是他們的初衷。當然像寧靖王術桂這類少數例子，他由始至終以抗為出處選擇，屢戰屢敗後依東寧而偷生數十載，卻不幸地終究又要再次選擇命運——在他面前的不是戰，就是降或殉。戰是毫無希望，更連累其他義民或宗人為一己理念而白白犧牲，殊不值得；至於降，則對不起個人天潢身份、列祖列宗，更對不起是「幾根頭髮」所代表的中華文化。他留下來的，便只有殉一途，這顯然也是其選擇出處的考慮。

三、對於這個特殊族羣在不同時代的歷史評價轉變

如果只談明宗室在國變後的歷史作用，而不談及後人如何評論他們，猶如向人講了一個沒有人留意的故事，實乏味不堪，且欠缺價值和意義。談到明宗室在清初的出處，不同的朱氏子弟誠然必有不同的選擇與結局，也自然應有截然不同的評價。可是現存在史書上對這個特殊羣體的評論，往往流於表面，且傾向以宏

觀方式，作出統一而不全面的史評，比如張岱曾經在《石匱書後集》提到：

　　　甲申北變之後，諸王遷播，但得居民擁戴，有一成一旅，便意得志滿，不知其身為旦夕之人，亦只圖身享旦夕之樂，東奔西走，暮楚朝秦，見一二文官便奉為周、召，見一二武弁便倚作郭、李。唐王粗知文墨，魯王薄曉琴書，楚王但知痛哭，永曆惟事奔逃。黃道周、瞿式耜輩，欲效文文山之連立二王，誰知趙氏一塊肉入手，即臭腐糜爛。如此庸碌，欲與圖成，真萬萬不可得之數也。余故以我朝得天下之正，無過太祖，失天下之正，無過思宗。崇禎甲申三月，便是明亡，而幸吾先帝不繫子嬰之組，不入景陽之井，身死社稷，決烈光明，四海之內，無不痛心疾首，思與先帝同日死者。作史於此，獲麟絕筆，豈不圓成我大明之天下以正始以正終，轟轟烈烈，可與日月爭光。而後乃綴附弘光，癡如劉禪，淫過隋煬，更有馬士英為之顛覆典型，阮大鋮為之掀翻鐵案。一年之內，貪財好殺，斃酒宣淫，諸凡亡國之事，真能集其大成。故主之思，塗抹殆盡。余故以五王之事蹟，仍散見於各藩之世家，而若夫成敗之始末，遷播之方隅，羈縻之歲月，擁戴之臣工則未之詳也。[14]

14　張岱著，大通書局編：《石匱書後集》(台北：大通書局，1987 年)，卷 5，〈明末五王世家〉，頁 67–68。

又云：

> 余故於甲申三月，遂痛明亡，乃以弘光永曆僅列世
> 家，不入本紀，此則痛思先帝，真同鵑泣。[15]

張氏甚至曾斷言南明諸君不成氣候，猶如苟延殘喘：

> 死一君，復立一君，踐祚繼統，視為兒戲，亦如文
> 天祥所謂，立君以存宗社，存一日，則盡臣子一日之責，
> 蕞爾須臾，所不計也。益王既殂，衛王繼立，蘇觀生得
> 其死，所以了生平則亦已矣。若以成敗利鈍責備觀生，
> 是猶責文天祥以燕館徒生，責張世傑以厓山空死也，設
> 身處地亦復奈何。[16]

　　從上述幾段評論看來，張岱所關心的明宗室，僅是南明幾位
差勁而不成氣候的君主，以至是上層大宗。就此，他在其書不僅
沒為弘光帝、隆武帝等人立紀，還忽略了小宗的歷史作用，只懂
大力抨擊大宗行事，忽略這個羣體上下階層其實有不同的時代意
義。古代史著這種傾向只談大宗成敗的論調，罔顧大部分下層宗
人的生存價值，顯然未能完全客觀評價史實。再看凌雪在《南天
痕》針對明宗室所作的史評提到：

> 漢大夫雄云：大木將摧，條枯枝卷。明宗賢不肖判

15　同上註，頁71。
16　張岱著，大通書局編：《石匱書後集》，卷5，〈明末五王世家〉，頁74。

然；神竅硯谷、鬼泣毫巔、蕃蕃落落，理勢然也。茲立
一傳，別藩記也；繫帝略後，尊王室云。[17]

　　凌氏比張岱客觀的地方，乃他清楚明白宗室這個特殊羣體
中，必「賢不肖判然」，也是「理勢然也」，因而沒有妄下所謂定論
的評價，僅借用漢賢之話──「大木將摧，條枯枝卷」來形容紛亂
的宗室現象。凌論雖簡括，唯正好是客觀、持平、中肯之見。簡
單來說，古今史家要評價明末清初朱明宗室，即使不能就個別宗
人作獨立評論，最起碼也要將他們分作四類評論，實不宜像古代
史家般以偏概全兼一概而論：正如殉死宗室的結局最為了當，而
且在歷史上往往獲得最佳的評價，顯著例子當然有在台灣殉死的
遼系寧靖王朱術桂──他死後先獲當地鄉紳將其宅邸改建成天后
宮，並獲立神位供奉於宮內，[18] 更獲台灣民眾尊稱為「檀越主」。
時至今日，該處仍香火鼎盛，足證這位壯烈的大明天潢，在歷史
上有不可磨滅的地位，才會仍獲今人懷念。至於降清的宗室，尤
其是曾出賣宗親的晉王審烜及一眾降清大宗等，他們除了在史書
上得不到正面評價外，其下場往往也沒甚麼好結果，畢竟他們每
每「身在『清』營心在『明』」，很容易惹來滿族統治者的猜忌，遂
被清廷通過各種莫須有的理由消滅，才會釀成順治三年「私匿印
信案」這類疑案。

　　在史書上除了殉死宗室往往獲得好評外，那些勇敢反抗滿族

17　凌雪著，台灣銀行經濟研究室編輯：《南天痕》（台北：台灣銀行，1960 年），卷 3，
　　〈宗藩傳〉，頁 43。
18　關於遼系寧靖王朱術桂昔日宅邸改建成天后宮的情形，參考王浩一：《在廟口說書》
　　（台北：心靈工坊文化事業股份有限公司，2008 年），頁 68。

政權的朱氏子弟，除了那些操守不當的宗室，像有「監國」野心的
靖江王朱亨歅、同有覬覦帝位企圖的榮王朱由楨和益宣王裔宗人
朱由榛等外，不論最後成敗如何，大多會得到史家稱譽。最後還
有那些忘卻國仇家恨，僅一心一意歸隱並默默接受清人統治的朱
氏子弟，只要安分守己，沒有幹下任何讓清廷懷疑的事，最後往
往可以安享天年。當中有些在文藝事業或宗教修為上有傑出成就
的宗人，甚至在史冊上獲得更高、更偉大的評價：石濤、八大山
人、林時益、本鐸大師、尺木大師等名字，早已名聞遐邇，很多
人甚至根本不知道這些名人原來是故明宗室。當然，細味過他們
每一位的生平和故事後，後人方會懂得，或許就是這麼特殊的身
份背景，才會讓其跟普通人有別，才會讓其有不一樣的經歷和命
運，才會讓其成為鶴立雞羣的人，而就是這個天潢包袱，終迫使
他們成為人上人。

　　另外，值得留意的是，清代以後民間對於朱氏宗室的印象和
想法，某程度上也反映出百姓對明室的懷念，而這些現象也為這
個特殊羣體建立起獨有的歷史形象，影響後世對他們的看法。比
如民間相傳長平公主朱媺娖於明亡後出家為尼，並學得一身超羣
武藝，成為獨臂神尼；更暗地裏策劃一連串反清復明的活動，甚
至收了呂四娘等人為徒，這類傳說純屬虛構，但後來獲得不少武
俠小說家採用，成為文學作品的情節——像金庸小說《碧血劍》的
「阿九」、《鹿鼎記》中的「九難」，以及梁羽生小說《江湖三女俠》
中的「獨臂神尼」，實際上所描寫的角色形象，都是以長平公主為
藍本。除此，膾炙人口的粵劇經典劇目《帝女花》，其原著《帝女
花傳奇》成於清末知識分子黃燮清之手，故事大致講述長平公主
於國變後的傳奇逸事、愛情生活，當中更着力描寫朱氏血脈懷念

故國的心情，最後她為了忠於明室而跟駙馬周世顯（周顯）服毒殉國，李慈銘（1830–1895）更曾稱此作「傳思陵長平公主事，事本獨絕千古」。[19] 這類民間故事、文藝作品顯然虛構成分居多，畢竟朱媺娖入清後早已被清廷監視軟禁，根本沒有可能成為甚麼「獨臂神尼」；但這些傳說能如實反映百姓對於朱氏天潢的觀感轉變，由昔日視他們為「棄物」，轉變成視其為「思念故國及漢人政權」的象徵，對於建立宗室子弟忠貞形象有深刻作用，也能宣泄廣大人民（特別是自覺為明遺民的人）對明室的深厚感情，也可視作百姓不滿清廷的反芻。

上層大宗獲得清代百姓思念以外，下層小宗只要有德於民，同樣可以獲得尊崇——像明室寧系鎮國將軍朱統鑒（？—1654），字梅園，江西石城人，在國變後曾依歸南明政權，至順治四年七月初一，更率兵圍攻廉州（今廣西合浦），至十月十五日攻陷該地，遂據有廉靈一隅，因此獲南明政府委任為靈山縣令達八年之久。他在任期內頗得人心，後來巡行時被行刺於靈山行宮。其部下葬其屍於縣城東北三里烏江橋嶺下，稱「朱千歲墳」，並在墳前修建廟宇一座，兩邊各有廊屋三間。[20] 今千歲墳遺址尚存，而旁邊後來新建的「千歲宮」，則仍受當地人祭祀，且香火仍然鼎盛，甚至有農民到此祈福求雨，足證這位有德小宗之名，已在地方史冊上永留位置。無可否認，統鑒有德於民，備受南明上下推崇，身後才獲奉仙班之列，且於清代獲當地人奉若神明，但相信他本

19　李慈銘著，由雲龍輯：《越縵堂讀書記》（瀋陽：遼寧教育出版社，2001 年），集部，《帝女花傳奇》，頁 1106。

20　《靈山縣誌》編纂委員會編：《靈山縣誌》（南寧：廣西人民出版社，2000 年），人物志，第 2 章第 1 節，人物傳略，〈朱統鑒〉，頁 1358。

人當初實始料不及。然而當地居民愈是懷念這名朱氏子弟，某程
度上也是一種精神寄託，他們不敢公然反清，卻能借宗教之名，
在新朝下向前朝天潢祈求庇佑，甚至下跪膜拜，實際上顯然具有
一種「思明貶滿」的諷刺色彩，代表這個特殊羣體具有深遠的象
徵意義，一直由清初延續到後世，歷久不衰。

　　朱氏天潢生下來就是代表大明江山，到死後也不會讓人遺忘
其宗室身份，這就是這個特殊羣體不可改變的宿命。即使他們在
國變後如何自處，或生或死，或降或戰，或出或隱，或是或非，
都不能磨滅這個與生俱來的印記。

四、總結：沒有自由意願的選擇，只有命運安排的明末天潢

　　綜合全書的研究和分析，不難發現每一名宗室各自的出身背
景、經歷，加上受到不同地緣風氣的影響，除了薰陶出各自獨特
的性格及思想外，更感染着各自對正統觀的看法與及對明室不同
程度的歸屬感。各宗人面對天崩地坼的時候，這一系列的因素便
不斷將他們推向各自的出處，或殉或降，或戰或隱，以至發展出
不同的故事，讓其獲得不同的結局。這些因素其實早已為每位宗
室建構出一條只適合其背景、經歷、性格的人生道路，由他本人
一步一腳印地經過很多似有還無的選擇，才抵達他的終點，走完
他的人生。有時候，他們的命運看似有很多自由選擇，可是實際
上根本選無可選。正如岷王子某的個案，他自永曆二年襲封後，
即為親王，自然要負起復興明室的義務。至永曆十年，他又被迫
與其他數百宗人從永曆帝入緬。後來又遇上咒水之禍，當時有不

少宗室被迫自殺，偏偏他能夠幸運地逃脫，並率其他八十餘位宗人及侍從逃入暹羅為僧，奉天大倪山，名佛浪。無可否認，岷王子某以歸隱異邦並出家為結局，可是這並不是他的自由選擇，實際上只是命運及經歷使然。

　　再如同是岷系所出的本圍大師，本來像岷王子某一樣走投無路，終由母妃安排下年幼出家，輾轉地竟然成為佛學高深的一代名僧，還得清朝統治者接見，並差點成為帝師。這個結果又豈會是他當初一心想選擇的，可是偏偏命運安排，促使他走上這條道路。故此，從眾多宗室的故事看來，人生路表面上是每位宗室自己自由選擇而行出來的，可是推動他們選擇的，其實是他們的出身背景、本身際遇、性格以至各自之思想等因素，也即是天潢各自的宿命使然。正如西方名哲學家巴魯赫‧斯賓諾莎（Benedictus de Spinoza, 1632–1677）所提出般——人類所有已發生事情的出現，絕對貫穿着必然的作用。人類的各種看似是有所選擇的行為，也是完全早被自然規律（Natural law, or the law of nature）[21] 限制了。因為表面上的自由行為，其實是某人根據個人的內在條件（Internal criteria）與自然規律運作下而作出的。正如原始人感到飢餓，才決定獵食，此人所作的行為，其實在他實踐前，早已受到這些內在條件及自然規律制約，甚至他自己也未必意識到為甚麼要這樣做。硬要說原始人有吞食獵物及放生獵物的自由選

---

[21] 所謂「自然規律」，就是宇宙一切所發生的事物，無論是精神與物質，皆有其發生的必然性，人類活動也必定依自然規律而行。這個理論早於古希臘出現，後來由文藝復興時代的哲學家史賓諾莎所完善。人間所謂生、死，其實也歸屬自然的一部分，而其存在的原因，就是自然規律。此處為方便不諳西方哲學的讀者更易理解，或借道家概念闡釋，如中國道家所強調的「道」，某程度上也可等同「自然規律」一詞。

擇，就是忽略了這自然規律的存在及其運作方式，更不理解背後一切內在條件相互運作的規律。

由此觀之，人類的所謂「自由」行為，不是行事前經過思考而作出的自由選擇，而是一切的內在條件，據自然規律相運作後而必然如此發生、完成。只是絕大部分人不自知、不察覺、不了解其背後推動着的內在原因罷了。簡單而言，就是人類的行為，包括選擇，其實並非偶然地發生，而是理所當然因應自然規律對個別自身的內在條件而發生，更有其必然性。[22]

要是將斯賓諾莎的哲學理論，套用在明末清初朱明宗室這段歷史看，他們在國變後所作的出處決定，同樣表面上有自由選擇，但他們所行上的道路及所作出的選擇，其實一切不由個人決定，而是依據自身內在條件及自然規律走完他的路，並寫下他們個別的一段歷史──每條路就是不可逾越的人生框架。有見及此，本書所研究的課題，其實或許不單是宗室的出處，也未必是他們的抉擇，而是他們在天崩地坼國變環境下，因與生俱來的身份背景及遭遇（內在條件），並據自然規律運作而成就各自的命運。對於這一歷史觀點，馬克思（Karl Marx, 1818–1883）可有相似看法，這章就以他在〈路易・波拿巴的霧月十八日〉的精彩文字作結：

> 人們自己創造自己的歷史，但是他們並不是隨心所

22　B. d. Spinoza, translated by G. S. Fullerton, "of the nature and origin of the mind", in *The philosophy of Spinoza*, as contained in the first, second, and fifth parts of the "*Ethics*," and in extracts from the third and fourth (New York: Henry Holt and Co, 1894, 2nd ed., enlarged), pp. 74–132.

欲地創造，並不是在他們自己選定的條件下創造，而是在直接碰到的（條件），既定的（條件），從過去承繼下來的條件下創造。[23]

　　總之，明宗室整個羣體，因應歷史發展，在明末清初這個特定時空，展現他們身為人類的種種活動，並得出不同的出處選擇和歷史作用，故此實應以唯物史觀之角度去理解這段歷史，而不應以簡單的成敗得失、高低對錯這些主觀觀念，以衡量這個特殊羣體，方能對這一段歷史有更深入的了解及反思。

23　馬克思、恩格斯 (Friedrich Engels, 1820–1895) 著，人民出版社譯：《馬克思恩格斯文集》(北京：人民出版社，2009 年)，〈路易‧波拿巴的霧月十八日〉，卷 2，頁 470。

後 記

　　歷史就是人類過去活動的記錄，故此人類常以古為鏡，即以歷史發展軌跡，作為人生發展的借鏡。以本研究為例，這套哲理實在不會對非明末天潢而有所改變——只因不同時空的人，皆有不同的背景和遭遇，便會讓每人走上不同的路，作出不同的出處選擇，明末天潢如是，任何古人、今人如是。只要明白自由意願是「偽命題」，人所選擇的一切，只不過是過去日積月累所種下的「因」而結的「果」。例如個人與生俱來的生理素質、家庭背景、遭遇等，加上日後從這一背景所繼續發展出的人生。這兩種先天及後天的「因」融合起來，形成了任何人的性格取向及內在條件，必定作某一種選擇。那似有還無的選擇，就是「果」。故人類最後所得的「果」，必自其「因」，故世間才有「半由人力半由天」之說；其實看得到的「因」就是「人」，不知道的「因」就算是「天」。明乎此，先天一切雖不由人，唯人生活的每剎那，每一行為皆是「因」，皆要好好種下，變成明天你挑的必然的「果」。這個「果」，無論是非對錯，高低好壞，必是從以前每日所種的「因」所得出來，也正是自己所成就的必然結局。於此眾生看似無能為力，更屬無奈！非也，你還有可以控制的空間，那就是盡自己能力好好地種每個眼前的「因」，好好地活在當下，那將來的「果」如何，亦不言而喻。